URBAN CULTURES

アーバンカルチャーズ

誘惑する都市文化,
記憶する都市文化

岡井崇之

【編】

晃洋書房

まえがき
〈都市的なるもの〉のゆくえ

本書の目的

　都市の文化，あるいは「都会っぽい文化」といったときに何をイメージするだろうか．人気アイドルグループのコンサート，ハロウィーンに集まるコスプレやメイクを施した人びとといったサブカルチャーだろうか．あるいは，首都圏にそびえる六本木ヒルズや都市郊外や地方都市にある大型ショッピングモールのような商業施設だろうか．

　本書は「都市文化」（urban culture）を対象にしているが，「都市文化」を語ることの困難さにまず触れなければならない．かつて「都市文化」を特徴づけるものとして語られていた盛り場は姿を消し，ショッピングモールやチェーン店などの均質的な空間こそが「都会っぽさ」を象徴する状況になっているといわれる（近森 2014）．

　「ファスト風土」（三浦 2004）という言葉で表されるように，グローバル化とその影響を受けた都市の景観やその文化は，地方都市にも拡大している．どこまで行っても均質的な空間が広がる「ファスト風土化」が，地方都市や地域の文化を消滅させるのではないかともいわれる．このような現状は，〈都市的なるもの〉の遍在としてとらえられるものなのか，それともかつてあった「盛り場」のような都市文化の消滅としてとらえられるものなのか．

　近森は「『モール以前的なもの』である盛り場と同時に，いわば『モール以外的なもの』というべき，モールの外部に排除された都市空間と，そこでの文化的営みにも着目する必要がある」（近森 2014: 31）としている．筆者は本書を構想するにあたり，現在の都市文化を語る多くの言説が「モール以前的なもの」と「モール以後的なもの」の対比という枠組みに基づいており，特にショッピングモールや脱色された「都市文化」内部の議論に自閉しているのではないかという問いを持った．このような問題意識から，排除された都市空間や，不可視化された都市空間に焦点を当てる必要があると考えたのである．観光地，外国人労働者が集まる町，場末のスナック…さまざまな場所で〈都市的なるもの〉は日々，あるいは瞬間瞬間に生じているはずだ．それらを見えなくさせた

り，見ようとしない社会的な力学やその作用こそを問い直す必要があるのではないだろうか．

本書のタイトルを「アーバンカルチャーズ」（urban cultures）という複数形にした意図に触れておきたい．人びとの越境，文化の混淆，メディアテクノロジーの発展などによって都市の文化はますます多様になり，変化し続けている．そのような都市文化を何か1つの概念で，普遍化することよりも，都市の持つこのような多様性をとらえることが重要と考えたためである．このような都市の多様性は，さまざまなアーバントライバル（都市集団）としてあらわれて，そこでは境界設定や排除が行われる．だが，同時に相互に関わり合い，接触（コンタクト）し，混淆しているという一面もある．

先日たまたま見た，テレビニュースでこのような特集に出合った．大学時代に母親から「その沿線のあの駅から先へは行ってはいけない」と言われた大阪の女子大学生は，どうしても「その先」を知りたくて足を運んだことがきっかけで，釜ヶ崎で労働者に寄り添うソーシャルビジネスを立ち上げることになったという．都市をめぐる境界設定と排除のなかで，それを越境し，接触していくという人びとの実践を体現しているものとして印象的であった．

日本の都市社会学の祖とされる磯村英一（1903-1997）は，「人間にとって都市とは何か」という根元的なテーマについて問い続けた．各執筆者から寄稿された論考を通読して，筆者は本書を貫く大きなテーマとして「人は都市をどう生きているのか」ということと，「人は都市をどう記憶しているのか」の2つが浮かび上がってきたのではないかと（少しだけ）自負している．

本書の構成

本書は，これまで中心になって都市の文化を扱ってきた都市社会学，文化社会学だけではなく，観光社会学，文化人類学，民俗学，メディア論，現代アート，ポピュラー音楽研究など，多様な視点からその現代的な特徴に迫ろうとしている．都市文化の多様性を何かの方法やカテゴリーで峻別するのは容易ではない．そのため，都市文化を象徴するような動詞で二部に構成した．

第一部は「誘惑する／あらがう都市文化」とした．ここでいう誘惑とは，ただ楽しい，わくわくするという意味で用いたのではない．誘惑には否定的な意味がある．悪や反社会性である．それは，誘惑が「自律性・自立性の喪失」

（田中 2018: 47-49）をともなうからである．都市空間では，我を忘れさせ，「わたし」をゆさぶるような身体的な経験がときに立ち現われる．また都市における人びとや集団の実践には，社会規範や社会的な排除や暴力に対し，さまざまな方法で抵抗する力がある．

　第二部は「あらわれる／記憶する都市文化」とした．「あらわれる」（表象）と「記憶する」は相互に深く関連している．メディア，マップ，アート，遺跡などにおいて都市はどのように描かれ，それらはどのように人びとに記憶されていくのだろうかということがここでの大きなテーマだが，第一部の各章で扱っている人の生（性）や死といった都市における人びとの営みがそれらにどのように反映されているのかということも焦点になってくる．

　手に取っていただいた読者にとって，本書が都市を生き，都市で交わり，そして越境する自らの実践を再確認したり，想像したりするものになれば幸いである．

　　2019年6月

　　　　　　　　　　　　　　　　　　編者　岡 井 崇 之

参考文献
田中雅一（2018）『誘惑する文化人類学──コンタクトゾーンの世界へ』世界思想社．
近森高明（2014）「都市文化としての現代文化」井上俊編『全訂新版現代文化を学ぶ人のために』世界思想社．
三浦展（2004）『ファスト風土化する日本──郊外化とその病理』洋泉社．
吉見俊哉（2008）『都市のドラマトゥルギー』河出文庫．

目　　次

まえがき──〈都市的なるもの〉のゆくえ

第1部　誘惑する／あらがう都市文化

第1章　よさこいの都市民俗学　　　　　　　　　　　ケイン樹里安　　*3*
伝播する群舞，拡散する文化統治

はじめに　*(3)*

1　「自由」な踊り　*(4)*

2　ハードウェアとソフトウェア　*(6)*

3　ローカリティとの結びつき　*(7)*

4　多様なまなざしの出現　*(8)*

5　文化統治としてのよさこい　*(10)*

6　踊り子は「踊らされている」のか？　*(15)*

おわりに　*(17)*

第2章　〈都市的なるもの〉としてのファッションの変容　工藤雅人　　*20*
「可視化の実践」から「不可視化の実践」へ

はじめに　*(20)*

1　〈都市的なるもの〉としてのファッション　*(20)*

2　〈都市的なるもの〉としてのファッションの変容　*(27)*

3　偏在化するファッション　*(30)*

おわりに　*(36)*

目　次　v

第3章　都市における観光の演出空間　　　　堀野正人　38

構築される「港町神戸」

はじめに　（38）

1　北野異人館における演出空間の構築　（39）

2　神戸南京町の変遷とイメージの再構築　（42）

3　メリケンパーク・ハーバーランドと「港町神戸」　（45）

おわりに　（48）

第4章　釜ヶ崎の社会空間　　　　渡辺拓也　51

寄せ場の文化を語ること

はじめに　（51）

1　寄せ場と文化　（51）

2　「センター」という場所　（53）

3　釜ヶ崎の街の現在と「未来」　（57）

おわりに　（60）

第5章　グローバル化と「基地の街」　　　　木本玲一　63

福生，横須賀を中心に

はじめに　（63）

1　基地とその周辺　（64）

2　「基地の街」の魅力　（68）

3　グローバルな構造，ローカルな意味　（72）

おわりに　（73）

第6章　異国の都市で生きる　　　　　　　　　　窪田　暁　77

故郷に翻弄されるドミニカンヨルク

はじめに　　(77)

1　ドミニカ移民のトランスナショナル・コミュニティ　　(79)

2　ドミニカンヨルクの日常　　(81)

3　ドミニカンヨルクと故郷　　(83)

おわりに　　(87)

第7章　都市とセクシュアル・マイノリティ　　　山田創平　91

可視化される「新たな」都市生活者

はじめに　　(91)

1　市民としてのセクシュアル・マイノリティ　　(92)

2　都市とセクシュアル・マイノリティ　　(97)

おわりに　　(102)

第8章　わたしを晒す，わたしを隠す　　　　　　熊田陽子　104

都市の性風俗産業に従事する「おんなのこ」たちの「自己」の在り方

はじめに　　(104)

1　「わたし」は1つ？　それとも複数？　　(106)

2　ネットワークを隔離して生きる──都市的‐部分的「自己」へ　　(107)

3　Y店にみる都市的‐部分的「自己」──切断と接合の実践　　(109)

おわりに　　(114)

目　次　vii

第2部　あらわれる／記憶する都市文化

第9章　メディアは都市をどう描いてきたのか　　岡井崇之　119
　　　　　　集合的な記憶と忘却

は じ め に　(119)

1　メディアテクノロジーは何をもたらしたのか──初期の写真と映画　(121)

2　ユートピアかディストピアか──「再魔術化」する都市　(124)

3　都市表象による集合的な記憶の共有　(127)

お わ り に　(131)

第10章　街頭のメディア史　　堀口　剛　136
　　　　　　都市とメディアの交わるところ

は じ め に　(136)

1　モダン都市の街頭メディア　(137)

2　街頭ラジオと「聴く」ふるまい　(140)

3　街頭テレビを「見る」経験　(142)

4　ラジオ番組「街頭録音」と「街の声」　(145)

お わ り に　(147)

第11章　テレビドラマとメタテクストとしての都市　　藤田真文　149
　　　　　　『金曜日の妻たちへ』シリーズと第四山の手論を事例に

は じ め に　(149)

1　都市というテクスト　(150)

2　制作者が観察・経験した都市　(152)

3　稀有なメタテクスト　(154)

4　『金曜日の妻たちへ』から「第四山の手論」へ　(157)

お わ り に　(161)

第12章　見えない都市を表象する地図づくりの文化　　松岡慧祐　*163*

〈地図〉から〈マップ〉へ

はじめに　　*(163)*

1　地図は都市を表象しているのか──地図の不可能性　　*(164)*

2　〈地図〉から〈マップ〉へ──まちづくりと地図づくり　　*(166)*

3　文化実践としてのコミュニティ・マッピング──「空堀」を事例に　　*(169)*

4　〈マップ〉のレイヤー──多層的に表象される都市　　*(172)*

おわりに　　*(174)*

第13章　現代アートにおけるモチーフとしての都市　　西尾美也　*176*

トイレ，通路，装い

はじめに　　*(176)*

1　現代アートと都市が交差するところ　　*(178)*

2　公共のワードローブを作る　　*(183)*

おわりに　　*(186)*

第14章　都市における新しい葬送儀礼の形成　　金セッピョル　*189*

自然葬を通して死に対処する

はじめに　　*(189)*

1　1990年より以前の葬送儀礼と死への対処──近代化と都市化の影響　　*(190)*

2　新しい都市文化としての葬送儀礼──「自然葬」を中心に　　*(193)*

3　ある自然葬の風景──告別式から散骨，追悼まで　　*(196)*

おわりに　　*(200)*

第**15**章　都市に刻まれる負の歴史　　　　　　上水流久彦　*202*

　　　　台湾，韓国，沖縄から

　は じ め に　　（*202*）

　　1　都市で建物を残す難しさ　　（*203*）

　　2　歴史として残す価値をめぐって　　（*206*）

　　3　沖縄にみる戦前の近代建築物の不存在　　（*210*）

　お わ り に　　（*212*）

ブックガイド　　（*215*）

索　　　引　　（*226*）

URBAN
CULTURES

第1部
誘惑する／あらがう都市文化

第 **1** 章

よさこいの都市民俗学
伝播する群舞，拡散する文化統治

ケイン樹里安

は じ め に

　1950年に高知県で開催された南国高知産業大博覧会で披露され，1954年の第1回よさこい祭りでは地域密着型であったはずのよさこい踊りは，いまや北は北海道，南は九州・沖縄，そして海外へと広く伝わった．よさこいは必ずしも伝播した地域ごとの「よさこい祭り」においてのみ踊られているわけではない．日本国内に関して言えば，運動会や文化祭，地域の盆踊り大会に市民祭りといったローカルなイベントで，伝統的な踊りや流行りの J-pop に合わせた創作ダンス，チアリーディングなどが披露される演目に違和感なく組み込まれ，練習を積んだ人びと──それも地元の人びとでない場合も多い──によって披露されている．このような光景は，珍しいものではなくなった．その意味では「祭り」が伝播したというよりも「踊り」が広く伝わったと表現したほうが，より正確かもしれない．

　一体どのようなプロセスで，これほどまでによさこいは踊られるようになったのだろうか．本章の目的は，よさこい踊りの伝播にかかわる力学と，その都度立ち上がる多様な「まなざし」について考察することである．特に，後半では文化統治に関わるまなざしに注目する．以下では，よさこいの動向を追尾するために，都市民俗学のまなざしを適宜拝借したい．

4　第1部　誘惑する／あらがう都市文化

図1-1　桃山学院大学の学園祭における
　　　　よさこい祭り、通称「桃食べな
　　　　祭」で披露されたよさこい

出所）祭り終了後のカメラマンのツイートから転載.

1　「自由」な踊り

　都市民俗学とは1970年代後半から1990年代末にかけて日本国内で勃興した「都市化の民俗」と「都市の民俗」を対象とする一群の知のまなざしである（内田 2011）．都市民俗学は、地域の都市化が進展するなかで、日々変わりゆく民間伝承（民俗）としての「都市化の民俗」と、都市において新たに噴出する、ムラにはないマチに固有の「都市の民俗」について探究してきた．

　都市民俗学的なまなざしにおいて、よさこいとは、まさしく注目されるべき対象だといえる．なぜなら、高知で誕生したきわめてローカルな祭りであったはずのよさこい祭りは、いまや日本全国、そして国境を越えて伝播し、変容しながらも伝承がなされ続ける都市民俗にほかならないからである（矢島 2015）．

都市民俗学的なまなざしにおいて特に注目すべき点は，従来の都市祝祭では緊密にひとくくりであった「地域─祭り─担い手─踊り」というセットが流動的であることだ．要するに，「特定の地域における，特定の祭りにおいて，その地域に居住する担い手によって披露される，特定の踊り」という従来の都市祝祭における枠組みがほどかれ，高知県民でなくとも，伝統的な祭りでなくとも，数少ないルールさえ守れば，誰もが取り組める踊りが，よさこいなのだ．この融通無碍なさま，言い換えれば「自由さ」こそが注目されてきた．

「自由さ」は，よさこい踊りの特徴的なルールによく現れている．木製のシンプルな打楽器である「鳴子」を手に持ち，楽曲の一部に『よさこい鳴子踊り』をはじめとする各地域の民謡のフレーズを含めるという原則的な2点さえクリアすれば，音楽も，振付も，衣装も，制約らしい制約がほとんどない．この「自由さ」こそがよさこいの特徴である（内田編 2002）．京都の祇園祭や長崎のおくんちのような，音楽・振付・衣装，そして原則的には担い手に至るまで細かなルールが張り巡らされている伝統的な祭り・踊りとの最大のちがいは，この制約のなさにある．

たとえば，音楽について考えてみよう．伝統的な都市祝祭で披露される踊りの音楽は，基本的にはその地域で代々継承されてきたものが現代でも用いられる．ところが，よさこいの場合は，必ずしもそうではない．高知でよさこいがはじまった際には，あらゆるチームが「よさこい鳴子踊り」という音楽にのせて踊っていた．だが，観光地としての活性化や見物人の増加を企図とした祭り関係者によって，楽曲の一部に『よさこい鳴子踊り』を含めさえすれば良い，というルールに事後的に変更され，チームごとの創意工夫の余地が一気に広がったのである．さらには，よさこい踊りの第1伝播先であり，1992年に開催された北海道 YOSAKOI ソーラン祭りにおいては，民謡・ソーラン節の一部を楽曲に含めれば良いというルールが採用される．これ以降，各地域のお祭りやイベントで，よさこい節やソーラン節に加えて，そこで伝わるローカルな民謡──まさしく民俗──のフレーズを楽曲に含めさえすればよい，というルールを設ける動きが広がり，いわゆる「よさこい系」としかいいようのない，多彩な楽曲による演舞が増殖することになる（矢島 2015）．こうして，現在では4分少しの楽曲が全編にわたって EDM（Electronic Dance Music）ないし，よりゆったりとしたポスト・EDM 風だったとしても，その中に『よさこい鳴子踊り』や

6　第1部　誘惑する／あらがう都市文化

ソーラン節ないし各地の民謡の1フレーズさえ含まれていれば「よさこい系の楽曲」として，人びとに受け入れられる状況になったのである．しばしば，民謡を現代的にアレンジしたような楽曲を耳にした者が「なんか，よさこいの曲みたい」と口にすることがあるが，その言葉は，実は，歴史的な変容過程を経た現代だからこそ，初めて口にすることが可能になった言葉だといえるだろう[1]．

　この「自由さ」に加え，重量のある豪華な山車や神輿が必要となるであるわけでもなく，必ずマスターしなければならない踊りの型らしい型もないことも，よさこいの伝播に拍車をかけた．戦災と不況，さらには南海大地震による被害を前に，街の活性化を企図して高知市の商工会議所を中心として1950年に南国博覧会で披露され，1954年に祭りとしての産声をあげたきわめてローカルな都市民俗であったよさこいは，かくして，全国各地に多彩な楽曲・衣装・振付をもって伝播することが可能だったのである．

2　ハードウェアとソフトウェア

　ところで，よさこいが全国伝播をなしえたのは，都市空間の構造変容が先に全国伝播したゆえではないか，という指摘が有末賢によってなされている（有末 2011）．1976年，服部銈二郎は，当時，全国各地に，東京の銀座をなぞらえた「○○銀座」と名づけられた消費空間が500近くも出現した現象を「ギンザナイゼーション」と呼んだ（服部 1976）．これはつまり，全国各地に華やかだが（あるいは，華やかにしようとした）均質化した街並みが広がったということである．そして，この個々のローカルな都市変容こそが，1990年代以降のよさこいの全国伝播を準備したと有末は指摘する（有末 2011）．いわば，よさこい踊り／祭りというソフトウェアが全国各地に「シェア」を拡大する必要条件として，舞台に見立てられるハードウェアとしての都市空間の均質化があったというのだ．民俗的な実践が都市に根差したものだと考えるならば，1970年代に各地の都市が似通った情景に変転し，それぞれの揺るぎなかったはずの都市民俗がほころびをみせたことが，よさこいという導入しやすい踊り・祭りの伝播を可能にしたということだ．

　興味深いことに，1980年代以降の都市空間の郊外化・均質化，要するに，どの都市へ行っても似たようなチェーン店ばかりが立ち並ぶ「ファスト風土」化

を描き出してきた三浦展も，都市空間の変容と共振する文化現象として，よさこいを取り上げている（三浦＋スタンダード通信社 2008）．有末と三浦の議論の差異は大きいが，本章において重要なことは，両者とも，ハードウェアとしての都市空間の変転をソフトウェアとしてのよさこいの流行に関連づけている点で共通している．

　さて，次はよさこいというソフトウェアのシェアが拡大する要因を異なる角度から検討したい．シェアが拡大する大きなきっかけは2つある．まずは，1992年に大学生を中心に，「デモ行進」という形で道路使用許可を得た上で開催された北海道・YOSAKOIソーラン祭りの開催によって，ほかの都市空間において，独自な形式でのよさこいの「移植」が可能であることが立証されたことである（坪井・長谷川 2002: 47）．次に，1996年から高知県主導で行われた出前事業（有名チームの県外での出演・指導の際の旅費補助）の開始によって，よさこいの「本場」である高知の影響を直接的に受けた祭りやチームの増加が挙げられる（矢島 2017: 51）．この2つのきっかけによって，各地のローカルな主体によって祭りの運営やチーム運営の，いわばプロトコル（手続き）が伝えられ，よさこい踊り・祭りの伝播を後押しする機運が高まったといえる．

　かくして，2006年の段階で123か所においてよさこい系の祭りは開催されるに至り（矢島 2015），2012年には，約10万人とされる踊り子が全国200か所で踊っていると推計される状況が立ち現れるに至った（芳賀 2012）．

3　ローカリティとの結びつき

　なお，よさこいの伝播は，各々の都市民俗の独自性を「塗りかえる」プロセスであるように思われるかもしれない。だが，必ずしもそうではない．民話や民謡，景勝地や名産品，歴史上の人物から旧来の地名に至るまで，その土地ごとのローカリティ（地域性）を楽曲・衣装・振付に積極的に取り込み，オリジナリティ溢れる踊り・祭りが生み出されることも少なくないからだ．むしろ，積極的に各地の都市民俗性を継承することもあれば，政治・経済・社会的な諸力によって出現した新たな都市の民俗性の創出につながる面もある．たとえば，北海道で活動する新琴似天舞龍神という新琴似の居住者が多いチームには，地域で伝承されてきた「新琴似歌舞伎」の役者として参加するメンバーもおり，

また，チームとして毎年，元旦午前零時から新琴似神社で「しるこ」を振る舞い，楽曲にも屯田兵による開拓をイメージした衣装をまとうなど，積極的にローカリティの継承・創出と深く関わっている（矢島 2015: 177-199）．一方で，「平成の大合併」と呼ばれた市町村合併によって誕生した南アルプス市では，南アルプスよさこいという祭りが開催され，そのなかで踊られる総踊り（観客・踊り子・スタッフという祭りへの関わり方が異なる者が一斉に踊る演舞曲）においては，市民をまとめあげることが企図された歌詞が採用されたように（内田 2008: 86-87），都市空間の変容に即して人々のローカルなアイデンティティを「塗り替え」ながら創出するような現象もあらわれている．このように，よさこいは地域ごとの都市民俗性の継承や創出に深く関わる実践でもあるのだ．

だが，ローカルな要素は，あくまでも踊り／祭りを成立させるための要素の選択肢の１つでしかない，ともいえる．なぜならそれを顕在的に表明するか否かは各チームや祭りの主催者に委ねられているからだ．また，ローカルな要素を踊り／祭りから読み込む観客がどれほどいるのかについても定かではない．やや極端な例だが，祭りごとに作成されるパンフレットに記載された紹介文においてローカリティが強調されていたとしても，チーム名は英文，衣装は洋装，楽曲は全編にわたって EDM であった場合，そこから観客やチームがローカリティを──さらにいえば，よさこいのルーツである高知の都市民俗性までをも──積極的に読み込むことは困難であるように思われる．

よさこいというソフトウェアのシェア拡大は，各地の都市民俗性と時に緊張関係を取り結びながら，あくまでもローカルに，それぞれに異なる様相を示しながら進展してきたと考えるべきだろう．

4　多様なまなざしの出現

さて，民俗学の祖である**柳田國男**によれば，祭りと祭礼は「見物人」という存在によって区別されるのだという．特定の地域において特定の神仏を奉るために何かしらの演目を披露する，祭りを「スる者」とそれを「ミる者」が同じ居住内である程度一致していたのが祭りであった．柳田によれば，次第に都市化が進展するなかで人びとの移動が活発化し，いつしか祭りをスる者とそれをみるだけの見物人とが分離し始めたという．みることに特化した見物人が大挙

して現れることで，ますますスる者たちの手による演目は見栄えの良いものへと磨きがかけられ，その「成果」をみるべく，再び見物人はその地に現れる．このようにして，都市民俗である祝祭は変容を遂げつつ伝承されることになる．このように，都市空間において見物人とそのまなざしを意識したスる者たちの実践が交互に織り成されることで立ち現れるようになったものが祭礼であり，都市祝祭だといえる（柳田 1969＝2013，松平 2008）．当然ながら，よさこいもその例外ではなく，ミる者とスる者のまなざしが交わされるなかで，祭りも踊りの技巧もますます発展してきたといえよう．

　そして，よさこいの全国伝播がなされるなかで，多様なまなざしが立ち現れていく．まずは，第 1 回 YOSAKOI ソーラン祭りのスローガンである「街は舞台だ！」よろしく，各地の都市空間が舞台として見立てられていくなかで生じる葛藤や緊張の顕在化が挙げられる．要するに，ミる者でもスる者でもない，あるいはその間を行き来する「生活する者」との間における緊張関係の発生である．スる者である踊り子と，ミる者である観客が大量に押し寄せることで，たしかに地域活性化の側面はある．だが，都市はまぎれもなく生活空間でもある．そもそも大勢の見知らぬ人びとが行き来する都市に，さらに人びとが押し寄せることで，さまざまな問題が発生してしまうのだ．「爆音」と言わざるをえない音響設備による騒音問題や交通規制による生活時間・空間への甚大な影響は多くの葛藤や緊張を生み出してしまう．「毎年のことやし，祭りやるのもかまわん．楽しいのもわかる．でも，病院も近くにあるやろう」と踊り子が呼び止められることもあるように（2015年 8 月11日，第61回よさこい祭り，高知・追手筋北会場の近辺にて），都市祝祭がもたらす諸問題に，生活する者は「社会問題としてのまなざし」を向けざるをえない．そして，それをみる者・スる者に共有しようとする実践も当然現れるのだ．よさこいに限ったことではないかもしれないが，見知らぬ人びとが大勢行き交う都市における民俗だからこそ，絶えず立ち上がるまなざしだといえる．

　また，別様のまなざしとしては，和風を基調とした華美な衣装や楽曲，当て字のチーム名や曲名，地方都市の若者も担い手である，といった諸特徴に着目した「ヤンキー文化論的なまなざし」や（難波 2009；三浦＋スタンダード出版社 2008，鞆の津ミュージアム 2014），2002年に開催された日韓ワールドカップにおける熱狂のように，排外主義的なナショナリズムへと人びとを引き寄せる動員ツ

ールであると「診断するまなざし」など（香山 2002）が挙げられる．両者とも，都市空間における「異質な若者の文化現象」として，よさこいの分析を試みるまなざしだといえる．なぜ，さまざまな社会的属性をもつ老若男女が踊るにもかかわらず「ヤンキーの若者」が主たる担い手として選び出されたのか，なぜ，戦後の復興から始まった都市祝祭としての歴史的経緯をもつよさこいが，突然2000年代にナショナリズムを駆動する踊りとして「発見」されたのか，という問いかけも可能であるが，本章ではその点について深入りはせず，「異質な若者の文化現象」としてよさこいを論じる書き手がお互いの著作物を参照しあいながら，双方のまなざしを支え合っていたことのみを確認しておきたい．

　また，現代的な「メディアを介したまなざし」の交錯について論じる必要性もあるように思われるが，本章では，よさこいに向けられてきた別様のまなざしを描き出すことに注力したい．

　本章でより注目したいのは，よさこいが高知から伝播を遂げたなかで出現した「**文化統治**（Cultural Governance）に関わるまなざし」である．本章が借り受けた都市民俗学的なまなざしにおいては，しばしば「とにかく踊りたい」という欲望をもった「素人」，あるいは「感動」した「普通の人びと」がいかによさこいに魅了されながら，それらを伝播させてきたかという点がクローズ・アップされる傾向にあった（矢島 2015: 78-109）．たしかに，「素人」ないしは「普通の人びと」が熱意と創意工夫によって，積極的によさこいの担い手になってきた側面はある．だが同時に，よさこいの担い手として「立ち現わされてきた」側面もあるのだ．

5　文化統治としてのよさこい

装置と文化統治

　唐突だが，哲学者の**ジョルジョ・アガンベン**が，同じく哲学者のミシェル・フーコーの議論から着想を得た上で，「イタリアでは，個人の身振りや振る舞いが徹頭徹尾，携帯電話（俗に「ケータイ」と呼ばれている）によって再鋳造された」と「執拗な憎しみ」をもって述べたことがある．イタリアを日本に，携帯電話をスマートフォンやソーシャルメディアに代えても，そのニュアンスは変わらない．誰かから送り出された短文・長文，音声，動画像といった形態のメ

ッセージによって，いつでも・どこでもハッとしながら返信に明け暮れている人びとの姿は，あたかも1つの型枠から大量生産された機械仕掛けの人形のように，一様に振る舞いが似通っている．

アガンベンは，上述の携帯電話のように，人びとを特定の振る舞いへと向かわせるモノを**「装置」**であると述べている．装置には，携帯電話のほかに「監獄・精神病院・一望監視施設・学校・告解・工場・規律・法的措置」から「ペン・書きもの・文学・哲学・農業・煙草・航行・コンピュータ」，そして「言語」といった身の回りにありふれたモノまでが含まれる．それらは，いずれも「人間の振るまい・身振り・思考を，有用だとされる方向に向けて運用・統治・制御・指導することを目標とする」装置だというのだ．

アガンベンによれば，そうした身の回りの諸装置との「取っ組み合い」のなかで，はじめて人間は「携帯電話の使用者，インターネット使用者，物語作者，タンゴ好き，反グローバリズム関係者」といった，何かしらの活動や目的，趣味や政治的信条に合致した「有用」な主体になるのだという（アガンベン 2006: 89-90）．

さて，よさこいに話を戻そう．本章にとって，アガンベンの議論のうち，最も重要な点は，「タンゴ好き」な主体（たとえば，タンゴ・ダンサー）ですらも，装置の産物であるという指摘だ．おそらく，タンゴをよさこいに代えても，この指摘はあたっている．踊り子たちは，日夜，「言語」や「携帯電話」を介してメンバーたちと話し合いながら合意を形成し，練習場所を借り受けるための契約書類や祭り・イベントに出演するための参加申込書といった「書きもの」に「ペン」でサインをし続けている（オンライン上であれば「携帯電話」や「コンピュータ」を使用することになる）．新しい踊りができれば，振付動画を「携帯電話」で撮影し，メンバーに拡散し，それぞれが覚え，文字通り「身振り」をそろえていく．まさしく，踊り子は諸装置と「取っ組み合い」をするなかで，よさこいに関わり続けているのだ．さらに，祭りの出演前にはチーム単位でメンバーの出欠管理を厳密に行い，人数に応じた参加費を迅速に主催者に振り込み，祭り・イベント当日には，主催者サイドから送付された参加要項やタイムスケジュール（出番表）といった「書きもの」に則って規則正しく——あたかも機械仕掛けの人形のように——行動する．

踊り子は，所属するチームにとっても，祭り・イベントにとっても，「有用」

12　第1部　誘惑する／あらがう都市文化

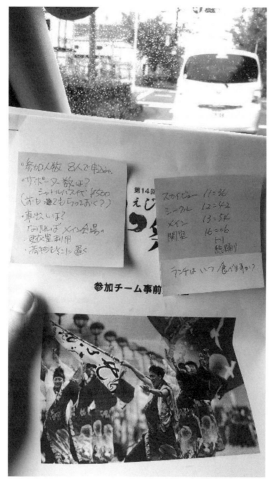

図1-2　ええじゃないか祭りへ車で向かう道中に，
スケジュールを確認（2017年10月15日）
出所）筆者撮影．

でなければならない．チームや祭りに迷惑がかかってしまえば，退会を迫られるかもしれないし，祭り・イベントへの参加を断られてしまうかもしれないからだ．したがって，ある程度，踊り子には勤勉さが要求されているともいえる．そして，その勤勉さは諸装置によって支えられている．アガンベンは諸装置との「取っ組み合い」と表現したが，よさこいの踊り子においては，諸装置によ

って「振るまい・身振り・思考」を方向づけられることを積極的に引き受けるなかでのみ，「よさこい好き」な主体であり続けられるといえよう．

　なお，上述のように，文化的な活動を通して人びとの振る舞いが方向づけられる（conduct of conduct）ことを文化統治（Cultural Governance）と呼ぶ（ウォルダーズ 2012＝2016: 40）．

文化統治としてのよさこい

　ところで，よさこいを介して立ち現れる「有用」な主体の１つのタイプとして，「より良い演舞をするために，時に仲間とぶつかりあうなかで，チームをまとめあげる能力を磨きました」などと，よさこいに関するエピソードを「ウリ」に就職活動に必死に取り組む学生チーム出身の踊り子が挙げられる．[4] なるほど，「有用」な踊り子としての「振る舞い・身振り・思考」の果てに身に着けたのであろう，コミュニケーション能力や交渉能力，チーム内の「役職」にもよるが，事務能力に至るさまざまな能力は，たしかに就職活動でも十分「有用」であるとアピールしうる資源だといえるかもしれない．よさこいに打ち込むなかで「夢は叶う」と述べる自己啓発本風の書籍が存在するくらい，よさこいを介して人びとが「有用」な主体になるプロセスには，一定のリアリティがあるともいえる（扇谷 2015）．こうなってくると，もはや，よさこいという身体文化実践それ自体が１つの装置として，人びとを「再鋳造」していると考えてもいいのかもしれない．

　前置きが長くなってしまったが，本項の本題はここからだ．

　近年，「魅力的」な就活生よろしく，趣味的な活動世界以外で，人びとを「有用」な存在として「再鋳造」するべく，よさこいに注目する「まなざし」に貫かれた研究動向が現れ始めている．いくつか例を挙げたい．

　まずは，よさこいの「心理的・社会的特性」に注目し，中学校においてよさこいを踊らせる取り組みにおいて，その活動への「自主的参加者」と「強制的参加者」双方の教育的効果を計測する教育学的研究である（金田 2012）．次に，「21世紀における国民健康づくり運動（健康日本21）」という厚生労働省の健康施策の理念に基づいて「よさこい体操」を考案し，その「運動強度」を測定することで高齢者を健康的な主体形成へと向かわせようとする体操研究（長谷川・金子・鞠子・大竹 2015）が挙げられる．そして，「内輪のダンスサークル」が「地

14　第1部　誘惑する／あらがう都市文化

域の舞踊セラピー集団」へと変容する経緯とそこで行使される「メソッド」に着目したエンパワメント型アートセラピー研究など（石原・兼子 2015）が代表的な研究である．

　これらの動向を貫くものは，特定の目的に合致した主体へと人びとの振る舞いを方向づけ，「再鋳造」する手段として，よさこい踊りに注目する「文化統治的なまなざし」だといえる．「鋳造」される主体とは，教育的成果を自ら能動的に挙げる生徒であり，厚生労働省にとってありがたい医療費のかからない健康的な高齢者であり，踊りに取り組むなかで自主的にエンパワメントを果たす集団である．これらの個人および集団は，いずれも，それぞれの領域において明示化された目的にとって，きわめて「有用」な主体だといえる．

　上記の「文化統治としてのまなざし」がより鋭角に観察できる事例として，教師を中心とする教育実践者と YOSAKOI ソーラン祭りの組織委員会によって編まれた，指導者用のテキストが挙げられる．「学校生活に能動的に取り組む生徒」という「有用」な主体を生み出すための，よさこいを介した具体的な指導のテクニックの数々が，全国各地の教師による詳細なエピソードと共に多数収録された『Yosakoi ソーランの教え方・指導者用テキスト』というテキストである．巻末には，「場面別指導マニュアル」が付録として添付されており，生徒の踊りに取り組む実践を数値化して把握することが可能になっている（YOSAKOI ソーラン祭り組織委員会・TOSS 体育よさこいソーラン研究会編 2009）．

　興味深いことに，統治性研究を網羅的に整理した W. ウォルダーズは「どんな問題でも統治されるのに必要なのは，それがまず第一に読み取られ，数えられ，計算されうるものにすること」だと述べており，文化統治の実践には数値化と計測可能性が不可欠だと指摘している（ウォルダーズ 2012＝2016: 130）．まさしく，前述のテキストの「場面別指導マニュアル」は，人びとのよさこいに関わる実践を「読み取られ，数えられ，計算されうるもの」に変換し，人びとの「振るまい・身振り・思考」を「有用だとされる方向に向け」，統治するための「書きもの」という装置だといえる．

　上述の「文化統治的なまなざし」は，よさこいを通じて「悪ガキども」が生き生きとした若者へと成長を遂げるエピソードを開陳した元・教師の自伝風の書籍や（今村 2005），同書籍のタイトルを採用し，お笑い芸人・ダウンタウンの浜田雅功を主演に据え，フジテレビ系列で放映された特別番組『土曜プレミア

ム・熱血教師スペシャル第2夜　夢の見つけ方教えたる！』（2008）といったテレビドラマにも通底するものだといえる．さらにいえば，ソーラン節をロック調にアレンジすることで，北海道・稚内市立稚内南中学校の「荒れた生徒」を「更生」させるための教育実践として活用された南中ソーランに向けられるまなざしも，同様のものであるかもしれない．興味深いことに，南中ソーランを生徒に踊らせる演出で話題となった，俳優・武田鉄矢が熱血教師に扮したテレビドラマ『3年B組金八先生』の影響もあるだろうが，よさこいと共に，南中ソーランも，北海道を越え，多くの小・中学校の運動会やよさこい系の祭りで披露されている．

　上述の「文化統治的なまなざし」は，高知と北海道から離れた，大阪において，都市祝祭というかたちで人びとの眼前に立ち現われている．2017年に18回目を迎えた大阪メチャハピー祭りという，よさこいチームを多数含めた70チーム，踊り子約2800名が参加するコンテスト形式の祭りがある．この祭りのスローガンは「子どもの笑顔を，日本一へ」であり，その目的は「踊りを通じた青少年健全育成」である（NPO法人OHP 2018）．「健全」な「笑顔」をもった社会にとって「有用」な「青少年」へと人びとを「再鋳造」することが明確に企図された，よさこい系の都市祝祭だといえる．なお，大阪メチャハピー祭りの開催・継続に尽力した欠野アズ紗は，前述の，稚内市立稚内南中学校における南中ソーランを介した教育実践に関する書籍を刊行している（欠野 2002）．以上の点をふまえれば，2節で指摘した都市変容に加え，「文化統治的なまなざし」の拡散によって，よさこいというソフトウェアが全国に伝播したといえよう．

6　踊り子は「踊らされている」のか？

　さて，都市民俗学的なまなざしにおいて，よさこいは，「とにかく踊りたい」という欲望をもった「素人」，あるいは「感動」した「普通の人びと」がよさこいに魅了されながら，熱意をもって伝播させた点がクローズ・アップされてきたと先に述べた．だが，前節でみたように，踊り子は自ら望んでよさこいに取り組んできたという主観的な次元とは別に――あるいは同時進行的に――さまざまな諸装置との「取っ組み合い」のなかではじめて，「よさこい好き」として，いやむしろ，何らかの目的や活動にとって「有用」な主体として「再鋳

造」されてきた側面がある.

だからといって，よさこいを踊る主体がきわめて受動的に形成されてきた，いわば「踊らされてきた」とだけ解釈するのは，議論としては乱暴であろう.ポイントは，踊り子の能動性を先回りするかたちで，あるいは，踊り子が積極的に引き受けるかたちで，非日常で都市的な，そして「楽しい」という情動がおおいに喚起されるような時空間において，よさこいを介した文化統治が粛々と進展してきたということだ.

「素人」や「普通の人びと」とだけ表現されてきた踊り子たちが，おおいに文化統治の主体として自らの身体にまなざしを向け，時に他者にまなざしを向けられてきたことは見過ごされるべきではないだろう.なぜなら，人びとを「有用」な踊り子として「再鋳造」しようとする「文化統治的なまなざし」は，現在進行形で続々と立ち現われているからである.

2018年のよさこい祭り前夜祭では，上空を自衛隊のブルーインパルスが飛び交うことが告知された際，市民に戸惑いが広がっていた（高知新聞 2018a）.また，市民の弾圧や軍備拡張とセットになって開催されてきたオリンピックと（小笠原・山本 2016），よさこいを2020年の東京オリンピックまでに結びつけるべく，全国各地の踊り子や祭りが「有用」なものへと変転させる活動もすでに開始されている（高知新聞 2018b）.どちらの事例においても，魅惑的な都市文化であるよさこいを介して，人びと，特に踊り子を何かしらの目的に即した，「有用」な主体へと振る舞いを方向づけようとするまなざしに貫かれている.「文化統治的なまなざし」によって貫かれた踊り子は，主体的に踊っているのではなく，文字通り「踊らされている」のかもしれない.

だからといって，「踊らされる前に踊れ」といったどこかで聞いたことのある台詞をさも意味ありげにつぶやく必要は，必ずしもないのかもしれない.なぜなら，人びとを「有用」な何者かへと「再鋳造」しようとする都市祝祭の舞台であっても，踊り子にとっては，1つの舞台でしかないからだ.踊り子は，常に，次なる舞台を求めて都市を渡り歩く.

1945年7月4日に高知大空襲をもたらしたアメリカの爆撃機 B-29 のように大空をブルーインパルスが飛び交う舞台だったとしても，各地の復興や社会保障の微々たる「足し」になるはずの財源を首都・東京にのみ流し込むオリンピック関連の舞台であっても，踊り子にとっては，数多ある舞台の1つでしかな

い．いかなる文化統治のまなざしがその身に降り注ごうとも，踊り子は，次の舞台を求めて，その場を立ち去るのである．

おわりに

さて，よさこいの動向と踊り子の実践を追尾する際に「都市民俗学的なまなざし」を借り受ける，という本章のようなスタイルに検討を加えることで，本章の結びとしたい．

民俗学者・川村邦光が鋭く指摘するように，本章でも引用した柳田國男は，さまざまな文化現象から「日本民族」の古来から続く「心性」を科学的に取り出してみせようとしていた．その目的のために，柳田は自身が「ヤマト民族」とはみなさなかった人びと——帝国時代の日本が植民地とした人びとを含めて——の営みを民俗学の対象から周到に排除し，その過程で「国民的同一性を語る共同体を構築」し，やがて戦時下の「総力戦体制に迎合し，それを補完した」のであった（川村 2018: 11）．したがって，民俗学から派生した都市民俗学のまなざしを借り受けた際にも，柳田的な「日本民族に固有の心性を見出すべし」という負荷のかかったまなざしのモードを継承してしまう可能性は大いにある．音楽・衣装・振付においてもグローバルな文化的影響がみられ，そして，いまや韓国やベトナムといったアジアはもちろん，ブラジルやアフリカといった南半球，そしてオランダやアメリカといった北半球においても盛んに踊られているよさこいに向けるアカデミックなまなざしを，是が非でも「日本民族に固有の心性を見出すべし」という柳田由来のものに限定させておく必要は特にないはずだ．加えて，日本で生まれる新生児の50人に1人が「父母のどちらか一方が外国人である子ども」，いわゆる「ハーフ」だという多文化化が進展する現代日本社会において，「日本民族に固有の心性」を見出そうとするまなざしをあえて採用すること自体が，危うげな「国民的同一性を語る」行為に横滑りする可能性もある．

上記の研究者の「まなざし」をめぐる問題は，よさこいのグローバル化を問う際に，最も先鋭化するように思われる．たとえば伝播先の1つであるブラジルにおいて，振付が作られる際に「日本的な」動きと「ブラジル的」な動きを区別する踊り子のまなざしが生起しているという（渡会 2008）．こうした文化的

な躍動について，柳田由来のまなざしを無批判に借り受けたままで分析を行うのか，それとも，「誰がよさこいについて語るのか」といった視点からも批判的に検討を行うのか．よさこいという越境する都市文化を前に，わたしたちは自らの「まなざし」をも問い返しながら，その動態を明らかにせねばならない．

注
1 ） 武政英作が作曲した『よさこい鳴子踊り』の原曲，民謡・よさこい節が，すでに民謡のアレンジである点については近森（1971）の議論を参照．
2 ） ナショナリズムとの関連性についてはケイン（2017）を参照．
3 ） 踊り子が非常に身近な「アイドル」としてまなざされる点についてはケイン（2018）を参照．
4 ） 個人的な経験で恐縮だが，筆者はよさこいに打ち込みつつ，進学と就職に迷いながら就職活動をしていた2010年，ある企業の面接官に「最近よさこいの話をする子ばっかりなんだけど，そんなに流行ってるの？」と聞かれたことがあった．

参考文献
Foucault, F（2008）The Birth of Biopolitics: Lectures at the College de France 1978-1979, trans, G. Burchell, New York: Palgrave Macmillan（フーコー，M.『ミシェル・フーコー講義集成Ⅷ　生政治の誕生（コレージュ・ド・フランス講義 1978-79）』慎改康之訳，筑摩書房，2008年）．
Walters, W.（2012）Governmentality: Critical Encounters, Routledge, a member of the Taylar & Francis Group Throug（ウォルターズ，W.『統治性──フーコーをめぐる批判的な出会い』阿部清・清水知子・成美弘至・小笠原博毅訳，月曜社，2016年）．
アガンベン，ジョルジョ（2006）「装置とは何か」『現代思想』34(7)，pp.84-95.
有末賢（2011）「都市研究は都市の民俗をどのように見てきたのか」有末賢・内田忠賢・倉石忠彦・小林忠雄編『都市民俗基本論文集第 4 巻　都市民俗の周辺領域』岩田書院.
石原みどり・兼子一（2015）「エンパワメントとしての市井のアートセラピー活動──全国実態調査から見えるその内発性と自律性」『心の危機と臨床の知』甲南大学人間科学研究所，16，pp.105-130.
今村克彦（2005）『夢の見つけ方教えたる──タイマン先生と悪ガキどもの心意気』祥伝社.
内田忠賢編（2003）『よさこい／YOSAKOI 学リーディングス』開成出版.
内田忠賢（2011）「都市・現代・民俗と生活変化」有末賢・内田忠賢・倉石忠彦・小林忠雄編『都市民俗基本論文集第 4 巻　都市と都市化』岩田書院.
扇谷ちさと（2015）『よさこい魂──踊れば夢は叶う』幻冬舎.
小笠原博毅・山本敦久（2016）『反東京オリンピック宣言』航思社.
欠野アズ紗（2002）『南中ソーランの真実──光を放った生徒たち』新風書房.

金田美恵（2012）「中学校における集団活動の役割と意義に関する一考察――「よさこい踊り」の心理的・社会的特性に注目して」『滋賀大学大学院教育学研究科論文集』15, pp. 1-10.

川村邦光（2018）『日本民俗文化学講義――民衆の近代とは』河出書房新社.

香山リカ（2002）『ぷちナショナリズム症候群――若者たちのニッポン主義』中央公論新社〔中公新書ラクレ〕.

ケイン樹里安（2017）「踊り子とは誰か――よさこいとナショナリズムの共振をめぐるフォト・エスノグラフィ」『市大社会学』大阪市立大学社会学研究会，（14），pp. 34-51.

ケイン樹里安（2018）「よさこい踊りの快楽と美学，そして謎」有田亘・松井広志編『いろいろあるコミュニケーションの社会学』pp. 42-45.

近森敏夫（1971）『土佐の民謡』中央公論社〔中公新書〕.

坪井喜明・長谷川岳（2002）『YOSAKOI ソーラン祭り――街づくり NPO の経営学』岩波書店.

難波功士（2009）『ヤンキー進化論――不良文化はなぜ強い』光文社〔光文社新書〕.

芳賀学（2012）「踊る若者たち――よさこい系祭りが生み出す新しい絆」小谷敏・土井隆義・芳賀学・浅野智彦編『若者の現在――文化』日本図書センター，pp. 327-64.

長谷川千里・金子嘉徳・鞠子佳香・大竹佑佳（2015）「健康づくりを目的としたダンスエクササイズの創案と有用性に関する研究――『坂戸よさこい簡易版』実施における高齢者と大学生の比較」『東京女子体育大学・東京女子体育短期大学紀要』50, pp. 69-76.

松平誠（2008）『祭りのゆくえ――都市祝祭論』中央公論新社.

三浦展＋スタンダード通信社（2008）『日本溶解論』プレジデント社.

矢島妙子（2015）『よさこい系祭りの都市民俗学』岩田書院.

YOSAKOI ソーラン祭り組織委員会・TOSS 体育よさこいソーラン研究会編（2009）『Yosakoi ソーランの教え方・指導者用テキスト』明示図書出版.

柳田國男（1969＝2013）『日本の祭』角川学芸出版.

渡会環（2008）「日本の『マツリ』を持ち込んだ日系ブラジル人――多文化社会に生きる自己の新たな表現手段として」『ラテンアメリカ・カリブ研究』15, pp. 1-12.

資料

NPO 法人 OHP「踊りの祭典 大阪メチャハピー祭り」ホームページ〈www.mechahappi.com/〉2018年1月8日閲覧.

高知新聞（2018a）「東京五輪向け始動 2020よさこいで応援プロジェクト実行委員会」〈https://www.kochinews.co.jp/article/149437/〉，2018年1月2日閲覧.

高知新聞（2018b）「よさこい前夜祭にブルーインパルス 8月9日高知城上空」〈https://www.kochinews.co.jp/article/171524/〉2018年3月30日閲覧.

第2章

〈都市的なるもの〉としての
ファッションの変容
「可視化の実践」から「不可視化の実践」へ

工藤 雅人

はじめに

「都市とファッションの関係性とはどのようなものか？」と問われた場合，どのような関係が思い浮かぶだろうか．

2000年代半ば頃までであれば，「裏原系」などの言葉を例示するだけで，特定の都市空間とファッションのジャンルが関連していることを，ファッションに詳しくない相手にも説明することができた．

しかしながら，2000年代半ば以降のファストファッションの広がりやイオンモールなどの郊外型商業施設に出店する店舗が増えた現在では，この説明に納得できない読者も多いだろう．

本章では，都市における相互行為の特徴を確認したうえで，都市とファッションの関わりが強かった時期（本章第1節），関係が徐々に弱まってきた時期（本章第2節），ファッションが都市的ではなくなった時期（本章第3節）をそれぞれ説明し，都市とファッションの関係性がどのように変わってきたかを考えていく．

1 〈都市的なるもの〉としてのファッション

都市における可視化の実践

都市とファッションの関わりの変化を検討する前に，「都市」とはいかなる

ものかを簡単に確認したい.

「都市」と聞くと，東京や大阪といった具体的な行政区画の名前が思い浮かぶかもしれないが，実体的な空間としてではなく，そこでなされる相互行為の特性からとらえた方が，「都市」を理解しやすい.

都市社会学の形成に関する論考において佐藤健二（2011）は，G. ジンメルの議論を参照しながら「都市」には固有の「関係の様式」があると述べている.

異質性の高い空間である「都市」においては，他者がどのようなものであるかが不可視化される傾向にあるため，「可視化の欲望」が生まれ，見知らぬ相手を見るという相互行為が誘発される．この相互行為は，対面的な場面に限られるものではなく，「貧民窟」調査の実施や「東京案内」などの出版物の発行，考現学や都市社会学の実践にも通底するものであり，「可視化の実践」と呼びうるものである（佐藤 2011）.

「都市」に固有の「関係の様式」を，乱暴にまとめるならば，以上のようになるだろう.

本論との関わりにおいて重要なのは，「都市」においては①対面的な場面で見知らぬ相手を見るという相互行為が頻繁になされること，②異質で匿名の他者に対する「可視化の実践」が調査や報道，出版などの形でなされてきたことである.

「眺める＝演じる」という振る舞い

では，このような都市に固有の「関係の様式」とファッションはどのように関わってきたのだろうか．以下では，東京という具体的な都市空間を例に考えていきたい.

東京の盛り場の歴史的変化について分析をおこなった吉見俊哉は，見知らぬ他者に視線をおくる振る舞いの萌芽が1920年代の銀座にあったと指摘している．当時，銀座的なイメージを体現していたのはこの街を歩いていた「モボ・モガ」であった．「モボ・モガ」とは1927年から流行したもので，モダンボーイやモダンガールとも呼ばれていた．必ずしも洋装であったわけではないが，当時の「モダン（近代的）」イメージを象徴するものとされ，銀座を歩く人たちの多くが「モボ・モガ」に視線を向けていた.

この見る・見られるという相互行為を吉見は「眺める＝演じる」と表現し，

百貨店や舶来品を扱う店舗などと共に，この相互行為が銀座的なイメージを演出していたと説明している．

「モボ・モガ」のファッションは銀座的なイメージとして視線を向けられる（眺められる）対象であり，また，銀座的なイメージを表現するものとして着用される（演じられる）対象でもあった．ファッションは見知らぬ他者を可視化させ，また，見知らぬ他者に自己を可視化する資源として機能していたのである．

「モボ・モガ」のファッションや「モダン」という銀座的なイメージは対面的な場面でのみ可視化されていたわけではない．たとえば，1925年に今和次郎は吉田健吉とともに「東京銀座風俗記録」と題する銀座を歩く人たちの服装調査を実施し，この結果を雑誌『婦人公論』で発表している（吉見 2008）．

このように，見知らぬ他者に対する「可視化の実践」という都市に固有の「関係の様式」は，対面的な場面においても，調査や報道などにおいても見られるものであり，ファッション（服装）という視覚的な情報がその資源となっていたことがわかる．

「～族」という可視化の実践

都市における振る舞い，さらには，都市とファッションの関わりの歴史的変化を理解するには，若者サブカルチャーグループに対する呼称の歴史的な変化についての難波功士（2007）による議論が参考になる．

難波はファッションのジャンル（正確には若者サブカルチャーグループ）を指し示すために使われる言葉が「～族」から「～系」へと変化したことを指摘し，両者における相互行為のあり方の違いについて説明している．

1990年頃まで，主に使われていたのは「～族」であった．戦後の代表的なものだけでも「太陽族」（1956年）や「みゆき族」（1964年），「アンノン族」（1971年）や「竹の子族」（1980年）が挙げられる（図2-1）．「～族」と呼ばれたこれらの集団には同じ空間を共有（「共在」）し，互いに承認を与え合うことで集団的なアイデンティティをつくりあげるという特徴があり，ファッションアイテムはその資源として使われていた．

そして，その資源となるファッションアイテムが売られていた場所こそ，「～族」が共在していた空間（みゆき通りやブティック竹の子，竹下通り，など）だった．いくつかの「～族」が空間の名前に由来していることからもうかがえる通

第2章 〈都市的なるもの〉としてのファッションの変容　23

図2-1　「みゆき族」
出所）アクロス編集室（1995）『ストリートファッション 1945-1995――若者スタイルの50年史』PARCO出版．

り，アイテムを介して「特定のファッション」と「特定の都市空間」は密接なつながりを持っていた．

　戦前の銀座で萌芽的に見られた「眺める＝演じる」（見る・見られる）という振舞いは，難波が示したように，空間を共有しながら互いに承認を与え合うことで集団的アイデンティティをつくりあげ「〜族」を形成していたのである．

　「〜族」という言葉づかいの事例から分かるのは，「ファッションジャンル」（「〜族」）と「購入・着用される空間」とのつながりが強かったということであり，これは都市とファッションの関係の在り様として理解することができるだろう．

　都市における「可視化の実践」に調査や報道が関わっていたことはすでに述べた．戦後の「〜族」においても，雑誌等のマスメディアが「〜族」と括ることで，見知らぬ他者（多くの場合は「若者」）の可視化を試みていた．たとえば，「みゆき族」の「アイヴィースタイル」というファッションの特徴は雑誌『MEN'S CLUB』や『平凡パンチ』で紹介されていたものであったが，『週刊女

24　第1部　誘惑する／あらがう都市文化

『性』や『週刊大衆』などの週刊誌では，性的な奔放さなど既存の社会通念からの逸脱が特徴として伝えられていた．

　どちらが正しいかは重要ではない．重要なのは，雑誌で紹介されたファッションをまとう集団（「〜族」）が都市にあらわれ，さらに，雑誌等でそれらの集団や現象についての記事が掲載されていたことであり，都市での相互行為とマスメディアとの実践が循環的なものであったということである．

消費社会的なアイデンティティと都市

　ここで注意したいのは，「〜族」という名が与えられない場合でも，ファッションを介してアイデンティティを構成する相互行為がなされていた，ということである．

　浅野智彦（2015）は，田中康夫が『なんとなくクリスタル』文庫版につけたあとがきの文章を引用しながら，消費社会的なアイデンティティのあり方を「〈消費こそがアイデンティティを証明する手段である〉というメッセージ」と，「〈アイデンティティとは人の手によって構成され，証明されるべきものである〉というメッセージ」の組み合わせであったと述べている（浅野 2015: 42-3）．

　このような消費社会的なアイデンティティを構成する空間が都市であったのであり，ファッションは消費される対象の代表的なものであった．2019年現在では，実感として理解することが難しいかもしれない．当時の様子を掴むには，1980年代初頭の東京を描いた岡崎京子のマンガ『東京ガールズブラボー』が参考になる．この物語は，女子高校生のサカエが北海道から東京に引っ越すために羽田空港についた時に，おしゃれな人たちの少なさに驚くシーンから始まっている．

　東京で暮らし始めたある日，サカエはライブハウスでたまたまファッションのかわいい女性二人組を見つけたが，転校先の学校の学生であることがわかり，友人となっていく（図2-2）．初めてこの2人が自宅に遊びに来た際のサカエの想いが次のように表現されている．

　　こーゆーしゅんかんて好き．
　　ぜんぜん知らなかった人間がさ，
　　なんとなく逢っちゃってさ

第 2 章 〈都市的なるもの〉としてのファッションの変容　25

22ページ　　　　　　　　　　　21ページ

図 2-2　「ライブハウスの客を眺めるサカエ」

出所）岡崎京子（1991）『東京ガールズブラボー（上）』宝島社, pp. 21-22.

　　まだぜんぜん知んないけどすごく
　　気が合いそうな予感がするしゅんかん
　　恋の予感ってのじゃなくてさ
　　なんかでも似てるかも
　　あたしたちって
　　ずっと仲良しでいれそう

　　　　　　　　　（岡崎 1993: 30）

　この直後，サカエは自分がイメージしている「トーキョー」と高校の様子がかけ離れていると 2 人に伝えるが，2 人からは「サカエちゃん　やっぱトーキョーに対して　ゴカイとゲンソーがあるよ」となだめられている．
　やや遠回りになるが，「ゴカイとゲンソー」をサカエが持ちえた歴史的条件について，確認したい．若林幹夫は，1970 年代〜80 年代に『シティロード』

26　第1部　誘惑する／あらがう都市文化

（1971年創刊）や『ぴあ』（1972年創刊）などの都市情報誌が果たした役割を次のように説明している．

　　情報誌とは，このようにして都市という空間と出来事の広がりを「情報」として記述し，編集し，商品として販売するメディアであり，読み手がその情報を通じて都市を対象化し，自分の好みに応じて"使う"ことを可能にするメディアなのである（若林 2005: 226）．

　情報誌によって伝えられたのは，さまざまな文化が混在する消費空間としての都市であり，消費の対象として細切れにされた情報の束であった．同時期には『an・an』（1970年創刊）でも東京都内の店舗が紹介されるなど，ファッション雑誌も情報誌と同様の役割を果たしていた．「トーキョー」に来る前から，サカエは都市を構成する文化的な見取図（音楽やファッションや映画など）を手にしていたのである．

　サカエがライブハウスで2人に出会った時の感情は「この感じ　この感じなのよ　あたしが欲しかったのは」と表現されている．「ゴカイとゲンソー」のもとであったとしても，マスメディアによって伝えられる情報は，興味や関心の近い人たちを結びつけるきっかけとなっていたのである．

　物語は，その後も，友人たちと原宿に服を買いに出かけたり，クラブに行くなど続いていくが，ここで確認すべきは，連載が始まった1990年時点から回顧的に描かれた1980年代初頭において，都市についての情報がマスメディアにあふれ，多くは「ゴカイとゲンソー」でありながらも，それらの情報の1つであるファッションをきっかけに友人関係を築かれることがありえた，ということである．

　吉見は「眺める＝演じる」（見る・見られる）という振舞いが拡がったのは1970年代以降の渋谷であると述べ，さらに，複数で行動することが多いという点に特徴があったと指摘している（吉見 2008）．

　このように，都市についての情報が共有され，都市空間は消費社会的なアイデンティティをつくりあげる舞台となっていたのであり，洋服などのファッションはアイデンティティを構成するアイテムであったのだ．

2 〈都市的なるもの〉としてのファッションの変容

「〜族」から「〜系」へ

前節では，「〜族」が空間を共有しながら相互に承認を与えあう集団に対する名づけであったこと，そのような相互行為が行われていたのが「〜族」の由来ともなったショップや都市の具体的な空間であったことを見てきた．さらに，このような相互行為は「〜族」と名付けられない場合であっても，70年代以降の渋谷など都市空間における振る舞いとして広がっていたことを確認した．

ファッションに関連づけて云えば，都市空間はファッションアイテムを手に入れる空間であり，それらを着用することでアイデンティティを他者に示す舞台でもあったのだ．

このようなファッションと都市の関係性は，90年以降徐々に変化していった．難波によれば，90年代以降には「〜族」ではなく「〜系」が使われるようになった．「〜系」には同一空間に共在するのではなく，同一系統のアイテムを着用することで，そのネットワークにゆるやかに参加しているような感覚を共有するという特徴があった．

この「〜族」から「〜系」へという変化において注目すべきは，「共在」という契機がなくなっていったという点である．「〜系」には「裏原系」などのように具体的な空間に由来するものもあるが，雑誌に由来する「赤／青文字系」やファッションのスタイルから名づけられた「ギャル系」など，空間以外に由来するものが多い．

この変化は，空間を共有しながら相互に承認を与え合い集団的なアイデンティティを立ち上げるという相互行為が不活性化していったこと，さらに，都市空間がその舞台としての機能を徐々に低下させていったことを意味している．

ただし，都市は依然として購入の空間であった．「特定のアイテム」を購入できるショップは「特定の空間」に限定されていた．たとえば「裏原系」のショップは文字通り裏原宿にあり，開店前から列をなすという姿は他の「〜系」のショップでもみられた．

「〜系」の嚆矢は90年代初頭の「渋谷系」であった．文化的な出来事や情報やモノが集積し，人びとが集まる「ファッションの街」としての都市空間は，

洋服を買い，着て楽しむ舞台から，商品の集積した単なる「アーカイブの空間」に変わっていった（北田 2002）．都市空間はファッションアイテムを「購入・着用する空間」から「購入する空間」へと変化していったのである．

　1節で確認したように，見知らぬ他者に対する「可視化の実践」であるという意味においてファッションは都市的な相互行為であり，都市的な現象であった．「〜族」から「〜系」へという言葉づかいの変化から確認できるのは，1990年代初頭からファッションが都市的なものではなくなってきた，ということである．1990年代後半以降の変化については，次節で見ていく．

ストリートファッションの意図せざる抵抗性

　では，「〜系」にとって，ファッションを介した相互行為はどのようなものであったのであろうか．本項では，ファッションが徐々に集団的アイデンティティを構築する資源ではなくなってきた一方で，既存の社会通念や社会規範を攪乱する抵抗性を見出されていたことを見ていこう．

　「ガングロ」というファッションスタイルを聞いたことがあるだろうか（図2-3）．「ギャル系」のスタイルである「ガングロ」を成実弘至は次のように説明している．

　　　黒く焦げたような肌，白や青のアイシャドー，細くした眉毛に巨大なつけまつげ，ブルーやグレイのカラーコンタクト，白やピンクに塗られたリップ，茶髪や金髪や白メッシュの髪．原色や蛍光色のミニスカート，小さなリュック，異常に高い厚底のロングブーツやサンダル．その異形性は見る者に強いショックを与えた（成実 2006: 60）．

　「ガングロ」は，1999年頃に始まり，2000年にピークを迎え，翌年には沈静化している．まさに一時的な流行であり，注目する必要もない流行現象とも思えるものだが，成実は男性から好まれる女性イメージからほど遠く，一般的な「女性らしさ」を異化する「ガングロ」に，既存の価値観を攪乱する抵抗性を見出し，そのユニークスを強調している．

　この抵抗性が意図されたものではない，という点は重要である．「ガングロ」スタイルの女性たちは，この外見に強い意味や社会的な反抗心を込めているわけではなく，さらには，長く続けたいというこだわりもなく，「目立ちたい」

第2章 〈都市的なるもの〉としてのファッションの変容　29

図2-3　「ガングロ」
出所）大洋図書（2000）『egg』Vol. 45.

という理由でこのスタイルを選んでいた．
　意図せざる抵抗性を成実は次のように説明している．

　　彼女たちは遊びやファッションを楽しんでいたのであり，それを逸脱と
　見なしたのはあくまで周囲のまなざしであった．しかし，結果的に作りだ
　された強烈なスタイルは，ただ通り過ぎるための場所であるストリートに
　おいて少女たちを見世物化し，都市の風景に不均質な歪みをもたらす．ス
　タイルは路上の公共空間において繰り広げられるコミュニケーション行為
　である．少女たちはそれと意識することなく，公共空間に引かれている自
　由と不自由の曖昧な境界線を侵犯していたのである（成実 2006: 83）．

「飽きたら変える」と答えるほどのこだわりのなさで選ばれていた「ガング
ロ」スタイルは，常識という「空気」を読まない振る舞いではあったものの，
反抗的な意味は込められてはいなかった．「周囲のまなざし」が「ガングロ」
を過剰に「可視化」し，意味を読み込んだのである．
　「ガングロ」に確認できる軽薄なほどのこだわりのなさは，消費社会的なア
イデンティティのあり方とは異なるものである．ファッションはアイデンティ
ティを構築するために選ばれているわけではなく，「非常にアドホックな自己

の繋留点」でしかないからである（難波 2007: 384）．そして，このような傾向は「ガングロ」だけではなく「〜系」の特徴でもあった．

　空間を共有する相互行為の不活性化は，アイテムの着用を通して特定のスタイルへの緩やかな参加を容易にするものであった．その結果，集団で立ち上げられるような確固たるアイデンティティは志向されず，ファッションは飽きたら変えられるほど一時的でアドホックな自己の繋留点となっていった．

3　遍在化するファッション

遍在化する「特徴のない」ファッション

　前節では，1990年以降，都市空間がファッションアイテムを「購入・着用する空間」から「購入する空間」へと変化し，「眺める＝演じる」舞台としての機能が徐々に低下してきたこと，さらには，空間を共有しながら相互に承認を与え合い集団的なアイデンティティを立ち上げるという相互行為が不活性化していったことを確認した．

　本節では，1990年代後半以降のファッションと都市の関係性についてみていこう．

　1990年代後半以降の大きな変化として挙げられるのは，ファッションアイテムの流通量の増加，平均価格の低下，購入場所の多様化である．

　日本化学繊維協会『繊維ハンドブック』によると，日本国内における衣服の年間供給量は1990年には約20億点であったが，2014年には約39億点となっており，25年間で2倍ほどに増えている．一方，平均価格は安価な輸入品の増加に伴い，著しく下がっている（工藤 2017b）．

　都市との関係において重要であるのは，販売されている場の変化である．この変化をつかむには，経済産業省が実施している「商業統計調査」が参考になる．同調査では，洋服などファッションアイテムを販売している店舗を，「百貨店」，「総合スーパー」，「衣料品専門店」，「衣料品中心店」，「衣料品スーパー」に分け，集計している．

　このうち，「衣料品専門店」，「衣料品中心店」，「衣料品スーパー」という3つについては，説明が必要だろう．取扱商品に占める衣料品の割合が70％以上の店舗が「衣料品専門店」，50％以上の店舗が「衣料品中心店」とされている．

「衣料品スーパー」とは，衣料品が取扱商品の70％を超え，売場面積が250 m^{2}以上で，セルフサービス方式を採用している店舗を指している（経済産業省2016）．

　やや分かりにくいが，店員からの接客を受けることなく自分で商品を選びレジで代金を支払うユニクロやしまむらなどが「衣料品スーパー」に当てはまる．

　表2−1は1994年から2014年までの「衣料品スーパー」，「衣料品専門店」，「衣料品中心店」の店舗数の変化を示したものである．ここから分かるのは，「衣料品スーパー」の店舗数が増加し，「衣料品専門店」と「衣料品中心店」が減少していることである．表2−2は，それぞれの店舗数の経変的な変化を立地特性別にまとめたものである．この表からは，全体としては大幅に減少している「衣料品専門店」と「衣料品中心店」が「ロードサイド型商業集積地区」において増加していることが読みとれる．

　「商業統計」では，30店舗以上の小売店等が近接している「商店街」や「ショッピングセンター」，「駅ビル」が「一つの商業集積地区」として定義されている．また，「ロードサイド」は「国道あるいはこれに準ずる主要道路の沿線を中心に立地している商業集積地区をいう（都市の中心部にあるものを除く）」と定義されている．

　要するに，イオンモールなどの郊外型の商業施設が「ロードサイド型商業集積地区」の1つとして集計されており，「衣料品専門店」と「衣料品中心店」はこのような郊外型の商業施設において増加しているのである．

　前節では，1990年以降，都市がファッションアイテムを「購入・着用する空間」から「購入する空間」へと変化していったことを見てきたが，現在では「購入する空間」が都市空間の外にも広がっていることが確認できる．

　供給量の増加や価格の低下，購入する空間の広がりはファッションがより日常的で身近なものとなったことを表している．では，身近になったファッションにはどのような特徴があるのだろうか．

　2014年に「ノームコア（究極の普通）」ファッションが話題となったことに象徴的に示されているが，近年のファッションは「特徴のなさ」こそが特徴であると云える．

　たとえばユニクロは「シンプルな服」という言葉で「特徴のない」商品の良さを表現している．

表 2-1　業態別衣料品販売店舗の変化

業態分類	561百貨店、総合スーパー								57織物・衣服・身の回り品							
	5611紳士服・洋品				5612婦人・子供服・洋品				57211男子服				婦人服＋子ども服			
	事業所数	97年からの増減率	年間商品販売額（百万円）	97年からの増減率	事業所数	97年からの増減率	年間商品販売額（百万円）	97年からの増減率	事業所数	97年からの増減率	年間商品販売額（百万円）	97年からの増減率	事業所数	97年からの増減率	年間商品販売額（百万円）	97年からの増減率
2014																
合　計	1,095	-52.5%	490,959	-68.7%	1,356	-41.9%	1,715,763	-58.9%	32,788	-42.5%	1,523,912	-31.5%	85,742	-30.1%	3,537,495	-31.6%
百貨店	187	-59.6%	354,000	-63.5%	189	-59.4%	1,303,421	-52.8%	—	—	—	—	—	—	—	—
総合スーパー	908	-50.7%	136,960	-77.1%	1,167	-37.5%	412,342	-70.9%	—	—	—	—	—	—	—	—
衣料品スーパー	—	—	—	—	—	—	—	—	4,553	65.6%	465,118	96.7%	9,004	231.4%	787,373	126.5%
衣料品専門店	—	—	—	—	—	—	—	—	4,077	-77.7%	146,541	-85.0%	25,344	-55.4%	1,058,121	-61.2%
衣料品中心店	—	—	—	—	—	—	—	—	16,495	-35.0%	733,263	-6.9%	35,896	-17.5%	1,125,731	-24.9%
1997																
合　計	2,305	—	1,569,641	—	2,333	—	4,177,453	—	57,011	—	2,225,629	—	122,614	—	5,173,973	—
百貨店	463	—	970,593	—	466	—	2,759,587	—	—	—	—	—	—	—	—	—
総合スーパー	1,842	—	599,048	—	1,867	—	1,417,866	—	—	—	—	—	—	—	—	—
衣料品スーパー	—	—	—	—	—	—	—	—	2,750	—	236,452	—	2,717	—	347,568	—
衣料品専門店	—	—	—	—	—	—	—	—	18,256	—	974,581	—	56,873	—	2,730,447	—
衣料品中心店	—	—	—	—	—	—	—	—	25,364	—	787,989	—	43,516	—	1,498,314	—
1994																
合　計	2,210	—	1,583,194	—	2,233	—	4,140,345	—	58,100	—	2,460,484	—	124,553	—	5,553,717	—
百貨店	443	—	992,737	—	453	—	2,738,144	—	—	—	—	—	—	—	—	—
総合スーパー	1,767	—	590,457	—	1,780	—	1,402,201	—	—	—	—	—	—	—	—	—
衣料品スーパー	—	—	—	—	—	—	—	—	723	—	71,736	—	799	—	201,939	—
衣料品専門店	—	—	—	—	—	—	—	—	21,714	—	1,297,504	—	63,475	—	3,155,812	—
衣料品中心店	—	—	—	—	—	—	—	—	26,423	—	810,097	—	44,675	—	1,600,831	—

出所）経済産業省（通商産業省）「商業統計調査」二次加工統計表 業態別統計編（小売業）業態別統計編（平成6年、9年、平成26年）より作成。

※1997年調査より「衣料品スーパー」を含む「専門スーパー」の定義が「500m² 以上」から「250m² 以上」へと変更されている。そのため、2014年調査との比較は1997年調査を対象とした。

※「衣料品スーパー」・「衣料品専門店」・「衣料品中心店」については「婦人服」と「子ども服」は別々に集計されているが、「百貨店」・「総合スーパー」では「婦人・子供服・洋品」として集計されているため、比較を行うために統合した。

第2章 〈都市的なるもの〉としてのファッションの変容　*33*

表2-2　衣料品販売事業所数の業態・立地別の変化

特　性　別		業態分類	事　業　所　数					
			1994	1997	2002	2007	2014	
			計					97年からの増減率
商業集積地区	全　体	衣料品スーパー	494	2,020	2,578	2,795	3,787	87.5%
		衣料品専門店	100,055	89,461	71,798	65,335	36,547	−59.1%
		衣料品中心店	39,222	38,799	38,636	35,421	25,127	−35.2%
	駅周辺型	衣料品スーパー		479	600	642	1,111	131.9%
		衣料品専門店		37,428	30,107	27,397	15,053	−59.8%
		衣料品中心店		13,523	14,133	12,902	9,193	−32.0%
	市街地型	衣料品スーパー		445	502	470	570	28.1%
		衣料品専門店		26,699	21,264	18,468	9,353	−65.0%
		衣料品中心店		11,430	11,540	10,001	6,376	−44.2%
	住宅地背景型	衣料品スーパー		619	642	642	861	39.1%
		衣料品専門店		19,319	14,099	11,347	6,559	−66.0%
		衣料品中心店		10,650	9,315	7,632	5,171	−51.4%
	ロードサイド型	衣料品スーパー		435	777	982	1,162	167.1%
		衣料品専門店		4,475	4,882	6,754	4,714	5.3%
		衣料品中心店		1,913	2,389	3,813	3,607	88.6%
	その他	衣料品スーパー		42	57	59	83	97.6%
		衣料品専門店		1,540	1,446	1,369	868	−43.6%
		衣料品中心店		1,283	1,259	1,073	780	−39.2%
オフィス街地区		衣料品スーパー	15	114	272	265	598	424.6%
		衣料品専門店	7,977	6,743	8,064	7,569	5,188	−23.1%
		衣料品中心店	2,808	2,817	4,636	4,392	4,060	44.1%
住宅地区		衣料品スーパー	210	1,582	2,201	2,538	2,132	34.8%
		衣料品専門店	26,930	21,739	18,906	15,460	7,518	−65.4%
		衣料品中心店	12,488	11,901	12,991	10,928	6,403	−46.2%
工業地区		衣料品スーパー	31	310	549	794	1,195	285.5%
		衣料品専門店	3,483	2,787	2,391	2,355	1,645	−41.0%
		衣料品中心店	1,570	1,491	1,626	1,690	1,660	11.3%
その他地区		衣料品スーパー		523	724	761	882	68.6%
		衣料品専門店		5,653	4,975	4,235	3,081	−45.5%
		衣料品中心店		7,874	7,690	6,435	4,525	−42.5%

出所）経済産業省（通商産業省）「商業統計調査　二次加工統計表　立地環境特性別統計編（小売業）立地環境特
　　　性別統計編」（平成6年〜平成26年）より作成.
※1997年調査より「衣料品スーパー」を含む「専門スーパー」の定義が「500㎡以上」から「250㎡以上」へ
　と変更されている. そのため, 2014年調査との比較は1997年調査を対象とした.

服に個性があるのではなく，着る人に個性がある．そうユニクロは信じています．（中略）考え尽くされたシンプルな服が，あなたの生活をより良く変えていきます．シンプルなものを，さらに良いものへ（ユニクロ「This is LifeWear」）．

　一方，「特徴のなさ」は問題とみなされることもある．経済産業省が発表した「アパレル・サプライチェーン研究会報告書」では，独自性のない商品の増加が消費意欲の減退と必要以上のコスト競争を招いていると指摘されており，「特徴のなさ」はアパレル業界が解決すべき課題ともされている（経済産業省製造産業局 2016）．報告書では「流行モノ」ばかりが商品化されることが問題視されていた．「ロードサイド型商業集積地区」においてのみ「衣料品専門店」が増加していることはすでに確認したが，これらの店舗に並んでいる商品の多くは「流行モノ」である．

　ファッションアイテムの流通量は25年間ほどで約２倍に増え，現在ではロードサイドの商業施設などより身近な場所で購入できるようになった．そして，そこで手に入るのは（肯定的に評価するにせよ，否定的に評価するにせよ）「特徴のない」商品なのである．

特徴のなさが喚起する「不可視化の実践」

　最後に，「特徴のない」ファッションの広がりが，ファッションを介した相互行為にどのような影響をあたえたかを見ていきたい．

　工藤雅人（2017a）は，2010年に東京都練馬区に住む19歳〜22歳の男女2000名を対象に実施した質問紙調査の結果をもとに，興味深い知見を提出している．調査で用いた「ファッションは私にとって自己表現である」と「ファッションが他の人とかぶらないようにしている」という２つの質問に対する回答をもとに，調査サンプルを４つに分けたところ，「ファッションは自分にとって自己表現ではないが，他の人とかぶらないようにする」グループが少なくなかったという（女性20.4%，男性25.8%）．

　このグループ（女性）は，洋服を購入する頻度が低く，１か月の洋服代も少なく，さらに，「好きなファッションについて友だちと話をする」割合も有意に低く，全般的にファッションへの関心が乏しいという特徴があった．

注目すべきは，関心が乏しく，ファッションを自己表現だとも考えていないにも関わらず，「他の人とかぶらない」ようにしているという点である．これについて工藤は，「目立つ服装にならないようにしている」や「ファッションを選ぶ時は，同性の友だちの目を特に意識する」という質問に「あてはまる」と答えた割合が有意に多いことを示しながら，友人との服装の類似が比較の土俵に乗せられることや「悪目立ち」を誘発すると彼女たちが考えており，この状況を避けるために「かぶらないようにしている」という解釈を提示している（工藤 2017a）．

　本章の問題意識に照らして興味深いのは，このグループがショッピングモールや総合スーパーなどで洋服を買う割合が他に比べて有意に多かったという点である．つまり，彼女たちが買っているのは「特徴のない」洋服なのである．

　価格の低下や身近な場所で購入できるようになったことにより，ファッションへの関心が相対的に少ない人にまで，「特徴のない」洋服を介してファッションは拡がった．

　このような「特徴のない」ファッションを介してなされる相互行為は，都市的な「可視化の実践」とは正反対の「不可視化の実践」である．皮肉なことではあるが，際立った「特徴のない」服を着ることが，類似性への感度（類似を避けようとする姿勢）を喚起しているのである．

　この調査は東京都練馬区の19〜22歳の男女を対象にしたものであり，また，分析の焦点があてられたのは，その一部にすぎない．そのため，安易な一般化はすべきではないが，同調査の分析結果から見えてくるのは，都市空間の外でなされるファッションを介した相互行為が，見知らぬ他者からのまなざしを受けることを前提にはしていないということである．むしろ，友人など身近な他者からのまなざしにこそ意識が向けられている．

　集団的アイデンティティ立ち上げの資源，あるいは友人関係形成のきっかけとして何らかの特徴を示すという役割を与えられていたファッションは，「際立った特徴を示さない」（「何らかの意味を他者に伝えることを避ける」）という役割を与えられるようになったといえるだろう．

おわりに

　青少年研究会が1992年から10年おきに実施してきた調査データをもとに，浅野智彦（2016）は，いくつかの先行研究を参照しながら，若者のアイデンティティのあり方が変化し，「場面をつらぬく一貫性」のある「自分らしさ」への志向性が弱まり，状況や場面ごとに使い分けられるようになった（「多元的自己」の広がり）と指摘している．

　「着替える」という表現が醸すニュアンスからは意外に感じられるかもしれないが，状況や場面ごとに他者に示す自己を使い分ける多元的自己というアイデンティティのあり方と，（都市空間の外にまで広がった）ファッションとの相性は良いものではない．ファッションが消費社会的なアイデンティティを構成するもののひとつであったことはすでに述べたが，そこで志向されていたアイデンティティはどちらかといえば一貫したものであった．一日に何度も服を変えるということは通常では考えにくいものであり，ファッションを状況や場面ごとに臨機応変に使い分けるということは，（仕事用と休日用が異なるという程度であれば可能かもしれないが）日常的には不可能に近い．

　本章第2節で「ガングロ」や「〜系」のスタイルが「非常にアドホックな自己の繋留点」として選ばれていたことを確認したが，彼女たちは「派手さ」を追求する遊びとしてファッションを楽しんでいたのであり，アイデンティティを構築するために選んでいたわけではない．彼女たちのスタイルに意味を読み込んだのは，「周囲のまなざし」である．

　彼女たちのように軽薄にも見えるほど軽やかに「着替える」ことができるのは，おそらく，際立ったスタイルを選びながらファッションを遊びとして楽しめる者だけである．そうではない者達にとって，ファッションは単なる洋服でしかなく，状況や場面ごとに使い分けられる自己よりも，使い分けが難しいだろう．特徴のないものを選ぶことでファッションによって「何らかの意味」を他者に伝えてしまうことを避け，状況にあわせて示される複数の自己にノイズ（意図せず示されてしまう「何らかの意味」）が入ることを防ごうとしているのではないだろうか．

　性急な断定は避けなければならないが，ここまで見てきたようにファッショ

ンは，都市において見知らぬ他者に対して自己を可視化するための資源から，身近な他者に対して自己を不可視化するための資源へと，徐々に変化してきているとはいえるだろう．

参考文献

浅野智彦（2015）『「若者」とは誰か——アイデンティティの30年［増補新版］』河出ブックス．

浅野智彦（2016）「「若者のアイデンティティ」論の失効と再編」川崎賢一・浅野智彦編『〈若者〉の溶解』勁草書房，pp. 25-52.

経済産業省製造産業局（2016）「アパレル・サプライチェーン研究会報告書」．

経済産業省（2016）『平成26年商業統計調査 二次加工統計表 業態別統計編（小売業）業態分類表』．

北田暁大（2002）『広告都市・東京——その誕生と死』廣済堂出版．

工藤雅人（2017a）「『差別化という悪夢』から目覚めることはできるか？」北田暁大・解体研編『社会にとって趣味とは何か——文化社会学の方法規準』河出書房新社，pp. 205-229.

工藤雅人（2017b）「ファストファッション——ファッションの「自由」がもたらす功罪」藤田結子・成実弘至・辻泉編『ファッションで社会学する』有斐閣，pp. 203-222.

難波功士（2007）『族の系譜学——ユース・サブカルチャーズの戦後史』青弓社．

成実弘至（2006）「ストリートの快楽と権力」阿部潔・成実弘至編『空間管理社会——監視と自由のパラドックス』新曜社，pp. 57-90.

岡崎京子（1993）『東京ガールズブラボー（上）』宝島社．

佐藤健二（2011）「日本近代における都市社会学の形成」『社会調査のリテラシー——方法を読む社会学的想像力』新曜社，pp. 15-78.

吉見俊哉（2008）『都市のドラマトゥルギー——東京・盛り場の社会史』河出書房新社．

ユニクロ「This is LifeWear」〈https://www.uniqlo.com/lifewear/jp/〉2019年2月18日閲覧．

若林幹夫（2005）「『シティロード』と七〇年代的なものの敗北」吉見俊哉・若林幹夫編『東京スタディーズ』紀伊國屋書店，pp. 221-236.

第 **3** 章

都市における観光の演出空間
構築される「港町神戸」

堀 野 正 人

は じ め に

日本において行政や研究の分野で都市の観光が注目されるようになるのは，おおむね1990年以降である．現在，都市における観光という現象がいよいよ前景化し，都市文化の重要な一領域となりつつある．都市のさまざまな文化は，どのような仕掛けのなかで観光対象となり，そこでは何が起きているのだろうか．本章では比較的に早い時期から都市観光の展開をみた神戸を事例にとり，その空間が観光対象として社会的に構築されていくプロセスを考えてみたい．

神戸において都心部が観光地としての様相を強めるのは，1970年代の終わり頃からである．1980年代に入ると都市の産業構造の転換を背景にして，市行政が観光を重要な政策的課題として認識し，より積極的に観光開発に関与するようになった．今ではガイドブックで必ず紹介されている北野異人館，南京町，ハーバーランド，旧外国人居留地などの代表的な観光エリアが出揃うのはこの時期からである．そこでは，「**異国情緒**」「**ハイカラ**」「**おしゃれ**」といったイメージが繰り返し強調され，外国のような街並み，美味しいスイーツやパン，ジャズの演奏などが体験すべき**アトラクション**として紹介される．これらの要素が複合して「港町神戸」という全体の大きなイメージを形成しているといえよう．神戸観光においてこうしたイメージは不可欠のものであり，人びとを誘う重要な契機として機能している．

いうまでもなく，こうしたイメージ形成の過程には，メディアの働き，とく

に，観光の目的地や対象を表象する記号の発信が強く作用している．ガイドブックやパンフレットのみならず，各種の雑誌，ドラマ・映画等のメディア作品，インターネットの SNS などの視覚的メディアで繰り返し記号が提示され，イメージは常に再生産されてきた（アーリ 2014: 6‐7）.

　しかし，こうしたメディアの表象が一方的あるいは均質的に神戸の観光をかたちづくってきたわけではない．観光客を受け入れる側の行政，事業者，住民などは，それぞれに固有の条件や背景をもちながら，各観光エリアの空間の形成に関与してきた．彼らはメディアや観光客が描くイメージを演出するための枠組みや実際的な手法を練り上げながら，観光独自の空間をつくりあげてきたのである．

　以下では，神戸における代表的な観光エリアとなっている北野異人館，南京町，メリケンパーク・ハーバーランドを具体的な事例として，その演出的な空間の生成について考えてみることにしよう．

1　北野異人館における演出空間の構築

北野異人館の生成過程

　1868年の神戸開港後，政府は外国人居留地を設置する．しかし，開港直前の政情不穏からその整備が遅れたため，生田川から宇治川の間の北野村など 9 か村を「雑居地」として指定し，外国人が日本人と混在して住むことを認めた．いわゆる異人館と呼ばれる外国人住宅の建設は，明治20年代後半より増え，第二次世界大戦後にまで及び，北野には洋風と和風の家屋が混在する独自の街並みが形成された．

　その後，昭和30年代のホテル建設，40年代のマンション建設のブームを経て，50年代に入ると良好な住宅地環境を背景にブティックや飲食店などの専門店が立地しはじめ，都心の三宮とは趣を異にする商業地としての性格を帯びるようになる．また，異国情緒あふれる住宅地にファッショナブルなイメージが加わったことから観光地としての性格も強まった．

　北野異人館が観光地として発展することを決定づけたのは，1977年に放送された NHK の連続テレビドラマ「風見鶏」である．すでに知名度の上がりつつあった北野周辺は，高視聴率をとったこの作品の舞台として想定されたことで

一気に注目を集める．同年には，異人館が公開されるようになる．「うろこの家」を皮切りに「風見鶏の館」，「白い異人館（後に「萌黄の館」に改称）」などが開設され，さらに観光客が急増していく．

　しかし，さきにふれたように，観光地化する以前から住宅を取り壊してマンションや商業・業務建築へと転換する例が増え，それまでの景観の連続性を阻害するものも目立ちはじめていた．そこで，神戸市では歴史的環境を保全・育成するために，1979年，北野・山本通り地区を都市景観形成地域に，さらに，このなかで異人館などの伝統的建造物が集中する範囲を伝統的建造物群保存地区（伝建）に指定した．

　景観の保全が課題として浮上する一方で，急激に観光地として人気が増したことで，それまでの閑静な住宅地に観光客が押し寄せ，地元の人びとは，ゴミ，トイレ，不法駐車などの観光に付随する問題に悩まされることになった．急増する観光客への対策と地区景観の保全，育成を目指して，1981年に地区内の6自治会と2婦人会，そして商業者組織が集まって「北野・山本地区をまもり，そだてる会」が結成された．同会は，1988年に「まちづくり計画」を策定し，その後，「クリーン作戦」「ノースモーキングゾーン」「迷惑看板・自動販売機等をなくす運動」「インフィオラータ」などの実践活動を展開してきた（北野・山本地区をまもり，そだてる会HP）[2]．

　1995年には阪神・淡路大震災によって北野・山本地区の異人館も大きな被害を受ける．入込観光客は大幅に減少し，震災の年は前年の4分の1にまで落ち込んだ．その後，壊れた異人館の補修や全壊した建物の復元などが行われ，公開異人館の大部分は再開を果たし，1998年には入込客も160万人水準に回復する．ただし，この間の増加は，異人館街からは離れたところにある旧北野小学校（1931年築）を再生活用した「北野工房のまち」の新設によるところが大きい（神戸市教育委員会 2000: 76-78）．

文化遺産／観光対象としての北野異人館

　北野異人館は，一方で，都市行政と地元住民組織によって，文化遺産（伝統的建造物群）として保存され，歴史性を重視した美しい街並み景観の保全がはかられてきた．他方で，現実の活用において，公開された異人館群はエキゾチックな雰囲気をかもし出す記号として機能し，観光向けのグッズやアトラクシ

ョンの入れ物としての役割を果たしている.

このように，北野異人館は，**文化遺産**と**観光対象**という異なる文脈のなかに同時に位置づけられてきたが，実際には，明らかに観光施設化の方向で進んできたといえよう．あたかも国際博覧会のパビリオンのように，英国，フランス，イタリア，オランダ，オーストリア，デンマーク，中国，パナマといった各国の名前を冠した館や施設は，アトラクションとしての性格を如実に表している．また，各公開異人館の内部は，民族衣装の試着と撮影，家具やブランド品の展示など，各国のイメージに沿った演出がなされ，エキゾチックな「西洋」を体験できる仕掛けで溢れている.

たとえば，「北野外国人倶楽部」ではドレスを試着して敷地内のミニチャペルで記念撮影ができるし，「香りの家オランダ館」ではオランダ民族衣装を着たり，オリジナル香水の調合をしてもらえたりする．「英国館」ではマントを羽織ってリムジンの前で記念撮影ができるし，2階には「シャーロック・ホームズの部屋」が作られ，細部にまで凝った再現がなされている．また，「プラトン装飾美術館（イタリア館）」では執事やメイドの恰好をしたガイドが館内を案内してくれる.

北野異人館という文化遺産が，いわば観光に呑み込まれる状況は，メディアによるイメージ形成のほかに，伝統的建造物群保存地区（伝建）そのものの構造にも起因するところがある．1975年に文化財保護法に導入されたこの制度は，建物の外観をできるだけ維持して街並み景観を保つことを優先し，内部は現代的な利用に耐えるよう改修することを認め，新しい用途を取り入れて使い続けていこうとする動態的な保存の考えに立っていた．この際，活用の仕方については観光利用を排除しないどころか，むしろ保存のための有力な方法として前提にさえしていた．実際，伝建の成立過程は観光地化の進展と表裏をなしていた.

こうした伝建の基本的な性格に加えて，北野・山本地区には独自の特徴が備わっている．日本の近世期にその原型を構成した伝建の街並みは，ほぼ同様の建築様式でつくられた家屋や蔵などで構成されるのが一般的である．たしかに，北野・山本地区の洋風家屋にも，下見板張りの壁，ベイウィンドウ，開放的なベランダ，レンガ積み煙突など，コロニアルスタイルと呼ばれる建築の様式が共通にみられる．しかしながら，個別の建築は，全体の形状，規模，色彩，意

匠などでかなりの差異がある．このため，各建造物が異なる観光アトラクションとして機能し，それらに各国の記号が付与されることで差異を強調することを可能にしてきたものと考えられる．

　北野異人館では，文化遺産（伝統的建造物）として認定された希少な「本物」を足がかりにしながらも，イメージや記号に満たされた別次元の演出的な観光の空間が創り上げられてきた．いわば不協和音を奏でる2つの文脈のなかに，これからも北野異人館は構築され続けていくことになろう．

2　神戸南京町の変遷とイメージの再構築

南京町の衰退と再興

　1868年の神戸開港後，修好条約を結んでいなかった中国の人びとは外国人居留地には住めなかったことから，隣接して置かれた雑居地に集住し始めた．開港から10年経った頃には中国人街の様相を呈したことから，「南京町」と呼ばれるようになる．1899年の居留地の廃止と外国人の内地雑居の公認以降は，華僑は徐じょに周辺各地へと拡散した．一方，日本人商人も南京町へ店舗を開設するようになる．大正期から戦前までは，南京町は食料品市場としての性格を強め，近畿一円に知られるまでに成長する（余・菅原 2008: 761–762）．

　しかし，日中戦争の影響で華僑人口は減少し，1945年の空襲によって神戸の中心部は壊滅的な被害を受け，南京町も焦土と化した．戦後はヤミ市が形成されるが，やがて進駐軍兵士らを相手とする，いわゆる「外人バー」が集積し，歓楽街としての色彩も強まった．この性格は高度経済成長期も続き，外国人船員やベトナム戦争時の帰休兵らが多く出入りした．だが，オイルショック以降の海運不況や円高で外人バーは次つぎと閉店し，この地区は衰退していくことになる．こうした変化のなかで旧来の店舗は減少し，昭和40年代に入ると中華料理店は一軒だけになってしまう（南京町商店街振興組合 HP）．

　危機感を抱いた地元事業者によって，1976年に「南京町を考える会」が発足し，地区の復興整備に関する陳情書を神戸市に提出したことから再開発の道のりが始まる．この陳情に対し，市は「中国的な景観や意匠に富んだまちづくりをバックアップする」という方針を決定する．翌年には市の援助を受け入れるため南京町商店街振興組合が設立された．さらに，地元，市職員などからなる

「まちづくり協議会」が組織され，1981年に整備事業実施計画が策定された（大橋 2004: 105-107）．

中国の街を具体的にイメージさせる景観の形成は，この計画に基づいて行われた景観整備事業以降に本格化していく．たとえば，メイン道路を中国の伝統的な敷石による歩道の様式である「舗地」に造り替え，中央には広場を整備した．また，中国式の楼門，獅子像，東屋などを次つぎに設置していった．この過程では，中国関連業種の店舗を中心に，中国風のデザインを取り入れた建物ファサードの修築も進行した（図3-1）．

図3-1 南京町の長安門(1985年竣工)
出所）筆者撮影．

1980年代には，隣接する旧居留地地区における景観形成の取り組み，メリケンパークの整備やループバスの運行などが実施され，それにともなって，神戸の都市観光地としての色合いが強まっていった．南京町地区も観光を軸とした都心の歩行者ネットワークの重要な拠点として神戸市に認識されるようになる．市は，神戸のイメージを担う重要な地域として南京町を位置づけ，1990年に景観形成地区に指定した．その基本方針は，中国系業種の集積を活かして異国情緒豊かな街並みを演出していくことであった．具体的な施策として地区における新築，増改築に対しては，屋根・庇，外壁，1階の用途・形態，屋外広告物，その他について設計上の誘導が進められていくことになる（大橋 2004: 107-108）．

1990年代に入ると，こうした中国風の街並みという空間形成の方向づけはハード面からソフト面へと比重を移行しつつ，いっそう強化されていく．具体的には，1987年から旧暦の正月に合わせて「春節」をアレンジし「神戸南京町春節祭」が開始される．1996年にはメインストリートを中心に，約300個の黄色の中国提灯がずらりと並ぶ「南京町ランターンフェア」が，さらに1998年から秋の収穫を祝って地の神様を祀る「中秋節」がスタートしている．これらのイベントでは，獅子舞や龍舞が催されるが，それらを演じる団体も拡充を遂げて

いった（南京町商店街振興組合HP）.

中国風イメージによる南京町再構築の意味

南京町という地区は，神戸における華僑の居住地（雑居地）という歴史的背景をもちながらも，それとは一度切り離された文脈（ヤミ市，歓楽街等）の中で再創造されてきた．1970年代末から，地元商店街組合と神戸市の連携によって，建築意匠を中心として中国風の街並みの**視覚的イメージ**が利用，具現化され，南京町は戦略的に形成され直したのである.

こうした空間の形成は，単にメディアや観光客の側の抱くイメージに準拠し，受動的に反応して行われているのではない．大橋健一が指摘するように，むしろ，地元ホスト側が**観光客のまなざし**を流用し，戦略的に中国を連想させる記号を随所に配して景観形成とイメージづくりを推し進めてきたのであった（大橋 2004: 109-110）.

中国風の演出を強めることに対応して拡大する観光は，飲食・小売中心の商店街である南京町にとって有効な集客手段となり，その活性化に結びつくという好循環を招いたといえるだろう．また，南京町は，観光の文脈を介して地域のアイデンティティないしエスニシティの再構築をはかってきたのであり，中国風の景観や祭りという観光文化の生成が，その基軸に据えられてきたと考えられる[3].

しかしながら，そうした空間の演出も統一的な合意の下に進められているわけではない．1994年に南京町商店街振興組合は，「南京町」という名称（ロゴ）を商標として登録した[4]．南京町の名称を商品に付すことができるのは，商店街振興組合のメンバーだけであることを明記し，観光客・消費者に，それ以外の店舗での勝手な利用には正当性がなく，十分に注意すべきであると呼びかけている（南京町商店街振興組合HP）.

こうした行為の背後には，組合が進めてきた街づくりと整合しない路上での呼び込みや客引き，チラシ配り，過剰な商品広告などの問題があるものと思われる．テーマパークのように一企業が統括的，一元的にコンセプトを決定し，組織や空間を設計・運用できるのと比較して，個別企業の任意の集合体である商店街が，1つの街という空間をまとまりをもたせて演出することの困難さをここにみてとることができる．言いかえれば，それは南京町のイメージや現実

の空間が，けっして一枚岩で形づくられているわけではないことを意味していよう．

3　メリケンパーク・ハーバーランドと「港町神戸」

ウォーターフロントの再開発

　1980年代になると，日本の大都市部では，それまで産業を牽引してきた重工業や貿易のためにもっぱら用いられてきた港湾の姿が大きく変化した．船舶の大型化や貨物輸送のコンテナ化などで港湾施設の老朽化や機能低下が問題となってきた．旧港地区を新たな都市活動の場へ転換する，いわゆるウォーターフロント再開発は世界的な潮流でもあった．再開発では，単に業務施設だけでなく，ホテル，会議場などのコンベンション施設，飲食・物販などの商業施設，観覧車や水族館などのレジャー施設，オブジェやプロムナードを配した親水公園などが複合的に整備され，新たな観光スポットを形成するようになる．

　神戸でも都心部で近代期に造成された埠頭，岸壁が機能低下をきたし，新たな空間へと転換がはかられた．臨海部の再開発は，大きく2つのエリアからなる．1つは，神戸でもっとも早く開発された港湾施設であるメリケン波止場の周辺の再整備である．1987年に，この波止場と隣接する中突堤との間を埋め立てて造られた公園がメリケンパークである．

　もう1つは，海陸の物流を結ぶ機能を担っていた旧国鉄の湊川貨物駅を中心とする地域の再開発によって生み出されたハーバーランドである．そこには大手百貨店が中心になって出資したオーガスタ・プラザ（現プロメナ神戸）や神戸モザイクなどの複合商業施設が誕生した．

「港」の記号の創出

　再開発の後，メリケンパークとハーバーランドの間に位置する桟橋や岸壁の利用は，かつての貨物の積み降ろしではなく，港内遊覧による観光によって支えられている．しかし，ここで問題にしたいのは，こうした人・物の輸送の結節点としての港の変遷とは別に，観光・娯楽・消費といった活動を通じて新たに付与された意味，すなわち**記号としての「港」**が生成されたことなのである．

　ハーバーランドには，モザイク，キャナルガーデン，エコール・マリンとい

った複合商業施設が，それぞれにデザインを主張しつつ並び立った．メインの道路沿いには水路が引かれて鯨のオブジェが置かれ，キャナルガーデンの内部にも水の流れを取り込んだ空間がつくられた．また，海際には旧神戸港信号所が移築され，跳ね橋が架けられている．一方のメリケンパークでは，神戸海洋博物館，神戸メリケンパーク・オリエンタルホテルが立地し，超伝導電磁推進船ヤマト，フィッシュ・ダンスと呼ばれるオブジェ，コロンブスが大西洋を横断したサンタマリア号（復元）などが置かれた（図3-2）．

図3-2　メリケンパークに置かれていたサンタマリア号（復元船）
出所）筆者撮影．

このように，再開発によって新たに配置された建物や構造物には，船舶，帆，波，橋，魚などの形象や，「マリン」「キャナル」といった海，水にちなんだ字句が用いられ，港を連想させる記号として機能していた．

たしかに，これらのなかには再開発以前から立地しているものも存在してはいる．ハーバーランドでは，1897年頃に建築された倉庫が「神戸煉瓦倉庫」として修復再生されており，一見すると港の歴史を引き継いでいるようにみえる．しかし，建物内部をレストランやショップとして再利用することによって物理的な継続（とくに外観の）を可能にしたものの，もはや旧来の倉庫としての機能はなく，そこにあるのはかつて倉庫であったことの表象にすぎない．

こうしてみてくると，現在のメリケンパーク・ハーバーランドの建物やオブジェは，その立地する場所との間に歴史的に作り出された有機的な連関，つまり実定的な根拠をほとんどもたないのであり，断片的な記号の集まりとして寓意的な「港」の空間を構成していたといえよう．

記号としての「港」の消費

港の空間演出は，行政や企業によって余暇や観光とその消費のために，旧港

部再開発計画において，あらかじめ用意されていた．たとえば，メリケンパークには神戸港のシンボル緑地として多くの市民や観光客に親しまれ愛されるような施設づくりがはかられ，帆船の帆と波をイメージした特徴的な大屋根を持つ神戸海洋博物館をパークのシンボルとして中ほどに位置させたのである（豊田 1993: 194）．また，ハーバーランドとして生まれ変わった高浜の倉庫跡地に設置された複合商業施設であるモザイクは，しっくい（実際はそれらしく見せている）と石や古レンガなどで作った地中海の港町風建築とされたのである．さらに，ハーバーランドの玄関口として整備された地下街では，ウォーターフロントへの導入部にふ

図3-3　地下街入口に設置されていたフィギアヘッド

出所）筆者撮影.

さわしい海・港をイメージし，入口には，波を演じる光ファイバーのたれ壁から帆船のフィギアヘッドをモニュメントとして設置することになった（伊賀 1993: 182，図3-3）．

　こうした空間的記号の創出は，主に都市行政がかかわる公共的な空間やモニュメントに限られるわけではない．むしろ，個別の商業施設において，より密度を増して強く現れてくる．その端的な例は，2004年から2007年まで存在した神戸スイーツハーバーである[5]．これはお菓子を主題とするフードテーマパークであり，当時のパンフレットには「明治・大正期のレトロモダンな神戸港をモチーフに，花と緑が溢れたファンタジックな"スイーツの港町"を演出します」とある．

　このコンセプトのもとに設計された施設の奥の部分を占めるのが「スイーツの港」のエリアである．そこには「ゴールデンローバー号」「クィーンビー号」や「スイーツ灯台」といった客船や灯台を模した造り物が置かれ，それらをボートのかたどりをした座席が取り巻く．室内空間は煉瓦の壁やエイジングを施したポスター，新聞などで演出がなされていた．

模造で埋め尽くされたこの記号の空間は，固有名詞で語られる実在の神戸港を参照するというよりも，それとは直接に連接しない抽象化された港や海のイメージから生み出されている[6]．しかも，そのイメージは現実の港町を脱臭し，美しく，あるいは面白おかしく誇張と脚色を加えたものであった．ここにみられるのは，「（神戸）港」の歴史の脱文脈的な利用にすぎないが，しかし，それが観光の対象となる商業空間の成立に根拠を与えていたことはたしかであろう．

1990年代以降の大都市開発において，埋立地，再開発地に新規に立地した複合商業施設や公園のオブジェやプロムナードなどでは，次つぎと非日常の演出的な空間が生み出されてきた．しかし，寓意的な記号で構成されたその空間の意味は，人びとにとってはあいまいにしか解読されえないため，安定性や持続性に欠けている．後から登場した，より大規模で新奇性を増した施設との競合によって，記号消費の有効性は急速に弱まり，演出空間の商品としての寿命は短縮されていく．

実際，ハーバーランドとメリケンパークに散見された港や船を連想させる演出は，消滅する傾向にある．現在，ハーバーランドでは，地下道入り口のフィギアヘッドや道路沿いの水路はなくなり，メリケンパークでは，実験船やサンタマリア号も撤去されている．「港町」の**演出の有効性**，言い換えれば賞味期限が切れつつあるのかもしれない．

おわりに

神戸は開港以来，外国文化の受容によって独特の都市文化を生み出してきた．そのことが観光の基礎や根拠となっていることは否定できない．しかし，実際の観光の対象が，歴史的事実や固有の文化と考えられているものを，そのまま忠実に反映し表現しているとはいえない．観光エリアにおける当事者は「港町神戸」というイメージに準拠する形で，観光客に対して非日常の楽しみを提供する空間の演出にかかわってきたのである．

演出された空間は，さまざまな立ち位置の人びととの関係性のなかに存続している．いかにも港町らしく装った空間を単純に好む観光客もいれば，そこに作為や商業主義の匂いを感じとる観光客もいるだろう．演出だとわかっていてあえて楽しむことも可能だ．一方，演出空間を提示する側からみても，そのこと

のもつ意味は一様ではない．生活のコミュニティの場として認識されることもあれば，経済効果を発生させる商業空間としての機能が期待されることもある．

　ところで近年，都市の演出空間をめぐってさまざまな変化がみられる．たとえば，プロジェクションマッピングや現代アートイベントによる演出が，日常の都市空間を異化して観光の対象へと転換することがみられる．また，観光客が明らかに見られることを意識しつつ，何らかの**パフォーマンス**を自ら演じるという現象がある．典型は，ハロウィーンのコスプレだが，ディズニーランドや USJ だけでなく，広く都市のなかでコスプレを楽しむ人びとを目にする機会が増えている．

　観光にかかわる社会環境の変化として見落とせないのは，インターネットやモバイルな情報手段の進化である．いわゆる SNS の普及によって，観光客が自ら記号を生み出し，発信することが可能となった．そのことは，演出空間の社会的評価と観光の動機づけを形成する新たな回路を生んでいる．

　このように変化を遂げつづける観光の演出空間と，それをめぐって繰り広げられる社会的な諸関係について考えてみることは，都市文化をとらえる 1 つの切り口として有効なものであると思われる．

注
1） 記号は，ある意味内容を示す言葉や印などのことだが，観光の対象となる記号は，非日常の楽しい経験を誘発する特殊な種類の記号である．アーリはその類型として，たとえば，高い知名度や聖地的な性格を帯びたものをあげている．エッフェル塔やエンパイアステートビルは，誰もが行きたいと思う場所であり，もはや世界的に有名であること自体がそれを観光対象として成り立たせている．また，イギリスの農村風景やドイツのビアガーデンのように，ある国や地域の文化的な典型を示すものも観光の対象となる．あるいは，なんの変哲のないものに付加される特別な記号もある．どこにでもある石ころも，ひとたび「月の石」とわかれば，人びとの注目を集めるものに変わるのである．
2） 道路や広場に花びらを敷き詰めて絵を描くイベントのこと．
3） 神戸市は1997年に「神戸南京町春節祭」を地域無形民俗文化財に指定している．
4） 2012年には，組合は商標「南京町」を商品に無断使用されたとして，南京町のある食料品製造会社を相手に損害賠償請求の訴訟を起こしたが，裁判所は，「南京町」の言葉自体は地域を指す一般名称に過ぎないと指摘し，当該商品の字体も組合の商標とは類似しないとして請求を棄却している（商標判例データベース HP）．

5） JR神戸駅にほど近い複合商業施設のビーズキス（現ハーバーセンター）の地下1階に立地していた.

6） これを大掛かりにやってみせたのは，東京ディズニーシーの一角を占めるポートオブニューヨークである. そこには，港務局の建物や倉庫，岸壁が再現され，20世紀初頭の豪華客船を模した「SSコロンビア号」が停泊している. 港のイメージを基礎にした記号で埋め尽くされた人工の演出空間は，究極の観光の「港」と呼ぶことができるかもしれない.

参考文献

Urry, J. and Larsen J. (2011) *The Tourist Gaze* 3.0, Sage Publications（アーリ，ジョン／ラースン・ヨーナス『観光のまなざし［増補改訂版］』加太宏邦訳，法政大学出版局，2014年）.

伊賀俊昭（1993）「ハーバーランド開発」神戸都市問題研究所『ウォーターフロント開発の理論と実践』勁草書房.

大橋健一（2004）「観光のまなざしと現代チャイナタウンの再構築」遠藤英樹・堀野正人編著『「観光のまなざし」の転回』春風社.

神戸市教育委員会編（2000）『異人館のある街並み 北野・山本』神戸市教育委員会.

北野・山本地区をまもり，そだてる会HP〈http://www.kitano-yamamoto.com/contents/machinami/machinami.html〉2019年1月8日閲覧.

商標判例データベースHP〈http://shohyo.hanrei.jp/hanrei/tm/10601.html〉2019年1月5日閲覧.

豊田巌（1993）「メリケンパーク開発」神戸都市問題研究所『ウォーターフロント開発の理論と実践』勁草書房.

南京町商店街振興組合HP〈http://www.nankinmachi.or.jp〉2019年1月8日閲覧.

余南・菅原洋一（2008）「近現代日本における中国都市イメージの形成と定着に関する研究」『日本建築学会東海支部研究報告書』（46）.

第 **4** 章

釜ヶ崎の社会空間
寄せ場の文化を語ること

渡 辺 拓 也

は じ め に

　自文化を語るのであれ，他文化を語るのであれ，文化を語る際には，どこか
で語り手の意図が混入することを避けられない．過度な理想化につながること
もあれば，不当に貶めてその落差を強調しようとすることもある．これは，
文化を語ることが，不均等な構造的配置を背景として，両者の非対称的な関係
を語ることと不可分であるためだ．文化を語ることは，自己と他者の境界を語
ることであり，自己と他者の間の境界を語ること，すなわち境界を作り出すこ
とは，両者の関係を取り持つことを意図している場合もあれば，意図の有無に
かかわらず，排除と地続きである可能性を意識しておく必要がある．

　都市に暮らしているという事実，都市に集住する人びとの営みであるという
ところに便宜的な境界線を設定して都市文化を語ることもできる．しかし，都
市文化を論じるのであれば，都市のなかの固有の空間を切りわけるだけの理由
が必要だろう．本章では，大阪の寄せ場・釜ヶ崎を事例に，下層労働者が生き
る都市文化を語ってみたい．

1　寄せ場と文化

寄せ場とは
　寄せ場とは，慣習的に路上求人が行われている場所のことを言う．現在のよ

52　第1部　誘惑する／あらがう都市文化

うに通信技術や求人手段が発達していれば，あらかじめ求人広告を通して働き手を募集しておき，必要に応じて携帯電話で個別に呼び出すといったやり方も可能だろう．しかし，いかに技術が発達し，臨機応変な備えをしたとしても，それでも人手が足りない場合がある．そうなれば，見知らぬ人間に路上で声をかけてでも働き手を確保しなければならない．終電を過ぎても駅にいる人間，競艇場からトボトボと日が暮れた道を歩いて帰っている人間を狙って行う求人を**駅手配・路上手配**という（平井 1997）．危険だったり，低賃金だったり，条件の悪い仕事でもやらざるをえない，やりたがる人間がいるところに**手配師**は網を張っている．働く側にも，そこに行けばその日からでも身1つで就くことのできる仕事があることが，知識として広まっていく．そのような場所が寄せ場となる．寄せ場での求人は深夜や早朝に行われることが多く，そうと知らなければそこが寄せ場であると知ることも難しい．

　東京の山谷，大阪の釜ヶ崎，横浜の寿は日本三大寄せ場と呼ばれている．この3つは寄せ場であると同時に，寄せ場で仕事を見つける労働者が泊まる簡易宿所（ドヤ）が集まる**ドヤ街**でもあり，日雇い労働者の街として知られている．もともと家族持ちの人びとも暮らす「貧民街」のイメージで語られていた釜ヶ崎は，1961年の第一次暴動をきっかけとして「労務者の街」として語られるようになり，治安対策をともないながらも，大阪万博を控えた建設需要の高まりを背景に，単身男性日雇労働者の街として政策的に作り変えられていった．1990年代後半に出現した「ホームレス問題」とは，こうした政治的力学の帰結として引き起こされたものだった（原口 2011）．

寄せ場労働者の文化

　寄せ場研究はまず社会病理学として行われた．寄せ場労働者の階級的特性を明らかにすることを目的とした労働経済学による研究がそれに続いた．これらの研究は，寄せ場労働者の文化を外部からの視点でとらえようとしたものと言えよう．これらに対し，青木秀男は，労働者の意味世界を現代社会における「先進性」の契機を秘めたものとして重視し，その文化構造の解明に着手した（青木 1989）．西澤晃彦は労働者間の相互作用の中で見出される社会的アイデンティティが否定的な意味づけを肯定的なものに転換されるところに，「束の間の共同体」の出現を見ようとした（西澤 1995）．

寄せ場労働者の働き方には，主に〈現金〉と〈契約〉の2つがある．〈現金〉とは，その日限りの労働契約であり，その日働いた賃金をその日受け取る文字通りの日雇労働である．〈契約〉は，10日，15日，1か月というような実働日数の期間契約を結んで働く場合であり，賃金は契約満了時にまとめて支払われる．〈契約〉では，寄せ場から離れた場所にある**飯場**と呼ばれる宿舎に滞在しながら働く形になることが多い．

　筆者は「労働者の行動様式の維持と再生産のメカニズム」を「労働文化」と定義し，**飯場の労働文化**として整理したことがある（渡辺 2017）．飯場労働者の行動様式には「初心者へのフォロー」と「有能さへの志向」がある．この2つが循環することで，飯場の労働文化の維持と再生産がなされる．このような行動様式は主に求人広告を通して労働者を募集する飯場でも認められたが，その特徴が色濃く現れていたのは寄せ場とかかわりのある飯場においてだった．

　調査のために初めて飯場に入ろうと早朝の釜ヶ崎を訪れた時，「仕事見つかったか？」と見知らぬ労働者たちから声をかけられた．彼らは初心者である筆者にあれこれレクチャーを施し，最後には筆者でも働ける飯場を一緒に探してくれた．「仕事紹介したからといって何かよこせとか何かしろというんやないで．誰にでも初めてはあるんや．わしにだってあった．そういうことや」（前掲）．

2　「センター」という場所

建物としての「センター」

　このようなやりとりがなされたのは，釜ヶ崎では通称「**センター**」と呼ばれる建物の周辺だった．

　釜ヶ崎での求人は，JR新今宮駅の西口改札を出て，国道をはさんで向かいにある「あいりん総合センター」（図4-1）という巨大な建物の中で行われる．「あいりん総合センター」は，第一次暴動に端を発する「あいりん対策」の中で整備された労働施設であり，1970年に完成した．「あいりん総合センター」内にはいくつもの施設が入っている．その1つである西成労働福祉センターは，寄せ場での求人業者の登録・管理業務のほか，技能講習や労災の立て替え，福祉業務などを行っている．職業紹介には，窓口紹介と相対紹介の2通りがある．

図4-1　正面から見たあいりん総合センター
出所）筆者撮影．

　窓口紹介は，西成労働福祉センターの事務所のある 3 階の窓口で10時20分から行われる．張り出された求人票を見て，希望者は業者に電話で連絡を取る． 1 階で行われる相対紹介は，「西成労働福祉センター」が発行した「求人プラカード」を介して業者と労働者が直接交渉をして，そのまま現場や飯場に行く．この建物から離れた路上でも求人は行われているが，これらは「闇求人」という扱いになる． 1 階は何本もの太い円柱に支えられた広大な吹き抜けの空間になっており，朝 5 時に四方のシャッターが上がり，18時にシャッターが下がる．
　 3 階の南端に西成労働福祉センターがあり，その反対の北端にあいりん労働公共職業安定所（あいりん職安）がある（図4-2）．ややこしいことに，この両者を合わせてあいりん労働福祉センターという行政名があるため，いわゆる「センター」が何を指しているのかは曖昧になっている．あいりん職安の主な業務は，日雇労働者の失業保険（日雇労働求職者給付金）の支給であり，通常の職業紹介を行っていないことを一部の運動団体から長年追及されてきた．西成労働福祉センターとあいりん職安の間にはいくつも食堂の屋台が設けられているが，現在も営業している店舗は少ない．
　入り口を別にして 4 階より上の部分には大阪社会医療センターという無料定額診療を行っている病院と，市営住宅が付属している． 2 階は一続きのフロア

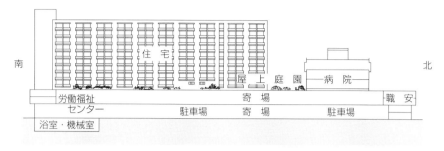

図4-2 あいりん総合センター概念図
出所）あいりん総合センター完成時の施設紹介パンフレットより．

がなく，飛び地のように散らばっており，また，かつては営業していた床屋も廃業しているため，その存在が現在ではほとんど意識されず，3階のことを2階だと思い込んでいるケースが多い．

労働と生活の拠点としての「センター」

　労働施設である「センター」は，まず仕事探しのための場所だ．「センター」の開場時間が午前5時であるように，仕事探しのピークは早朝になる．にもかかわらず，「センター」には一日中労働者の姿がある．釜ヶ崎で活動するある運動団体が配布したビラに，「センター」がどのように利用されているかを24項目にもわたって列挙したものがある（日本人民委員会 2017）．

　冒頭から仕事に関するものが目につく．通常の日雇労働の求職に加え，日雇失業保険の受給，釜ヶ崎に拠点を置く55歳以上の労働者が登録制の輪番で働く「高齢者特別清掃事業（通称特掃）」への記載もある．現在の釜ヶ崎では，特掃で日銭を稼ぎながらNPO釜ヶ崎支援機構が管理する夜間シェルターに泊まるという生活を送っている人たちが少なくない．

　また，友だちと待ち合わせをしたり，友だちを探しに来たりする場所としてもとらえられていることがわかる．これといって用事があるわけでもない場合でも，「センター」に行けば誰かいるかもしれないし，そこで何かが見つかるかもしれない．情報が集積される場所でもある．

　支援団体による炊き出しや，散髪などのサービス提供を受けられる場所にもなっている．常に労働者が集う場所であるがゆえに，運動団体，支援団体が活

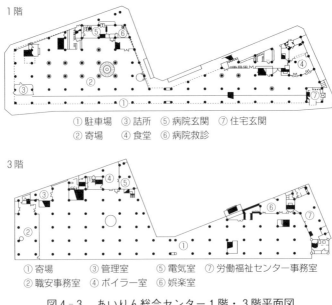

図4-3 あいりん総合センター1階・3階平面図
出所）あいりん総合センター完成時の施設紹介パンフレットより.

動する拠点の1つでもあるというように，相乗効果が起こっているのだ．

避難場所としての「センター」

最後に，避難場所としての「センター」の役割について見ておこう．「センター」の3階は，夜間はシェルターを利用したり，野宿したりしている労働者が日中の身を休める場となっている（図4-3）．時期による変動はあるものの，常に50名以上の人たちがダンボールの上に新聞紙や布団，寝袋を広げて横になる．「センター」の建物自体が風通しがよく，日陰にもなっているため，夏の猛暑を避ける場所としても貴重である．1階の相対紹介のスペースを広く取ったためか，収まる施設のわりに3階も広大な面積が確保されている．そのため，お互いに適度な距離を置きながら休むことができる．

3階に比べると1階は社交空間としての色合いが濃いように思われるが，やはりダンボールと布団を敷いて休んでいる人たちの姿もちらほら見られる．18時にシャッターが閉まったあとも，シャッターの前で野宿している人も多い．

彼らは大量の荷物を台車に載せており，時間になると「センター」の内と外を移動している．1階で円柱の縁に腰かけている高齢の人たちは，生活保護を受給して，労働者としては引退した人たちが多いようだ．

労働者のための「センター」

「センター」は第一義に仕事を探す場所であるものの，特段の理由がなくても留まり続けてとがめられることのない場所だ．雨が降っていても屋根がある「センター」でなら人を探しに出かけられる．適度な距離を置いて，他人同士でありながら，場を共有することができる．このようなことを可能にする要素として，建造物としての「センター」の独特な構造が関係しているのはまちがいない．しかし，それだけで「センター」が労働者のための場所になったわけではない．「センター」が労働者のための場所になったのは，鈴木組闘争，夏祭り，越冬闘争といった闘争を通して，釜ヶ崎の空間を全域的に領有するにいたるなかで獲得されたものだったのだ（原口 2016）．

3　釜ヶ崎の街の現在と「未来」

西成特区構想とまちづくり検討会議

1990年代後半に出現した日本社会の「ホームレス問題」は，単なる不景気によるものではなく，産業構造の変容をその背景としていた．寄せ場の求人数は1990年頃をピークに急減し，一時的な回復時期はあるものの減少傾向にある[1]．寄せ場の衰退は，飯場の巨大化・飯場網の拡大といった労務管理や求人手段の変化，建設産業における労働力需要の変化によって，不熟練職種に就く者が多く，高齢化した寄せ場労働者が労働市場から求められる割合が減少したために引き起こされたと考えられている（渡辺 2017）．

労働者を宿泊客として見込めなくなった簡易宿所の経営者は，生活保護受給者の受け皿となる福祉アパートやサポーティブハウスに業態を変え，釜ヶ崎は労働者の街から福祉の街へとその装いを変えていった．

そんな釜ヶ崎の街に現れたのが西成特区構想だった．2008年，タレント弁護士から転身した橋下徹が大阪府知事に当選する．2011年4月，地域政党・大阪維新の会が統一地方選挙で躍進，大阪維新の会の代表を務める橋下は同年11月

の大阪市長選挙に出馬，大阪府知事選挙との「ダブル選挙」を仕掛け，府市の首長のポジションを押さえ，「大阪都構想」を旗印とする改革に着手した．大阪市長に当選した橋下がまず発表した計画の1つが「西成特区構想」だった．

準備期間を経たのち，2013年から2017年の5か年計画として「西成特区構想」がはじまった．釜ヶ崎については「あいりん地域のまちづくり検討会議」が設置され，地元住民の意見を聞き取るボトムアップ型のまちづくりと位置付けられた（2014年9月から12月に6回開催）．2015年6月から，「あいりん地域のまちづくり会議」に再編され，「市営住宅検討会議」「医療施設検討会議」「駅前活性化検討会議」「労働施設検討会議」の各検討会議が設けられる（2017年12月，これらに「公園検討会議」が加わる）．これらの各検討会議は一般には非公開となった．当初の計画期間であった5年の終了に合わせて，2018年4月18日，「次の5年」に向けた「西成特区構想，5年間の成果と次期構想についての有識者提言」が橋下の後継となった大阪市長・吉村洋文に提出され，議論が続けられている．

まちづくり検討会議の内実

「西成特区構想」の大阪市特別顧問を務めた鈴木亘は，まちづくりの議論が地域住民や地域団体・運動団体の参加を得ながら，いかに民主的に行われ，成果を上げてきたのかを語っている（鈴木 2016）．しかし，実際には，議論に参加する条件は一方的に規定され，一部の運動団体は巧妙に排除されていたことが指摘されている（青木 2018）．また，労働者・野宿者・生活保護受給者を代表する者が参加する経路がなく，十分に意見が汲み取られているとは言い難い．耐震性の問題を理由に建て替えが決定している「センター」については，どのような施設に建て替えられるのかが未定のままにスケジュールが切られた．労働施設の仮移転先の工事が始まり，2019年3月に現「センター」の閉鎖，解体，本移転工事の着手・完成時期までもが公表された．

まちづくりの議論の中身を検討すると，そもそも釜ヶ崎の街が抱える問題の一部には，地域への偏見やゴミの不法投棄など，釜ヶ崎を取り巻く外部の市民社会に起因するものが少なくない（綱島 2017）．問題解決策がまちづくりとして提起されることで，住民に過大な責任が負わされてしまっている．結果として夢物語のような未来の計画ばかり語られることになる．「西成特区構想」が現

れるまでに，釜ヶ崎の労働者は高齢化し，仕事に就けない労働者は野宿化し，野宿化した労働者の多くが生活保護を受給するようになった．絶対数を減少させ，新規流入する労働者も少ない現在，将来を見すえて「労働者の街」としては規模を縮小し，釜ヶ崎として知られた地域を再編しようという方向に話が進むのは自然な流れに思われるかもしれない．しかし，決して労働者がいなくなったわけではないし，依然として野宿する者の姿も見られる．

新しい公共性とコモンズ

これまで行政が管理してきた領域について，市民参加を取り入れる「**新しい公共性**」が議論されている．その参加のあり方をめぐって注目を集めてきたのがコモンズの概念だった．コモンズとは，端的には共有地のことであり，さらには，森林や海，河川などの自然資源をめぐって地域社会で形成されてきた資源管理の仕組みのことを指す．公園や景観，公共施設などを「都市のコモンズ」と位置づけ，「共有地を管理する仕組み」の部分に注目したコモンズ論が登場してきている（高村 2012）．まちづくりの議論も，都市の生活資源である共有地の管理の仕組みにかかわるものといえよう．

しかし，「共有地」と「管理する仕組み」を共通点として「**都市のコモンズ**」を語ることはどこまで妥当なのだろうか．宮内泰介によれば，コモンズには，ルールのしっかりした「タイトなコモンズ」とルールのはっきりしない「ルースなコモンズ」とがあり，資源の希少性の変化をともなう時代状況のなかで「タイトなコモンズ」が出現したり，「ルースなコモンズ」に戻ったりする（宮内 2006）．そもそも，自然資源の管理の仕組みとしてのコモンズ論の対象は，当該地域の利害関係者たちの間での長い時間をかけたやりとりを経て形成されていったものであり，現在に至るまで破綻することなく存続した成功例であるからこそ発見されたものではないだろうか．また，コモンズの始まりはどこにあり，どのように形成されていくものなのだろうか．コモンズが成立するためには，利害関係者の規模に対して，資源の供給量と再生産に相当の余裕がある必要があるように思われる．ならば，コモンズは資源管理の仕組みであると同時に，資源と利害関係者の間に一定の距離があることを成立条件として含んでいることになる．コモンズの成立条件を視野に入れないままに「都市のコモンズ」を議論することは，解決を企図して問題をこじらせることになりかねない．

都市のコモンズと不法占拠

　貧困層の追い出しをともなう都市の再開発のことを**ジェントリフィケーション**という．ジェントリフィケーションは富裕層による貧困層への報復感情をともなうものであり，それ自体が**階級闘争**なのだ（Smith 1996＝2014）．資本のグローバル化は先進国の「脱工業化」と「新しい移民」の招来を帰結する．そうして登場した「グローバル都市」において，ジェントリフィケーションは階級闘争の構図を照射する視点となる（渋谷 2015）．釜ヶ崎をめぐる「西成特区構想」の動きもジェントリフィケーションの文脈でとらえられ，批判的に評価されている（生田 2016；青木 2018）．

　階級闘争としてのジェントリフィケーションは「都市のコモンズをめぐる闘争」なのだ（渋谷 2015: 10）．ニューヨーク市のロワー・イーストサイドにおける反ジェントリフィケーション運動は，スクォッティングとコミュニティ・ガーデンといった空き家や市が管理する荒廃した土地の占拠を通したコミュニティの再生を通して行われた．デヴィッド・ハーヴェイは「社会的利益のためにコモンズが生産され保護され利用されうるという政治的認識は，資本主義権力に抵抗し反資本主義的移行の政治を再考する一つの枠組みとなる」と述べている（Harvey 2012＝2013: 152）．現代社会では何らかの形で土地の所有がなされており，多くの利用者がひしめき合う都市空間に設けられた「共有地」は，コモンズと呼ぶにはその用途をあまりに厳しく制限されている．ここでいう「都市のコモンズ」とは，都市におけるコモンズ創出の起点であり，その生活のはじめから多くのものを奪われてきた者たちが，奪われた権利を取り戻す闘いでもある．

おわりに

　「不法占拠」と言われるような取り組みが文化だというと突拍子もなく聞こえるかもしれない．しかし，釜ヶ崎の社会空間はそのようにして労働者によって獲得されてきた「都市のコモンズ」だった．そのような権利を勝ち取ってきた上でなお，はじめから奪われていた権利の回復が十分になされたとは言えない．占拠は善かれ悪しかれ労働者の生き方にかかわるものとして切り離すことができない．そして，そのような生き方を強いられる人びとの存在は，絶対数

を基準に重要度が測られるような問題ではない.

　釜ヶ崎の再編をめぐる動きは, 下層労働者を分散させ, 不可視化することと並行して進んでいる. 見えづらくなったところで下層労働者がいなくなるわけではないし, 野宿者は都市空間において見出した「すき間」に潜りこむようにして生きる途を切り開く. 私たちはこの先, どのようにして寄せ場の文化を語ることができるだろうか[2].

注

1 ）　西成労働福祉センターの事業報告によれば, 釜ヶ崎の求人合計は1990年の約369万件をピークに1991年に減少に転じ, 1993年には約143万件まで落ち込み, 2009年以降は50万件台で推移するまでになった.

2 ）　釜ヶ崎に興味を持った読者は『釜ヶ崎のススメ』（原口剛ほか編著, 洛北出版, 2011）を参照して欲しい. イラストや写真, 地図といった視覚資料もふんだんに使用されており, 釜ヶ崎の歴史と現在を知るための必読書である.

参考文献

Harvey, D. (2012) *Rebel Cities: From the Right to the City to the Urban Revolution*, Verso. （ハーヴェイ, D.『反乱する都市』森田成也ほか訳, 作品社, 2013年）.

Smith, N. (1996) *The New Urban Frontier*, Routledge. （スミス, N.『ジェントリフィケーションと報復都市』原口剛訳, ミネルヴァ書房, 2014年）.

青木秀男（1989）『寄せ場労働者の生と死』明石書店.

――――（2018）「釜ヶ崎街づくりの言説と現実――イデオロギーとしてのジェントリフィケーション」『寄せ場』29, pp. 65-86.

生田武志（2016）『釜ヶ崎から――貧困と野宿の日本』筑摩書房.

渋谷望（2015）「グローバル都市における価値闘争としてのジェントリフィケーション」『日本都市社会学会年報』33, pp. 5-20.

鈴木亘（2016）『経済学者日本の最貧困地域に挑む――あいりん改革 3 年 8 ヶ月の全記録』東洋経済新報社.

髙村学人（2012）『コモンズからの都市再生――地域共同管理と法の新たな役割』ミネルヴァ書房.

綱島洋之（2017）「『西成特区構想』に参加型開発の理念は生かされているか」『寄せ場』28, pp. 11-33.

西澤晃彦（1995）『隠蔽された外部――都市下層のエスノグラフィー』彩流社.

原口剛（2011）「寄せ場『釜ヶ崎』の生産過程にみる空間の政治――『場所の構築』と『制度的実践』の視点から」青木秀男編著『ホームレス・スタディーズ――排除と包

摂のリアリティ』ミネルヴァ書房，pp. 63-106.

──────（2016）『叫びの都市──寄せ場，釜ヶ崎，流動的下層労働者』洛北出版.

原口剛・稲田七海・白波瀬達也・平川隆啓編著（2011）『釜ヶ崎のススメ』洛北出版.

平井正治（1997）『無縁声声──日本資本主義残酷史』藤原書店.

宮内泰介（2006）「レジティマシーの社会学へ──コモンズにおける承認の仕組み」宮内
　　泰介編『コモンズをささえるしくみ──レジティマシーの環境社会学』新曜社，pp. 1-32.

渡辺拓也（2017）『飯場へ──暮らしと仕事を記録する』洛北出版.

参考資料

日本人民委員会（2017）「釜ヶ崎に必要なのは，大きな屋根　11月14日号」『働き人のいい
　　ぶん』〈https://s.webry.info/sp/hatarakibito.at.webry.info/201711/article_4.html〉2018 年
　　12月25日閲覧.

第 **5** 章

グローバル化と「基地の街」
福生，横須賀を中心に

木 本 玲 一

は じ め に

　本章では米軍基地を抱える地域社会から，**文化のグローバル化**を考えていく[1]．一般的に文化のグローバル化は，大都市が主要な舞台であると考えられることが多い．大都市には各地から人が集まり，多様な文化施設や盛り場があり，また文化的な商品の流通なども盛んであるからだ．特に東京などは，文化圏という意味でも文化的な市場という意味でも有数の規模を誇る．

　それに対して本章では**福生**や**横須賀**といった「**基地の街**」に注目する．いずれも東京の中心から電車で1時間以上離れた郊外の街だ．しかしかつて福生や横須賀は，独特の刺激に満ちた街として，遊び好きの若者たちを惹きつけていた．その一方で福生や横須賀の一部は，「悪所」としてとらえられることもあった．

　両極端な評価は，いずれも福生や横須賀が「基地の街」であることに由来する．戦後期以降の「基地の街」では，しばしばグローバルとローカルのせめぎあいがみられ，その過程では「基地の街」をめぐるさまざまな意味が生成されてきた．つまり「基地の街」は，文化的なグローバル化の一側面が具現化したような場所であり，みるべきものが多い．

　本章では，戦後期から1970年代にかけて福生や横須賀などの東京近郊の「基地の街」に付与された意味の変遷を追いながら，文化的なグローバル化の一側面をとらえたい．この時期に注目するのは，ローカル空間における基地や「基地の街」の意味が，現在以上にはっきりしたかたちで観察できるからだ．

64 第1部 誘惑する／あらがう都市文化

　なお基地は反対運動や訴訟の対象となってきたことからもわかるように，近隣住民の生活をさまざまなかたちで脅かしている．土地を接収されること以外にも，騒音，土壌汚染，事故，米兵による犯罪などが問題になっている．なかでも多くの基地を抱える沖縄は，基地をめぐる闘争の最前線であり続けている．

　基地は過去から現在に至るまで，周辺地域に暗い影を落としている．基地を介した文化の動態に目を向ける本章の議論もまた，そのことを否定するものではない．

1　基地とその周辺

戦後期の基地とその周辺

「豊かなアメリカ」としての基地

　太平洋戦争後，進駐軍は国内各地の土地や施設を接収し，数多くのオフリミット空間（日本人の立ち入りが原則的に禁止された空間）が生まれた．主な用途は基地や住居，娯楽施設，PX（米兵むけの酒保）などであった（図5-1）．

　人びとが物資の不足，とりわけ食糧難にあえいでいた戦後期，オフリミット空間は豊富な物資がうなる別世界であり，そこに出入りする日本人たちは，モノを介した「豊かなアメリカ」を味わっていた（東谷 2005）．

　基地には物資のみならず，消費することそれ自体がポジティブな意味を持つという日本人の知らない消費文化があった[2]．当時のアメリカは経済，文化などの面で世界をリードする存在であり，そのような意味でもアメリカ的な消費文化は，戦後の日本人が目にした最初期の「グローバルなるもの」の1つであったといえよう．

　基地は戦勝国の圧倒的な「豊かさ」を象徴するものであり，眼前の焦土と残酷な対照をなした．それゆえ日本人が目にした「豊かさ」は憧れの対象であると同時に，敗戦の事実をあらためて突きつけるものでもあり，後述するように素直に認めがたい苦みがつきまとった．

猥雑な「基地の街」

　基地の周辺には米兵を顧客とした商売を始める人びとが集まり，一種独特な街ができあがっていった．戦後期の横須賀では，「EMクラブ」のようなダンスホールやバー，キャバレー，飲食店，土産物店などができ始めていた．特に

第5章 グローバル化と「基地の街」

図5-1 TOKYO PX（銀座の服部時計店が接収されたもの）の様子
出所）太平洋戦争研究会編（2007: 194）より．

市内本町周辺の通称「どぶ板通り」には，そうした店が数多く存在し，特に朝鮮戦争期からベトナム戦争期にかけて隆盛を極めた．

戦後の横須賀でジャズ・ミュージシャンとして活動していた太田稔は，1948年の「どぶ板通り」の状況を次のように回想する．

> 得体の知れないポン引き，ドル買い，各店の女の嬌声，兵員達の派手な喧嘩，怒声，通報により駆けつけるSP（ショアーパトロール）やらMPやら，まあ今の時勢では到底考えられない大騒動が毎夜の如く繰り広げられていた．このドブ板通りを表に出てEMクラブ寄りの大通りには，これは又物凄い数のリキシャの群．何せタクシーなど皆無の時代，EMクラブに沿ってズラーッと並ぶ姿は実に壮観で，勿論乗車相手は米軍兵士，片言の英語，それも完全なブロークンイングリッシュで客を呼ぶ（太田 2003: 55）．

こうした猥雑でカオティック状況は，しばしば公序良俗の点から批判された．たとえば広島大学教授で「日本の子供を守る会」会長の長田新は，基地周辺の

盛り場で夜遅くまで喧噪が続いていることが，子供に悪影響を与えるとしている（『朝日新聞』1953年4月10日）．当時，こうした意識を持っていた人びとは少なくない．

同時期の福生も似たような状況にあった．戦後まもなく，福生にはダンスホールが建設され，米兵相手の女性が集まってきた．その傾向は朝鮮戦争が始まるとさらに強まり，「置屋」と呼ばれる貸家で売春行為がおこなわれた（福生市史編さん委員会 1994: 473）．しかし売春行為が増えるにつれて，日米双方から風紀の乱れを指摘する声が高まる．1952年には，横田基地司令官が福生地区一帯に対する米兵の立ち入り禁止令を出し，翌年には「福生町風紀取締条例」が1953年に制定され，売春行為が禁止された（福生市史編さん委員会 1994: 475-479）．

以上をまとめれば，戦後期の基地は豊富な物資が溢れる「豊かさ」の象徴であったが，その周辺には「豊かさ」のおこぼれにあずかろうとする人びとによる，猥雑でカオティックな街ができつつあったといえる．そして「基地の街」の猥雑さは，公序良俗に反すると考えられていた．

苦みのある「豊かさ」

基地周辺の猥雑さは，敗戦に打ちひしがれた日本人を苛立たせた．とりわけ米兵に群がる女性たちには，冷たい視線が投げかけられた．公序良俗に反するというだけではなく，彼女等が自分たちとは縁のない，そして心情的には受け入れがたい「豊かさ」を身にまとっていたからだ．

たとえばアメリカの歴史学者，ジョン・ダワーは，戦後期の「**パンパン**」（米兵相手の日本人の売春婦）について，次のように述べている．

> 「ラク町のお時」の鮮やかな赤い唇と派手な服装は，たんにパンパンの象徴であっただけではなく，アメリカ的なセクシーさと最新流行という，手のとどかないものの一部でもあった（Dower 1999＝2001: 163）．

「パンパン」たちは，大げさなジェスチャーと愛嬌のある「パングリッシュ」（Dower 1999＝2001: 162）で米兵と渡り合い，基地経由の豊富なモノを身にまとうことで，戦勝国民に擬態した．無論，好きで「パンパン」をやっていた者ばかりではないだろう[3]．しかし不本意だとすればなおさら，「パンパン」たちは戦後期の苦みのある「豊かさ」を体現していたといえる．多くの日本人にとって，「豊かさ」を受け入れることは，ある意味ではそれまでの自分を否定すること

であり，パンパンはその最たるものであった．

朝鮮戦争期の基地とその周辺

占領期が終わる1952年前後になると，「豊かさ」の象徴としての基地というイメージは徐々に薄れていった．復興が進み，人びとの生活にも少しずつ余裕が出てきたからだ．

かわりに目立ってきたのは，以前から問題視されていた「基地の街」の猥雑さである．1950年代には一種の「反米ナショナリズム」がみられるようになっていたこととも関係しているだろう（小熊 2002：7章）．「基地の街」は猥雑というレベルを超えて，犯罪と結びつけられるようになる．

たとえば1953年には，横田基地周辺で「月謝や学用品を与え仲間をふやす少年麻薬密売団」の高校生の主犯2名が，少年救護院に送致されている（『朝日新聞』1953年5月24日）．記事のなかで主犯の学生たちは「基地の子供にあり勝ちな経過をたどって悪の道におちた」と評されている．単に素行不良の少年が「基地の街」に住んでいたというだけではなく，彼等の素行の悪さは「基地の街」という環境要因によるという見解が示されている．

また1958年には，立川の愚連隊が近隣の基地から「ハジキ（ピストル）とヤク（麻薬）」を入手し，それらを売買することを主要な経済活動としていることが紹介されている（『読売新聞』1958年7月6日）．同記事では都内の愚連隊の多くがパチンコの景品買いなどを主要な経済活動としているのに対し，「基地の街」である立川の状況は異なることが強調されている（『読売新聞』1958年7月6日）．立川に関しては他にも，「基地があり，盛り場が繁栄している」ために数多くの「ローティーンやくざ」や「要注意児童」がいるとする雑誌記事がある（村上 1960: 138）．

横須賀でも同様だった．前述のように市内本町周辺の「どぶ板通り」には，米兵むけのダンスホールやバー，キャバレーなどが数多くあった．しかし本町周辺は，公序良俗，治安面などの不安から「行ってはいけない」と親が子に諭すような場所であったという（藤原 1991: 155）．

こうした評価からは，「基地の街」がローカル空間のなかにありつつも，どこか得体の知れない「悪所」とされていたことが分かる．

2 「基地の街」の魅力

「悪所」という評価がなされる一方で，特に1960年代以降，「基地の街」は東京の中心地にはない魅力のある場所としてもとらえられるようになっていく．

きっかけの１つになったのが，グローバル化するあらたなポピュラー音楽，たとえばロックやソウルなどであった．そうした音楽は，単なる流行歌というだけではなく，いわゆる**対抗文化**[4]の価値観を表現するメディアでもあった．たとえばジミ・ヘンドリクス[5]は，ギターで爆撃の音を表現しながらアメリカ国歌を演奏し，ベトナム反戦の態度を示した．ジェームス・ブラウンは曲のなかで[6]「黒人であることを誇れ！」と叫び，公民権運動に参加する仲間たちを鼓舞した．

1960年代から1970年代にかけて，ロックやソウルは日本にも流入した．以下ではそうした音楽の日本におけるローカル化と，基地や「基地の街」の結びつきを考えたい．

戦後日本のポピュラー音楽

戦後の日本のポピュラー音楽は，そもそも基地との関係が深い．基地で演奏していた日本人ミュージシャンたちが，占領期が終わって基地の「外」に出ていったことから，以降の芸能界や音楽業界が形づくられたからだ（東谷 2005）．

当初は欧米のヒット曲に日本語詞を付けた楽曲などがリリースされていたが，1966年のビートルズの来日公演をきっかけに流れが変わった．それまでの作詞家・作曲家・演奏家の分業体制ではなく，ビートルズのような自作自演のスタイルが志向されるようになったのだ．

以降，GS（グループ・サウンズ）と呼ばれる国産のロックが登場した．彼らは職業作曲家の作った歌謡曲調の曲も演奏したが，手本とするのはビートルズやローリング・ストーンズ，アニマルズなどの英国のロック・バンドであり，ライブの際にはそうしたバンドの曲を英語でカバーしていた（細川 2000: 129）．また彼等は英国のバンドが手本としていた合衆国のブルースや R&B などにも目を向けていった．

しかし所属事務所からは揃いの衣装で歌謡曲調の楽曲を演奏させられ，テレ

ビや雑誌でにこやかに振る舞うことを求められた．GS のミュージシャンたち
は，自分たちの理想とは異なる活動に苛立ちをつのらせた（南田 2001: 111-123）．

　結果，ミュージシャンたちは欧米を「本場」として理想化した．「本場」は
あらたな音楽文化や音楽ビジネスの最前線であり，「本物」たちが精力的に活
動し，耳の肥えたファンや批評家が数多くいるはずの場所であった．「本場」
はロックに理解のない日本の対極に位置していた．

　しかし直接「本場」へアクセスするのは難しかった．1971年までは 1 ドルが
360円に固定されており，海外に行くことも一般的ではなかった．あらたなポ
ピュラー音楽に関する情報は，レコードや一部のラジオ放送，雑誌などが伝え
る断片的なものだった．欧米のミュージシャンたちが当然のように使用してい
たドラッグも，容易に手に入るものではなかった．端的にいえば，欧米のポピ
ュラー音楽をめぐる日本の状況は，「欠如」に特徴づけられていた．

「欠如」を埋めるために

　国内における外来ポピュラー音楽のローカル化に付きまとう「欠如」は，し
ばしば基地や「基地の街」を介して補填されてきた．以下ではいくつかの事例
からそのことをみていきたい．

実質的な面において

　基地や「基地の街」には「そこでしか手に入らないもの」があった．そのこ
とは基地や「基地の街」の実質的な面における意味を生み出した．

　たとえば米軍将校のためのハウス地区であった横浜の本牧は，「音楽やファ
ッションの情報が東京よりずっと早く入ってくる場所だった」とされる（和久
井 2005: 30）．横浜では貴重な輸入盤の入手なども容易であったという（同 : 31）．
また福生には，他の地域にはあまりないコンポラ・スーツのオーダーができる
「K・ブラザーズ」があり，米兵や遊び好きの若者たちを惹きつけていた．音
楽やファッションの面では，「基地の街」は東京の中心地よりも先を行ってい
たといえる．

　さらに**ドラッグ**も，「基地の街」の特徴的な「商品」の 1 つであった．

　ドラッグというと唐突に聞こえるかもしれないが，1960年代から1970年代に
かけて対抗文化が盛り上がるなかで，ドラッグ，とりわけ大麻は，世界各地で
広く使用されるようになっていた．それまで一部のアウトサイダーが使用する

70 第1部 誘惑する／あらがう都市文化

ものだったドラッグが一気に大衆化したのである．

　当時の欧米のミュージシャンたちも，ドラッグの影響を隠さなかった．その
ため「本場」に憧れる日本人のミュージシャンも，ドラッグに対する強い関心
を抱いていた．たとえば GS のバンド，ザ・ダイナマイツやロック・バンド，
村八分のギタリスト，山口冨士夫は次のように述べる．

　　　それ（引用者注：大麻や LSD）をこっちは求めるわけよ．あのような（引用
　　者注：欧米のバンドのような）音作りがしたいと思ったらさ．ビートルズやス
　　トーンズからウッドストックあたりの，多くのグループが使用しているも
　　のに興味を持つのは少年の当然の好奇心だと思うんだよ（山口 2005: 94）．

　山口の嗜好を一般化することはできないが，彼の言葉がある種の人びとの思
いを代弁していることも確かであろう．

　ただいくらドラッグを欲しいと思っても，違法なものを入手するには，それ
なりのハードルがある．当時から国内のドラッグの流通は暴力団が手掛けてお
り，入手するには彼等と接触する必要があった．[10]

　しかし「基地の街」には，別のルートがあった．都市社会学者の磯村英一は，
1955年の時点で「日本の現状では司法権の限定されている軍事基地など」がド
ラッグ密輸の1つになっていると述べている（磯村 1955: 250）．さらにベ
トナム戦争が長期化するなかで，軍用機を使って東南アジアからドラッグを直
接運ぶというルートが確立された（『朝日新聞』1973年6月13日）．

　実際，1960年代から1970年代にかけて，基地や「基地の街」ではドラッグの
密売などに関わった米兵が頻繁に摘発されている．また基地とドラッグの関係[11]
は，作家の村上龍が，小説『限りなく透明に近いブルー』のなかで描いたこと
で（村上 1978），一般的にも広く知られるようになった．

　「基地の街」でドラッグが蔓延しているという事実（もしくは噂）は，一般的
には前述の「悪評」を強化する材料でしかない．しかしそれが実質的な意味を
持つ場合があることも確かである．たとえば山口冨士夫のようなドラッグに関
心を持つミュージシャンなどにとって，「基地の街」の評判は，入手のしやす
さとしてとらえられただろう．また野心的な不良にとっては――前述の立川の
愚連隊がそうであったように――密売をはじめとする経済活動の可能性として
とらえられただろう．いずれにせよ「基地の街」は，実質的な意味を見出され

図5-2 ダイナマイツのアルバム（筆者所有）
出所）タイトル：『ヤングサウンドR&Bはこれだ』
　　　商品番号：SJV-357
　　　発売年月日：1968年5月
　　　レコード会社名：現ビクターエンタテインメント

たと考えられる．

象徴的な面において

　基地や「基地の街」は，実質的な面以外でも，しばしば象徴的な意味を持った．たとえばGSのグループである**ザ・ダイナマイツ**は，元々モンスターズという名前のR&Bバンドであり，基地などで演奏活動をしていた．彼等が1968年にビクターからリリースしたアルバムのライナーノーツには，次のような記述がある（図5-2）．

　　　目がさめてから寝るまで，立川の米軍キャンプで舶来のR&Bグループの先生と生活して来た彼らには，これが彼らの音楽なのです．だから強烈なビートも，高度の音楽性も，まったく骨の髄まで浸みこんでしまっているのです（岡 1968）．

　ここではダイナマイツの音楽が，立川基地で「R&Bグループの先生と生活して来た」ことによって育まれ「骨の髄まで浸みこんで」いる「彼らの音楽」

ものであり，欧米の安易な模倣ではないことが述べられている．見方によれば，基地で演奏することは数多くある営業の1つであり，R&Bへの傾倒も単なる音楽的な嗜好といえるだろう．しかしこのライナーノーツでは，彼らの音楽の真正性が基地に由来することが強調されている．

　基地や「基地の街」が実践の真正性を保証するという構図は，ディスコ文化においてもみられた．ディスコは国内でソウルやファンクが消費される際の主要な空間の1つであった．たとえば1960年代から1970年代にかけて，東京のディスコに集うブラック・ミュージック好きの若者の間では，福生は特別視されていた．当時の福生のディスコについて，ディスコ文化に詳しいイラストレーターの江守藹は次のように述べる．

> ファッションやダンスで黒人にシビレるとだれもが「黒人らしさ」を追求してしまう（中略）「らしさ」の入門は，ヘアースタイルが一番簡単だった．それが当時のアフロであり今のドレッドやフラットトップで，あとはダンスの「BLACKノリ」を身につければ一応ジャパニーズ・ソウルブラザーになれた．ここまで来ると「本物」の友達が多くいて彼らと過ごす時間の多さがステイタスになる．そこにブラック・ディスコがあり，基地の街が重要になってくる（江守 1997: 85）．

　ここで江守は，「黒人文化」に憧れる人びとが，髪型などを模倣する次の段階で，「本物」（の「黒人」）との付き合いによって「ステイタス」を得ることを指摘している．つまり福生周辺のディスコに通い，「黒人」たちと共に時間を過ごすことは，新宿や六本木では難しい文化的な真正性を保証する営為であったのだ．[12]

　このように「基地の街」は，いわば疑似的な「本場」として，ローカル空間における音楽実践の真正性を保証するという象徴的な意味を持った．

3　グローバルな構造，ローカルな意味

　ここまでで，基地や「基地の街」に付与された意味を検討してきた．それらは時代ごとに微妙に異なるものであったが，文化のグローバル化という枠組みを念頭に置いてみると，ある種の共通する構造がみてとれる．すなわちローカ

ル空間における「欠如」が，基地や「基地の街」によって補填されるという構造である．

　順を追ってみよう．まず「グローバルなるもの」と出会うことで「それらが日本にはない」ということが，すなわちローカル空間における「欠如」が意識される．戦後期には物資一般，その後はポピュラー音楽をめぐる諸々やドラッグなどが，ローカル空間において「欠如」したものであった．

　「欠如」が意識された後，実質的な面でも象徴的な面でも，基地や「基地の街」が「グローバルなるもの」と部分的に同一視され，ローカル空間における「欠如」を補填するものとして機能する．結果，「基地の街」は，容易にドラッグが手に入るとか，「本場」のような音楽文化があるといった，ローカル空間における独自の意味を得る．

　こうした構図は，グローバルとローカル間の，より具体的にはアメリカと日本の非対称的な関係を背景としている．しばしばアメリカの文化は「グローバルなるもの」と同一視され，日本を含めた他の国々はそれを後追いでローカル化してきた[13]．両者の関係は一方通行であることが多い．「欠如」が意識されるのも，それが補填されるのも，ローカル空間ではたらくグローバルな力学の現れなのだ．

おわりに

　1970年代以降，基地と「基地の街」の風景は徐々に変わっていった．ドル・ショックを受けて，米兵が直接「基地の街」に金を落とす機会は減っていった（新井 2017: 93）．そのため異国情緒を売りにした日本人向けの小売店などが増えた．さらに2000年代以降は，行政が異国情緒を1つの観光資源としてとらえ，地域への集客材料にするようにもなった（木本 2014）．

　国内のポピュラー音楽の状況も変わった．1990年代以降，国内市場で流通するレコードの8割強が国内盤になり，欧米起源であることを直接的に匂わせる音楽は減った．外来ポピュラー音楽の多くは，ローカルな「J-POP」の1つとして，自律化・自明化していった（木本 2009）．それゆえ現在では，手の届かない「本場」に憧れるというメンタリティ自体が希薄である．

　かつて「グローバルなるもの」を前に意識された「欠如」は，現在では意識

されにくい．それゆえ基地や「基地の街」も，「欠如」を補填するという意味を持つことは少ない．現在の「基地の街」は，穏当な異国情緒が生産・消費される郊外としてとらえることができる．

しかしだからといって，第3節でみたようなグローバルとローカル間の非対称性が解消したと考えるのは軽率だろう．ここまでみたように，ローカル空間におけるさまざまな実践は，グローバルな力学に規定されていた．だとすれば考えるべきなのは，ローカル空間で非対称性がさほど顕在的でないということ自体が，いかなるグローバルな力学によるものなのかということであろう．また本章では取り上げられなかったが，大都市と地方都市のようなローカル内の関係性もまた，考えられるべきであるといえる．

注

1) グローバル化とは，隔たった地域を相互に結びつける「世界規模の社会関係」の強化であるとされる（Giddens 1990＝1993: 85）．経済や政治のみならず，文化的な側面においてもグローバル化は進行し続けている．たとえばアメリカの音楽文化や日本のオタク文化などは世界中に波及しており，日々「世界規模の社会関係」が構築されている．

2) 戦前戦中の日本において，質素倹約が重要な価値観とされていたのは，多くの標語（「欲しがりません，勝つまでは」，「ぜいたくは敵だ」等々）からも分かる．それに対して，1950年代の合衆国では，消費することが「アメリカ人であること」を保証するような機能をもっていたとされる（Riesman 1964＝1968）．消費に対する姿勢は真逆であったといえる．

3) 1946年に丸の内でおこなわれた「パンパン」の一斉検挙では，144名が検挙されているが，そのうち60名が無職であり，食べるために「パンパン」をやっていると答えている（『読売新聞』1946年6月15日）．その他はダンサー，事務員，案内係，女工，店員などの職業に就く者がおり，記事では「素人が多い」とされている．

4) 対抗文化とは1960年代に盛り上がりをみせたサブカルチャーの総称で，主流社会に対する対抗的な姿勢に特徴づけられる（渡辺 2000）．

5) 1960年代のロックを代表するアメリカのギタリスト．

6) ソウル，ファンクといった音楽のパイオニアであるアメリカのミュージシャン．

7) 法務省の出入国管理統計によると，1964年の出国者数は年間で16万8318人，1970年で66万3467人，1974年で233万5530人である．10年で大きく増加はしているものの，現在（2017年時点で1788万9292人）と比べると，かなり低水準にあることが分かる．

8) R&Bやソウルのミュージシャンが好んで着た細身のスーツ．

第5章　グローバル化と「基地の街」　　75

9）　本章でいうドラッグとは違法薬物全般を指す総称として用いている.

10）　たとえば1963年に法律雑誌『ジュリスト』誌上でおこなわれた座談会のなかで，警視庁保安課長の楢崎健次郎は，「日本の密売組織というものが，全部暴力団によって支えられている」と述べている（久万・竹山・団藤・楢崎・根岸 1963: 34）.

11）　たとえば，横田基地の軍人が日本人のジャズ・バンドのメンバーらに大麻を流して逮捕（『読売新聞』1966年3月17日夕刊），「大麻パーティ」を開いていた米軍人グループの逮捕（『朝日新聞』1970年4月26日），立川基地の米兵から大麻を入手していた日本人の学生グループの摘発（『朝日新聞』1971年12月8日夕刊），軍事郵便でLSDを密輸していた横須賀基地の米兵の逮捕（『朝日新聞』1973年2月20日），「横須，横田，府中基地などを舞台に麻薬を密売買していた米兵グループ」の摘発（『朝日新聞』1973年11月16日）などである.

12）　こうした認識は「政治的に正しい」とはいえないが，日本における「黒人」理解（無理解）の文脈では珍しくない（細川 2003）．それらは批判的に検証されるべきであるが，本章では紙幅の余裕がない.

13）　カルチュラル・スタディーズの理論家，ステュアート・ホールは，こうした構造を「支配的個別性」という概念で説明している（Hall 1991; 1991b）.

参考文献

Dower, J. W. (1999) *Embracing Defeat: Japan in the Wake of World War II*, W. W. Norton & Company（ダワー，ジョン，W.『敗北を抱きしめて——第二次世界大戦後の日本人（上）』三浦陽一・高杉忠明訳，岩波書店，2001年）.

Giddens, A. (1990) *The Consequences of Modernity*, Polity Press（ギデンス，A.『近代とはいかなる時代か？——モダニティの帰結』松尾精文・小幡正敏訳，而立書房，1993年）.

Hall, S. (1991a) "The local and the global: Globalization and the ethnicity" King, Anthony, D (eds.) *Culture, Globalization and the World-System*, Macmillan（ホール，ステュアート「ローカルなものとグローバルなもの——グローバル化とエスニシティ」キング，A. D. 編『文化とグローバル化』山中弘・安藤充・保呂篤彦訳，玉川大学出版部，1999年，pp. 41-66）.

Hall, S. (1991b) "Old and new identities, old and new ethnicities" King, Anthony, D (eds.) *Culture, Globalization and the World-System*, Macmillan（ホール，ステュアート「新旧のアイデンティティ，新旧のエスニシティ」キング，A. D. 編『文化とグローバル化』山中弘・安藤充・保呂篤彦訳，玉川大学出版部，1999年，pp. 67-104）.

Riesman, D. (1964) *Abundance for What?*, Doubleday&Company（リースマン，D.『何のための豊かさ』加藤秀俊訳，みすず書房，1968年）.

新井智一（2017）『大都市圏郊外の新しい政治・行政地理学——米軍基地・環境・ジェンダー』日本評論社.

江守蠶（1997）「東京ディスコ史——横田編」コーン編『ディスコ伝説 70's』銀河出版，

pp. 84-85.

太田稔（2003）『ヨコスカ・ジャズ物語──霧につつまれた栄光の軌跡』神奈川新聞社.

岡信一「ザ・ダイナマイツ／ヤングサウンド・R&B はこれだ！」ライナーノーツ.

小熊英二（2001）『〈民主〉と〈愛国〉──戦後日本のナショナリズムと公共性』新曜社.

木本玲一（2009）『グローバリゼーションと音楽文化──日本のラップ・ミュージック』勁草書房.

木本玲一（2011）「米軍基地を介した地域社会のグローバル化／ローカル化──福生（ふっさ）を事例に」遠藤薫編著『グローバリゼーションと都市変容』世界思想社.

木本玲一（2014）「地域社会における米軍基地の文化的な意味──「基地の街」福生・横須賀の変遷」難波功士編『米軍基地文化』新曜社, pp. 151-171.

久万楽也・竹山恒寿・団藤重光・楢崎健次郎・根岸重治（1963）「麻薬犯罪──その実態と対策」『ジュリスト』有斐閣,（273）, pp. 30-42.

太平洋戦争研究会編（2007）『開封された秘蔵写真── GHQ の見たニッポン』世界文化社.

東谷護（2005）『進駐軍クラブから歌謡曲へ──戦後日本ポピュラー音楽の黎明期』みすず書房.

藤原晃（1991）『ヨコスカどぶ板物語』現代書館.

福生市史編さん委員会（1994）『福生市史（下巻）』.

法務省出入国管理統計〈http://www.moj.go.jp/housei/toukei/toukei_ichiran_nyukan.html〉2018年9月19日閲覧.

細川周平（2000）「日本語でロックはできるか？ ロック草創期における言語観について」『国際学術フォーラム──伝統文化とグローバリゼーション』, pp. 127-137.

細川周平（2003）「あいまいな日本の黒人──大衆音楽と人種的腹話術」吉見俊哉編著『岩波講座 近代日本文化史（9）冷戦体制と資本の文化 1955年以後 1』岩波書店, pp. 169-202.

南田勝也（2001）『ロックミュージックの社会学』青弓社.

村上兵衛（1960）「基地から生れるローティーンやくざ」『婦人公論』中央公論社, 45(5), pp. 134-138.

村上龍（1978）『限りなく透明に近いブルー（文庫版）』講談社.

和久井光司編（2005）『ザ・ゴールデン・カップスのすべて』河出書房新社.

渡辺潤（2000）『アイデンティティの音楽：メディア・若者・ポピュラー文化』世界思想社.

第 **6** 章

異国の都市で生きる
故郷に翻弄されるドミニカンヨルク

窪田　暁

は じ め に

　東京の池袋や新大久保に立ち寄るたびに，異国の都市にまぎれこんだ感覚に
襲われる．中国語やハングルで書かれた看板の文字，聞きなれないアジア系の
外国語，飲食店から漂う刺激の強い香辛料の匂い……．もちろん，それ以前か
ら横浜や神戸に中華街はあったし，大阪の鶴橋にもコリアンタウンがあった．
だが，これほど**都市の多民族化**を身近に感じるようになったのは，ここ30年ほ
どのあいだの急激な変化だといえる．日本が高度経済成長期からバブル景気に
向かう1980年頃から，**ニューカマー**と呼ばれる人びとが定住しはじめ，1990年
に入管法が改正されると，南米出身の日系人が急激に増加した．彼らのほとん
どが製造業の下請企業や水産加工業の工場といった日本人の労働者が少ない現
場で働き，工場が集積する大都市や東海地方の沿岸部に集住するようになった．
　こうした国境を越える人口移動の背景には，世界規模で生じるグローバル化
があり，欧米都市でも同様に多民族化が進行している．群馬県の大泉町がブラ
ジル系移民の町であるように，パリ郊外にはマグレブ系移民のコミュニティが，
ベルリンにはトルコ系移民のコミュニティがある．また，アメリカの主要都市
にはリトル〇〇という名で呼ばれる地域が多数存在する．かつて，**アンソ
ニー・ギデンズ**（Giddens 1999）がロサンゼルスのラテン化（メキシコ系移民の増加）
を例に，逆行的植民地化と呼んだ現象が，世界各地で同時代的に進行している
といえよう．
　移民研究では，「なぜ特定の地域から多くの移民が発生し，特定の地域に多

くの移民が集中するのか」（Faist 2000）との問いに答えるために，移民社会と故郷のあいだに張り巡らされる**社会的ネットワーク**に注目し，移民コミュニティの存在が，移民の移住過程とその後の受け入れ社会への適応過程におけるコストとリスクを軽減させることを明らかにしてきた（Massey et al. 1998; Portes 1998）．発展途上国から先進国へと移住した人びとにとって，新しい環境への適応には多くの困難がともなう．法や制度などの社会システムにはじまり，言語や食事，宗教といった文化に密接に関わる問題から，ホスト社会からの偏見のまなざしに至るまで多岐にわたる．こうした状況に直面する移民にとって，同郷出身者によるコミュニティが大きな役割を果たしていることは容易に想像がつくだろう．そもそも移民コミュニティが，故郷の血縁・地縁を中心に張り巡らされた社会的ネットワークを核にして形成されるという性質上，同郷出身者を呼び寄せ（**チェーン・マイグレーション：連鎖移民**），当面のあいだの衣食住の面倒をみるなど新規の移住者を庇護するのは自然なことであり，結果として世界各地に**エスニック・エンクレイブ**（飛び地）が誕生することになったといえる．

このように故郷と強く結びついた移民コミュニティで生きることは，個々の移民になにをもたらすのだろうか．気の置けない同郷出身者と暮らすことは，異国の都市で暮らすストレスを軽減させてくれるだろうし，困難な出来事に遭遇しても，互いに助けあって乗り越えることもできよう．オジェ（2002: 244-247）が現代都市を分析する際，「スーパーモダニティ」と「モダニティ」にそれぞれ対置させて用いた概念を使うならば，「**非―場所**」である現代都市をアイデンティティ付与的，関係的，歴史的な「**場所**」へと変換する役割を移民コミュニティが担っているということもできる．だからこそ，欧米の都市に暮らす移民たちは，出身国やエスニック・グループを問わず，移住先の地に自分たちの「場所」を再構築しようとしてきたのだ．それは，実際の場所や**ローカリティ**がますます曖昧になるに伴い，文化的民族的な観念上の場所はより明確になるからであり，実体としての領域化された場所が失われる状況でこそ，故郷や場所や共同体が想起され想像されるからである（Gupta and Ferguson, 1997: 39）．

だが，移民によって想起される故郷がときに移民自身にとって重荷になることもある．というのも，長期間にわたって異国の地で過ごすうちに，故郷という場所が美化されることで，故郷にいるときには明確に意識することのなかった社会規範や価値観といったものと否応なしに向きあわざるを得なくなるから

である．では，移民が想起する故郷を異国の地に具現化したはずの移民コミュニティが，移民自身の生き方をしばるという逆説がなぜ起きてしまうだろうか．そして，それはどのような文脈のもとで生じるのだろうか．以下では，ドミニカ共和国（以下，ドミニカ）からアメリカに移住した人びとの事例をもとに，これらの問いについて考えてみたい．

1　ドミニカ移民のトランスナショナル・コミュニティ

1990年代以降，ドミニカでは，多くの発展途上国同様，グローバル化の進展とともに世界中に広がる**新自由主義経済**がもたらす社会的不平等の拡大といった問題が，とくに貧困層の人びとに深刻な影響をおよぼすようになっている．1965年から本格的にはじまったドミニカからアメリカに渡る移民の流れも，こうした世界規模の動きと無縁ではない．産業構造が伝統的な農業から，観光業中心のサービス業やフリーゾーンにおける製造業へと変化するなかで，地方から首都サント・ドミンゴへの移住者が急増する．しかしながら，外資獲得と雇用創出を目的にすすめられた観光開発や**フリーゾーン**の誘致は，その主体を旧宗主国であるスペインやアメリカの資本が独占するという**ポスト植民地的状況**をより強化し，社会的不平等の解消につながらないばかりか，環境破壊や地域社会の崩壊，**都市郊外のスラム化**といった新たな問題まで引きおこしている．こうした社会的背景のなかで，アメリカへの移住の波は拡大し続け，2008年に発生したリーマン・ショックを境に，メキシコ経由でアメリカに渡る「非合法越境（illegal border crosser/unregulated migration）」が増加するようになった．

　初期の移民は，首都サント・ドミンゴや中部シバオ地方の出身者が大半を占め，ニューヨークのワシントンハイツにコミュニティを形成した．現在では，隣接するブロンクス，ニュージャージー州の東端地域（パターソン，ジャージー・シティ，パース・アンボイ）に拡大し，フロリダ州，マサチューセッツ州などの東海岸都市を中心に200万人以上のドミニカ移民が，出身地ごとにコミュニティを形成している．こうした移民コミュニティと故郷を結ぶのが，カデナ（cadena：鎖）とよばれる社会的ネットワークで，母親を中心にした**拡大家族**を軸に張り巡らされているのが特徴である．この社会的ネットワークを強化するのが送金である．海外からドミニカへの送金額は，日本円にして年間3000億円にの

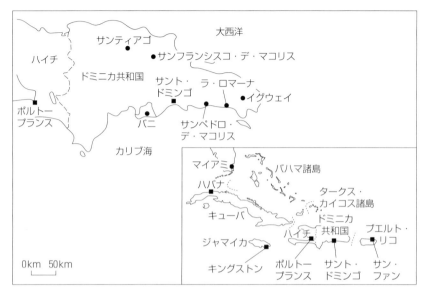

図6-1 ドミニカ共和国の地図（筆者作成）

ぼり，移民からの送金は重要な外貨獲得手段である．実際，ここ10年ほどのあいだで，ドミニカの庶民の暮らしは，移民からの送金なしには成り立たないまでになっている．このように，送金が故郷の家族の生存に直結するほどの重みをもつ以上，移民と家族との紐帯を強化する役割を果たすことになるのは当然といえよう．[1]

こうした移民と故郷の関係は，トランスナショナリズム論の枠組みのなかで議論されてきた．**トランスナショナリズム**[2]とは，「国民国家の境界を越えて広がる人びとや機構の多元的紐帯や相互交渉」と定義されるが（Vertoveck, 1999），移民が移住先の国と出身国のあいだを頻繁に往復し，二重国籍など双方の国に帰属意識をもち，国境を越える社会的ネットワークを維持し，それらを主体的かつ戦略的に駆使している実態をとらえるために登場した概念である（上杉 2004）．たとえば，ボストンとドミニカ双方のコミュニティで調査を実施したレビット（Levitt 2001）は，移民からの社会的，文化的影響をうけてコミュニティ内の政治や経済，あるいは世代間の関係やジェンダー・イデオロギー，学校教育などが変容する過程を「**社会的送金**（social remittance）」という概念で分析した．ここでは移住先社会の制度や慣習，価値観に影響をうけた移民が，故郷の

コミュニティ開発に乗りだす事例をもとに，送金だけではなく，人びとの価値観にあたえる精神的な影響にまで考察をめぐらせている．このように移民と故郷の関係に注目することで，グローバル資本や国家による影響ではなく，個人や集団のレベルから複数の国家に跨り構築される社会空間の実態（力関係や文化の再構築，あるいは経済活動の相互交渉）の過程を描きだすことに成功したが，移民からの影響を強調するあまり，故郷の側は移民から一方的に影響をうける存在と見なされてしまう危険性もあわせもっていた．つまり，故郷の人びとの価値観や実践，あるいは移民へのイメージが，移民にどのような影響をあたえているのかという点は問われることはなかったのである（Vertovec 2004）．ところが，移民コミュニティやドミニカ本国で調査をしていると，故郷の人びとが移民からの影響を一方的に受けるだけではなく，移民もまた故郷の人びとから影響を受けていることに気づかされる．

　このことについて考える足がかりとなるのが，ドミニカにおける在米ドミニカ移民の呼称である．ドミニカでは，アメリカに暮らす移民を「ドミニカンヨルク（*Dominican York*）」と呼ぶ．ドミニカ人とニューヨークをあわせた造語であるが，ここにはドミニカの人びとの移民への憧れが投影されている．このことばに込められるイメージは，一時帰国する際の移民のふるまいからきており，いまでは実像を離れてステレオタイプ化されている．ここでいう「ドミニカンヨルク」とは，帰国時にたくさんの土産物を抱えて，ポケットは100ドル札で溢れかえっているというものである．100ドル札は大袈裟であるにしても，実際，金のネックレスや時計，ブレスレット，ピアスといった装飾品で着飾るのが好きなドミニカ移民の特徴を世界経済の中心地であるニューヨークの華やかなイメージに重ねあわせているのだ．以下では，こうした「ドミニカンヨルク」像が，移民にどのような影響を与えているのかを見ていきたい．なお，これ以降はドミニカ移民を一般的な意味で用いる場合をのぞき，ドミニカンヨルクと表記する．

2　ドミニカンヨルクの日常

　本章は，アメリカのペンシルベニア州のヘーズルトン市（以下，H市）とドミニカ本国で2009〜2018年にかけて実施した現地調査で得られたデータをもとに

図6-2 オコア出身者が経営する理髪店と雑貨屋
出所）筆者撮影（2010年2月20日）．

している．なお，以下に登場する人物名は仮名であり，年齢は2018年時点のものである．H市の総人口2万4882人のおよそ3割にあたる7569人がラテンアメリカで生まれた住民の人口である（US Census Bureau 2013-2017）．このうちドミニカ系の人口は，およそ5000人と推定される．

ドミニカ移民は，特定の地域からの出身者が集住する傾向にあることをすでに述べたが，H市にはドミニカ南西部のオコア（Ocoa）出身者が多く暮らしている．統計データは存在しないが，移民コミュニティを可視化させる**言語景観**を見れば，多くのドミニカ系商店の屋号に「オコエーニョ／オコエーニャ（Ocoaño／Ocoaña：オコアの）」の文字が使用されており，同地出身者が集住していることがわかる．移民コミュニティの特徴として，町の中心に位置する目抜き通りにドミニカ料理のレストランが3軒，ドミニカ料理の食材をあつかうスーパーが2軒，ドミニカへの格安航空チケットの販売や荷物の配送，故郷への送金を代行する店が3軒，ドミニカ移民が経営するクラブと理髪店が各1軒，カトリックの聖人像やイコンの販売店が軒を連ねる．平日の夕方や週末になるとドミニカ系の人びとでにぎわいをみせ，まさに「ドミニカ通り」の様相を呈している．こうした景観は，異国の都市に暮らすドミニカ移民の故郷への思いが可視化した典型的な例といえよう．

H市に暮らすドミニカ移民の多くは，冷凍肉の加工や精密機械，家具，ガラス製品などの組み立てをする製造業の工場や倉庫で，契約社員あるいは派遣社

員として働いている．移民コミュニティに関係する仕事としては，ドミニカ系の商店経営者とその従業員，乗り合いタクシーの運転手，コミュニティ新聞の発行人などがあげられる．**ライフヒストリー**を聞くことができた26人のうち12人が「非合法越境」によりアメリカに入国している．そのほとんどが，メキシコ国境を越えてアメリカに入国し，家族や友人が住む家にたどり着いた経験をもつ．一方，合法的手段で移住した14人は，親の呼び寄せによってニューヨークに移住し，2001年の9.11同時多発テロによる景気低迷により，H市に再移住してきたものが多い．仕事以外の時間はコミュニティ内の親類・友人と過ごすことが一般的である．アメリカ人やほかのエスニック・グループとの交流はほとんどなく，移民コミュニティの内部で生活は完結している．

3 ドミニカンヨルクと故郷

送金に追われる

そんなドミニカンヨルクにとっての重要な日課の1つが，故郷の家族への電話である．26人のうち，ドミニカに母親もしくは子どもがいる21人は，毎日電話をかけていると答えた．毎日のことなので，話す内容に代わり映えはしない．近所の誰それが警察に捕まったとか，誰かが急病で病院に担ぎ込まれたといった世間話をするだけである．だが，ときおり故郷の母親が「ボストンにいる○○の家族は，送金のおかげで家を新築することになったらしい」とか「△△の母親が，来月ニューヨークに住む息子が一時帰国するとはしゃいでいたよ」といった話を漏らすことがあり，こうしたひと言が電話を終えたドミニカンヨルクの胸に重くのしかかる．

ジュニオール（43歳，男性，オコア出身）は，2003年に姉の呼び寄せでH市にやってきた．ここで知りあったドミニカ人の妻と結婚してふたりの子どもがいる（ひとりは妻の連れ子）．派遣社員として家具を梱包する工場で働くジュニオールの月収は，1800ドルである．ドミニカの母親には，2週間ごとに100ドルを送金し，毎晩の電話を欠かさない．渡米してから7年になるが，一度も故郷に帰っていない．月収から家賃，電気代，食費，ガソリン代，電話代，さらに母親への送金をひくと，貯金にまわすカネは残らないからだ．母親は，電話のたびに「物価があがったからもっとたくさん送金してくれ」というが，いまでさ

図6-3　故郷の母親に送金をするドミニカンヨルク
出所）筆者撮影（2009年10月16日）.

えギリギリの生活なのにこれ以上，どうすればいいのか．この国はカネさえあれば，欲しいものはなんでも手に入るけれど，カネがないから家と工場の往復だけで，人生を楽しんでいるとは思えない．そんな現状をジュニオールは，「故郷に身を捧げている」という．こうした送金をめぐる葛藤は，ジュニオールに限った話ではなく，H市に暮らす多くのドミニカンヨルクに共通する現実である．

　このように書くと，どうしてそんな思いをしてまで送金をするのか，あるいは，正直に自分の経済状況を故郷の家族に打ち明ければいいではないかと思うかもしれない．だが，ドミニカンヨルクというイメージに，ドミニカの伝統的な規範が埋め込まれていると知ればどうだろうか．その規範とは，ドミニカ社会に存在する①富の独占を許さない，②たかりは恥である，というものだ．つまり，個人が富を独占することを許さないという規範が存在する一方で，他人にカネをたかることは恥ずべきことだというもう１つの規範の存在が箍（たが）となって，たかることもできない．そうしたジレンマを回避するために，ドミニカの人びとは「気前のいい」ドミニカンヨルクというステレオタイプ・イメージをつくりあげたのである．一方，ドミニカンヨルクの側も，このことばに埋め込まれている規範や価値観を内面化して育っているために，国際電話やfacebookなどを介したトランスナショナルな相互交渉のなかで，その役割を演じるようになっていく．だからこそ，身を削る思いをしてまでも，故郷の母親への送金を欠かすわけにはいかないのである．[3]

送金をしなくなる

　しかしながら，すべてのドミニカンヨルクが定期的な送金を欠かさずにして
いるわけではない．26名のうち5名が故郷に送金をしていなかった．そのひと
りであるティブロン（69歳，男性，オコア出身）は，先にアメリカに移住していた
母親の呼び寄せで，10人のキョウダイと一緒にニューヨークのブルックリンに
やってきた．1985年のことだった．しばらく，コートを製造する工場で働いて
いたが，ドミニカに残してきた子どもを呼び寄せるために，家賃の安いH市
へと移住する．この町を選んだのは，オコア出身の仲の良い友人が暮らしてい
たからだ．ドミニカに残してきた子どもを呼び寄せるために，妻と法律上の結
婚をして，1992年に妻と長女が，その2年後には6人の子どもたちが到着した．
H市では，冷凍肉を加工する工場に職を得た．契約社員のために，時給は
14.25ドルと高いうえに，故郷に送金をする親族・知人が残っていなかったの
で，自分の生活のために使うことができた．週末は，オコア出身の仲間とドミ
ノをしたり，ドミニカンヨルクが経営するクラブに出かけた．子どもが到着し
てすぐに妻とは別居した．その直後に知りあったプエルト・リコ出身の女性と
結婚し，ふたりの子どもができた．2004年に市民権を取得している．余生をド
ミニカで過ごしたいという友人は多いが，数年に1度3週間ほどバカンスのた
めに帰る程度でよいと思っている．母親は12年前に亡くなったが，子どもと孫
はみんなこの町に住んでいるし，キョウダイの多くはまだブルックリンに暮ら
している．30年もこちら側に暮らしていると，あちら側に知りあいもいなくな
ってきた．オコアで仲の良かった友人はみんなこっちに来ているから，ドミニ
カに帰る必要もないという．

　ここで注意が必要なのは，1985年に渡米してから家族を呼び寄せるまでは，
定期的に送金をしていたことである．つまり，ティブロンは故郷の人びとが期
待するドミニカンヨルクとしての役割を果たし終えたといえよう．別の言いか
たをすれば，ティブロンは30年という歳月をかけて故郷のオコアからH市に
つながるべき相手を呼び寄せることで，H市に故郷を再構築してきたのである．

送金ができなくなる

　別の理由から送金をしていないドミニカンヨルクがいる．滞在ビザをもって
いたゲリート（33歳，男性，バニ出身）は，2004年にバニ市出身者が集住するボ

ストンに同郷の友人を頼って移住する．ボストン到着後は，その友人の家に間借りしながらドラッグを売ってカネを稼いだ．そのおかげで故郷へは週に700ドルの送金をすることができた．しかし，警察に捕まりかけたこと，友人とカネの分配をめぐって口論になったのを機に，2006年にH市へと移ってきた．数少ない同郷出身者を頼ってのことだった．ドミニカンヨルクの経営するクラブでナルダ（38歳，女性，オコア出身）と知りあい，一緒に暮らしはじめる．ドラッグを売るのを辞め，工場での職を手に入れたのは，滞在ビザの期限がきれていたため，警察に捕まればドミニカに強制送還されるとナルダに懇願されたからだ．[4]

　2007年にナルダとのあいだに息子が生まれ，2010年には期限付きの永住権を取得し，念願の一時帰国を果たすことができた．3週間滞在した故郷ではドミニカンヨルクとして振る舞うこともできた．ただし，それはナルダが工場の事務員として働き，家計を切り詰めた結果である．帰国後すぐに，ゲリートは自分の不注意から交通事故を起こし，保険に加入していなかったため，相手の車の修理費用など多額の借金を抱えこむことになった．追い打ちをかけるように，故郷の母親が癌を患って入院することになり，送金を催促されるようになる．だが，借金の返済を優先するナルダが家計を管理しているために送金をすることができないまま，母親の訃報を受け取った．

　ナルダは父親の呼び寄せで，母親とともに16歳でH市に移住し，こちらで高校と短大を卒業した．すでに市民権も取得している．一度，ドミニカンヨルクの男性と結婚したが，娘の誕生後に，ドラッグの不法所持で捕まり，強制送還された．そうした経験から，ゲリートの日常生活の細部に至るまで管理するようになったのだという．しかし，ゲリートの母親は生前，こうしたナルダのふるまいを快く思っていなかった．「夫が妻を管理するものだ」というのが口癖で，「妻よりも故郷の母親を第一に考えるべきだ」とも話していた．ただし，送金が途絶えてから母親に電話をできなくなったゲリートの耳には届くことはなかった．

　こういった移民家庭内の**ジェンダー・イデオロギー**の変化については，女性が移住先のアメリカで低賃金であれ，雇用制度に組みこまれたことで発言権を強め，父や夫が労働で得たものを背景に成立させていた管理力を減少させることを促した結果だと説明されてきた（Grasmuck and Pessar, 1991）．ゲリートとナ

ルダの関係もこうした事例の1つということもできよう．しかし，ふたりが暮らすH市のドミニカ移民コミュニティの特徴をふまえると，異なる解釈が浮かびあがる．先述のとおり，H市はオコア出身者が多数を占めており，バニの同郷出身者は姉をのぞけば，3人しかいない．20歳で移住し，故郷の町と幼なじみだけが世界のすべてだったゲリートにとって，H市は想起されるべき故郷ではないばかりか，葛藤を抱えこむ場所だったといえる．同郷出身者が多く暮らすボストンにいるときには，彼らと情報交換をし，助けあい，自分で稼いだドルを自分の裁量で母親に送金することができた．だが，友人とトラブルを起こし，H市に移住した後は，ナルダしか頼る者がいなくなり，彼女の親族ネットワークに組み込まれて生きることを余儀なくされた結果，故郷の母親とのつながりが絶たれてしまったのである．

　興味深いのは，母親が亡くなった後に父親をH市に招待し，2か月ほど滞在させたことである．母親の訃報を受けて，すぐに仕事を休んで故郷へと飛び，3日間だけ滞在した．そこで父や兄，オバやイトコ，近所の住人から不義理を責められたことが大きかったという．このときには，ナルダも反対することはなかった．

おわりに

　ここまで，異国の都市で生きるドミニカンヨルクの事例をもとに，故郷と強く結びついた移民コミュニティで生きることが，個々の移民になにをもたらすのかについて考えてきた．その際，注目したのはドミニカンヨルクによる送金である．本章で紹介した3人のドミニカンヨルクに共通していたのは，アメリカに移住した当初は，故郷の家族に送金をしていた点である．だが，ジュニオールが経済的に苦しみながらも送金を続けている一方で，ティブロンとゲリートは送金をしなくなっていた．ただし，送金をしなくなったふたりにしても，その理由は一様ではない．両者のあいだを隔てたのは，故郷が期待する「ドミニカンヨルク」像を演じる舞台が整っていたかどうかであった．

　オコア出身のティブロンにとっては，30年間工場で働き，定期的に送金をするという日常が，「ドミニカンヨルク」像を演じることであり，それを期待する観客は故郷のオコアにいる家族や友人たちだった．だからこそ，家族や友人

のすべてがＨ市に移住してきた時点で，送金をやめることができたのである．反対に，バニ出身のゲリートは，期待する観客が故郷にいるにもかかわらず，「ドミニカンヨルク」像を演じる舞台にあがることさえできなかったのだ．ここでいう舞台が，ふたりの所属するＨ市のドミニカ移民コミュニティである．本来なら故郷から新規の移民を呼び寄せ，庇護する役割を担い，移民と故郷を結ぶ社会的ネットワークの結節点としての機能を果たすはずの移民コミュニティが，移民にとって重荷となる逆説が生じていたのである．

　こうした事実が先行研究で見落とされてきたのは，移民コミュニティ内部の多様性に注意が払われなかったことが原因といえる．しかし，2009年にＨ市での調査をはじめるまでは，筆者自身も，移民コミュニティが移民と故郷の紐帯をどのように強化しているのかを明らかにしたいと考えていた．揺るがないものとして移民コミュニティが存在し，移民にとって欠かすことのできない重要な役割を果たしているのだと信じて疑うことはなかったのである．

　だが，調査のたびにゲリートの家に寝泊まりし，彼の人生を追いかけるうちに，当初の見方が先入観に引きずられたものであり，目の前ではまったく正反対のことが起きているのではないかと考えるようになった．それが確信へと変わったのは，ゲリートの兄がＨ市に移住してからの行動をみたことによる．彼はゲリートの家に居候中も，ひとり暮らしをはじめた後も故郷の母親に送金を欠かすことがなかった．また，ゲリートがナルダにコントロールされ，母親に送金しないことに不満を漏らしていた．彼は2016年にドラッグを所持していた罪で逮捕され，ドミニカに強制送還されるまで，女性と同居することも，Ｈ市のコミュニティ内で特定のドミニカンヨルクと親密で強固な関係を築くこともなかった．Ｈ市の移民コミュニティと一定の距離を保つことで，故郷の母親の期待に応えることが可能となったのである．

　であるならば，こういう言い方はできないだろうか．ティブロンの意識のなかに移民コミュニティが確固たるものとして存在するのは，Ｈ市の移民コミュニティと関係をもちつづけたからであり，ゲリートの兄のように関係をもとうとしなかった者にとっては，移民コミュニティは存在しないのだ，と．その関係に翻弄されたといえるゲリートの目には，Ｈ市の移民コミュニティはどのように映っているのだろうか．

　本章で描いてきたドミニカンヨルクの日常世界は，きわめて限定的で特殊な

状況下で観察された異国の都市で生きる人びとの世界かもしれない．こうした
ドミニカンヨルクの生き方を，どこまで東京の池袋や新大久保で生きる人びと
のケースにあてはめることが可能なのか．あるいは今後，大きな社会変化によ
り，故郷の人びとにとっての移民像が変化することがあれば，ドミニカンヨル
クの側もそれに応じて演じ方を変えていくのだろうか．まだ，多くの「問い」
が残されたままである．

注

1) 一方で，農作物の市場価格が低迷するなか，わずかな稼ぎのために農作業をするよ
   りも，海外からの送金に頼る生活を選択するケースや，消費経済を蔓延させるといっ
   た「送金腐敗」と呼ばれる現象も招いている．

2) ポルテスらも（Portes et al. 1999, 217-224），その分析単位を個人と彼／彼女を支え
   るネットワークに分けたうえで，経済・政治・文化の3つの領域と多国籍企業のよう
   な強力な組織による（上からの）ものと，移民や母国のカウンターパートによる（下
   からの）ものに区別している．本章の記述は，後者の事例である．

3) 本章と同様の問題意識をもとに，在仏モロッコ移民と故郷の人びとが送金に関する
   うわさをコントロールして社会関係を維持している実態を明らかにした研究がある
   （渋谷 2012）．

4) 非合法的越境でアメリカに入国したり，滞在ビザの期限が切れたドミニカ移民は，
   プエルト・リコ人のI.D.を入手して社会保障番号や運転免許を取得する．取得にかか
   る費用は，700ドル程度で，これも親族や同郷出身者が手配から資金援助までをする．

5) 本章の記述からは，ドミニカ移民はドラッグの売人ばかりだという印象を受けるか
   もしれない．いうまでもなく，大多数のドミニカ移民はドラッグとは無縁の生活を営
   んでいる．ペッサール（Pessar 1995: 1）は「平均的なアメリカ人がアメリカのドミニ
   カ移民について知っているのは，サミー・ソーサのような大リーガーのことか，ドラ
   ッグの売人のことである．……ステレオタイプ化されないときのドミニカ人は，大き
   く括られての『ドミニカ人』である」と述べている．そのため，多くのドミニカ移民
   研究は，大きく括られるドミニカ人の多様な姿を描きだすことに重点を置く一方で，
   ドラッグの話題に触れることに慎重になっていたと言えないだろうか．その意味で，
   ドミニカ移民研究は，ステレオタイプ化されている題材を避けることで他者イメージ
   を追認してきたとの誹りを免れることはできないだろう．

参考文献

Auge, M.（1994）*Pour une anthropologie des mundes contemporains*, Paris, Aubier（オジェ，
   M.『同時代世界の人類学』森山工訳，藤原書店，2002年）．

90　第1部　誘惑する／あらがう都市文化

Faist, T.（2000）*The Volume and Dynamics of International Migration and Transnational Social Spaces*, Oxford, Clarendon Press.

Giddens, A.（1999）*Runway World: How Globalization is Reshaping Our Lives*, London, Profile Books.（ギデンズ, A.『暴走する世界――グローバリゼーションは何をどう変えるのか』佐和隆光訳, ダイヤモンド社, 2001年）.

Grasmack, S. and P. Pessar（1991）*Between Two Islands: Dominican International Migration*, Berkeley, University of California Press.

Gupta, A. and J. Ferguson（1997）*Culture Power Place*, Durham and London, Duke University Press.

Levitt, P.（2001）*The Transnational Villagers*, California, University of California Press.

Massey, D. et al.（1998）*World in Motion: Understanding International Migration at the End of the Millennium*, Oxford, Clarendon Press.

Pessar, P.（1995）*A Visa for a Dream*: Dominicans in the United States, Massachusetts, Allyn and Bacon.

Portes, A.（1998）"Social Capital: Its Origins and Applications in Modern Sociology," *Annual Review of Sociology*, 24, pp. 1–24.

Portes, A., E. Guarnizo and P. Landollt（1999）"The study of transnationalism: pitfalls and promise of an emergent research field." *Ethnic and Racial Studies*, 22(2), pp. 217–237.

U. S. Census Bureau SELECTED CHARACTERISTICS OF THE FOREIGN-BORN POPULATION BY REGION OF BIRTH: LATIN AMERICA 2013–2017 American Community Survey 5–Year Estimates〈https://factfinder.census.gov/faces/tableservices/jsf/pages/productview.xhtml?pid=ACS_17_5YR_S0506&prodType=table〉2019年2月1日閲覧.

Vertovec, S.（1999）"Conceiving and Researching Transnationalism," *Ethnic and Racial Studies*, 22(2), pp. 447–462.

Vertovec, S.（2004）"Migrant Transnationalism and Modes of Transformation." *International Migration Review*, 38(3), pp. 970–1001.

上杉富之（2004）「人類学から見たトランスナショナリズム研究――研究の成立と展開及び転換」『日本常民文化紀要』成城大学大学院文学研究科24, pp. 1–43.

渋谷努（2012）「うわさのコントロールによる在仏モロッコ移民と出身地との国境を越えた社会関係の変容と持続」髙谷紀夫・沼崎一郎編『つながりの人類学』東北大学出版会, pp. 241–265.

第**7**章

都市とセクシュアル・マイノリティ
可視化される「新たな」都市生活者

山 田 創 平

はじめに

　都市空間には個性や文化をもったさまざまなエリアが存在している．たとえば東京を1時間歩いただけでも，その多様性を感じることができる．あるエリアは官庁街で，その隣に繁華街があり，その隣には学生街がある．その隣にはドヤ街があり，その隣町には外国籍住民が多く，そこは同時にゲイタウンでもある．都市とはそのような多様な空間・領域が水平的にも垂直的にも幾層にも編成され，成立する場である．多様な構造は複雑な文化を生み，その中で郊外や農村では生きにくいマイノリティが生活する余地が生じる．本稿では都市住民としての「セクシュアル・マイノリティ」について考える．昨今「LBGT」という言葉を目にすることが増えたが，LBGTをはじめとしたセクシュアル・マイノリティは，きわめて都市的な存在である．たとえば以下のような例を考えてみると良い．ある成人男性がいる．彼は埼玉県にある自宅から，新宿に通勤する会社員である．家には妻と子どもがいる．仕事が終わったあと，会社の同僚と歌舞伎町で飲むことも多い．また月に何回かは新宿二丁目のゲイバーに行くこともある．そこでは他のゲイ男性との出会いもある．

　この例からもわかることだがセクシュアル・マイノリティは，常にセクシュアル・マイノリティで「ある」とは限らない．彼はある時は会社員であり，ある時は父であり，ある時は夫であり，ある時はゲイバーの客である．そしてゲイバーの客である時，彼は自らを「ゲイである」と思っている（思っていない可

能性ももちろんある）．新宿二丁目のようなゲイタウンは，その意味で，彼がゲイに「なる」場所であり，同じセクシュアル・マイノリティに出会える場所である．近代以降，セクシュアル・マイノリティは激しい差別にさらされてきた．そのような差別の中で，ゲイタウンはその人がセクシュアル・マイノリティでいられる数少ない場所だった．そしてそのような場所であるゲイタウンは，複雑な構造を持つ大都市の中で，まさに都市空間の隙間を縫うように成立したオルタナティブな都市文化なのだ．

　セクシュアル・マイノリティと都市の関係を考えるとき，この「オルタナティブな場所性」は非常に重要であると同時に難解である．そもそも「ゲイタウン」にいる「ひと」とは誰なのか．先程確認したようにそのひとは別の場所では別のアイデンティティで存在しうる．それはそもそも「セクシュアル・マイノリティ」とは「誰なのか」という問ともつながるだろう．しかしこの「セクシュアル・マイノリティ」という存在それ自体もまた，ここ10年の間に世界規模で激しく変化している．セクシュアル・マイノリティと都市の関係を考えようとする時，おそらく現時点で何らかの総合的な見解を提示することは不可能に近いだろう．

　本章ではまず，近年のセクシュアル・マイノリティをめぐる世界的な変化を確認し，その上で，このテーマを考える上で重要と思われるいくつかの切り口を示してみたい．私たちの社会には性別や性道徳といった典型的で強固で単純で抑圧的な社会規範がある一方，都市は複雑であり，セクシュアル・マイノリティも多様で複雑である．そしてこの２つの複雑さはそれぞれ相補的な関係にある．複雑で隙間のある都市だからこそ，社会の抑圧を逃れてセクシュアル・マイノリティはそこにいることができ，セクシュアル・マイノリティがそこにいることで，都市それ自体もまた複雑で多様に再編成されていく．

1　市民としてのセクシュアル・マイノリティ

セクシュアル・マイノリティをめぐる世界的潮流

　その社会の中でセクシュアル・マイノリティがどのように受け止められているのかを測る１つの基準が**同性結婚制度**[2]の有無である．ここではまず，同性結婚制度を切り口に，セクシュアル・マイノリティをめぐる世界の状況を見てい

きたい．オランダにおいて，世界ではじめて同性結婚が法制化されたのは2001年のことである．それ以降，20世紀末から2018年現在に至る数十年の間，LGBTをはじめとしたセクシュアル・マイノリティをめぐる世界の状況は大きく変化してきた．1990年に世界保健機関は「国際疾病分類（ICD）改訂第10版」を公表し，同性愛を治療対象とはしないと宣言した．1994年には当時の厚生省がこの判断を国内の基準として採用し，1995年に日本精神神経学会もこの決定を尊重すると表明した．

2011年になると国連人権理事会において性的指向と性自認を理由とした人権侵害に反対する国連決議が採択される．性的指向はSexual Orientation，性自認はSexual Identityの訳語であり，双方の頭文字をとってしばしばSOGI（ソジ）と呼ばれる．性的指向や性自認については後ほど詳しく述べる．SOGIを理由とした人権侵害に反対するこの決議は国際連合における判断として非常に重要なものだが，この決議の採択によって国連加盟各国にはLGBTをはじめとしたセクシュアル・マイノリティの人権侵害に真摯に対処することが求められることになった．具体的な対処事項としては，①暴力からの保護，②拷問等の防止，③ソドミー法の撤廃，④差別の禁止，⑤安全の確保の5項目が挙げられている（谷口 2016: 18）．

国際疾病基準の改訂や国連での決議採択などが進む中，世界では次々と性的少数者であることを公表する国家元首が誕生した．アイスランドでは2009年にレズビアンであることを公表しているヨハンナ・シグルザルドッティルが首相に就任し，2013年までその職にあった．ベルギーではゲイであることを公表しているエリオ・ディルポが首相をつとめ（任期は2011年から2014年），ルクセンブルクではゲイであることを公表しているグザヴィエ・ベッテルが首相に就任し，本章執筆の時点（2018年1月）においても現職である．

また，ここ数年の世界の変化は特に著しい．かつてアメリカ合衆国は，セクシュアル・マイノリティの人権擁護に関しては先進国の中でも遅れをとっていると言われてきたが，2015年に連邦最高裁によって同性結婚が認められ，その状況は大きく進展した．アジアでも変化が起こっている．2017年には台湾で司法最高機関により「同性結婚を可能にすべき」との判断が出され，今後順次法制度が整えられてゆくことになった．2017年は台湾以外でも各国で変化があった．アイルランドではゲイであることを公表しているレオ・バラッカー氏が首

相に選出され（6月14日），セルビアではレズビアンであることを公表している
アナ・ブルナビッチ氏が首相に就任している（6月29日）．またドイツでは同性
婚の法制化が決まった（6月30日）．ドイツでは2001年にすでに同性パートナー
の権利を広く認める法制度が整えられていたが，これにより同性間での結婚も
認められることとなった．

　一方日本社会での動きはどうだろうか．これまで述べたような世界的な流れ
の中にあって，日本においてはセクシュアル・マイノリティの人権擁護に関す
る国家的な，本格的な取り組みはほぼ皆無であると言ってよい．それどころか
政治家によるセクシュアル・マイノリティに対する差別発言も後を絶たず，国
連人権理事会は2012年に行った日本の人権状況に関する調査の中で，日本社会
の抱える人権問題として「ジェンダー」「LGBT」「性的指向」による不平等を
挙げている．そのような中，2020年には東京オリンピックが開催される．国際
オリンピック委員会は2014年にオリンピック憲章の中でも最も重要な「オリン
ピズムの根本原則」（Fundamental Principles of Olympism）を改訂しており，その第
6条には「性的指向」（Sexual Orientation）による差別を禁じる項目がある．この
ようないわば「外圧」の中，日本政府は対応を迫られている．

　日本社会でも，地方においては進展がある．2015年から東京都渋谷区におい
て条例に基づく「パートナーシップ証明書」の発行がはじまった．その後，本
稿執筆時点の2018年1月までに，同性パートナーの権利を保証する制度は渋谷
区を含め国内6地域（世田谷区，伊賀市，宝塚市，那覇市，札幌市）で定められてい
る．渋谷区の調査によると，2017年11月時点で，全国で133組のカップルがこ
の制度を利用している．渋谷区は条例だが，それ以外の5地域は要綱によって
定められている．札幌市の制度は戸籍上異性であっても利用可能であり，その
意味で国際水準に近く先進的である．

セクシュアル・マイノリティとは誰のことか

　近年，「LGBT」，あるいは「LGBTs」「LGBTQ」という表現を目にすること
が多くなった．LGBT とは，L＝レズビアン，G＝ゲイ，B＝バイセクシュアル，
T＝トランスジェンダーの頭文字を取った表現である．レズビアンは女性同性
愛の人，ゲイは男性同性愛の人，バイセクシュアルは両性愛の人という意味で，
性的な感情が女性にも男性にも，場合によってはそれ以外の誰かにも向かう人

である．トランスジェンダーは，多くの場合出生時に医療者をはじめとした他者によって身体表面上の特徴（たとえば外性器の形態など）を理由に言い渡された性別と，自分で思う性別（性自認）との間にずれや違和感を覚える人のことである．「出生時」に「他者から言い渡される」性別は，多くの場合戸籍に表記され，自らの「生物学的な性別」と理解される．通常，トランスジェンダーに関する説明はここで終わるのだが，よく考えてみると「出生時」に「他者から言い渡された性別」を自らの「生物学的な性別」として自己了解するという認知のプロセスは奇妙である．多くの類書ではこの部分の説明は省かれるが，ここでは，セクシュアル・マイノリティの多様性や複雑さを理解するためにも，さらに説明を加えておきたい．

　本来「生物学的な性別」は身体表面上の特徴（たとえば女性器，男性器などの外性器形態）だけで決めてよいものではなく，染色体の型やホルモンバランスなどが複合的に作用する中でその生物学的な性別「傾向」が定まるものである．しかしながら多くの場合，単に「外性器の見た目」だけで出生時に性別が決定され，その決定を本人が事後的に引き受け，それを「自らの生物学的性別」であると了解している．わかりやすく言えば，生まれた時に医師が新生児に女性器を見出し，立ち会っている人物に「女の子ですよ」と告げることで，その子どもは生物として「女性」であるとして育てられ，やがて自らもそう思うようになるということである．

　しかしながら「生物学的性別」が典型的な「女性」「男性」に収まらない，「非典型」の場合がありうる（インターセックス）．幼少期に「女児」と判断された人物が，後年，**インターセックス**であり「生物学的な性別が非典型である」と判断された事例を考えるとよい．非典型の理由にはさまざまなものがあるが，インターセックスの一例であるクラインフェルター症候群の場合，典型的な男性の性染色体の形態である「XY」が「XXY」「XXXY」などになっているとされる．多くの場合，思春期以降に身体的なさまざまな不調や違和感によりその事実が判明する．この場合，幼少期になされた「女児」との判断は十分ではなかったということになるだろう．現在，社会的にはほとんど考慮されることはないが，このように生物学的性別には「非典型」という場合がありうる．人間が有性生殖をする生物である以上「生物学的性別」が「存在しない」と言うつもりはない．しかしその分類に典型的な「女性」「男性」の2種類「しかいない」

という理解は不十分である．例外的なケースや非典型的な生物学的性別形態を有する場合は少なからずあり得るのである．

　その意味で，出生時に身体表面上の特徴によって他者から言い渡され，その後，その性別を自らの生物学的性別であると自己了解したからと言って，その性別が本当にその人の「生物学的性別」であるのかは実はわからない（実際，思春期以降にインターセックスの特徴が発現することがある）．その意味で多くの人びとが自認する「生物学的性別」は，実のところ生物学的には根拠が曖昧で，助産師や産婦人科医といった医療者によってとりあえず措定され，その後，その子を養育する人びとが繰り返し本人に対して「あなたは女の子／男の子ですよ」と語りかけることによって事実性が構築され，ひいては自らもその事実性を引き受けるに至った，いわば社会構築物であると言える．

　トランスジェンダーとは，その際，「医療者によってとりあえず措定され，その後，その子を養育する人びとが戸籍や住民票に登録し，繰り返し本人に対してその性別名称を語りかけることによって事実性が構築された性別（社会的に決定され，その人の「生物学的性別である」として語られる性別）」と，その性別自認の社会構築の過程において他者からの呼びかけとは別に自己了解され，自認するに至った性別（主観的性別）の間にずれがある状態のことを言う．このようなずれが生じた場合，当事者がとる対応は多岐にわたるとされ，ある人は何もせず，ある人は服装を変え，またある人は性別適合手術によって「主観的に自認する性別」への身体的適合をはかる場合もある．そのような人をトランスジェンダーの中でも特にトランスセクシュアルと称し，日本社会ではいわゆる性同一性障害特例法においてその法令適用の範囲に入る当事者とほぼ重なると考えて良い．

　あえて単純化すると，LGB が「誰を好きになるか」という性的指向（性的な感情が向かう方向）にかかわる事柄であるのに対して，トランスジェンダーは一義的には「社会の中でどの性別で生きてゆくか」というジェンダーの選択にかかわる事柄であると言える．だがトランスジェンダーは同時に同性愛とも関係する．たとえば「出生時に割り当てられた性別」が「女性」で性的感情の向かう対象が「男性」のひとが「主観的性別・性自認」が「男性」であるがゆえに「女性」から「男性」へと性別越境した場合，彼の現在のありようは「男性」で，性愛の対象が「男性」，つまりトランスジェンダーのゲイということにな

る．LGB と T は本来異なる位相の事柄だが，このように無関係なわけでもない．

　LGBT という言葉が世に広まるにつれ LGBT が「セクシュアル・マイノリティ（性的少数者）をあらわす言葉」として用いられることも増えたように思う．だが正確には「LGBT＝セクシュアル・マイノリティ」ではない．LGBT 以外にもセクシュアル・マイノリティは多く存在しており，LGBT はその一部にすぎない．LGBT 以外のセクシュアル・マイノリティには，たとえばアセクシュアル（性愛の感情を抱かない人）や，クエスチョニング（性自認・主観的性別や性的欲望のあり方を模索中の人）など，多くの表現が存在する．そういった LGBT に収まらない人びとに対する配慮を含めた言い方が，先に述べた「LGBTs」や「LGBTQ」といった言い方である．「LGBTs」という表現は，「s」をつけて複数形にすることで LGBT 以外のセクシュアル・マイノリティを含めようと意図する表現であり，「LGBTQ」は「Q（クエスチョニング）」や「Q（クイア）」を加えることで，LGBT にとどまらない性の多様性を表そうと意図した表現である．前述したように，近年進んでいる同性婚の法制化や，トランスジェンダーの「主観的性別・性自認」に則った性別選択の法制化といった社会制度変更の流れは，LGBT には大きなメリットとなるが，セクシュアル・マイノリティ全体にメリットがあるかというと，一概にそうとは言えないだろう．たとえばアセクシュアルの人びとにとっては婚姻やパートナーシップよりも，十分な**シングル保障**のほうが重要かもしれない．その意味で，セクシュアル・マイノリティの権利獲得運動は，まずは LGBT を中心に進んだが，セクシュアル・マイノリティ全体という意味では，いまだ全く不十分な状態であると言わざるを得ない．

2　都市とセクシュアル・マイノリティ

人口に占めるセクシュアル・マイノリティの割合

　近年，特にその存在が社会的注目を集めるようになってきたセクシュアル・マイノリティだが，いったどれほどの人口規模を持つのだろうか．

　セクシュアル・マイノリティの人口規模に関しては，世界でさまざまな研究が存在するが，その数字は地域によって極端に異なる．地域による違いは，そ

の地域におけるセクシュアル・マイノリティの人権状況や文化の違いによって生じていると考えて良い．人口研究においてセクシュアル・マイノリティは**「把握困難な人口層」**（Hard to Reach Populations）と称される．この種の表現がなされる理由は，世界のほとんどの地域にはいまだ"同性愛"や"性自認の揺れ"に対する文化的抑圧があるからである．そして端的に言うと，セクシュアル・マイノリティに対する差別感情の強い地域ではセクシュアル・マイノリティの人口に関する調査を実施すると数値は低めに出るし，同性結婚など十分な人権施策がある地域で調査を実施すると数値は高めに出る．

　また地域によって，セクシュアル・マイノリティのアイデンティティのあり方も異なるため，セクシュアル・マイノリティの人口に関する国際的で統一的な調査を実施することはほとんど不可能だと言ってよい．セクシュアル・マイノリティのアイデンティティのあり方が異なるとはどういうことだろうか．冒頭で述べた例とも重なるが，たとえば性自認が男性の人物が，日常的に男性と性交渉を持っていれば，その人は"男性同性愛者""ゲイ"ということになりそうだが，実はそう単純ではない．"ゲイ"という言い方は自ら名乗る，いわばアイデンティティの表明である．日常的に男性と性交渉を持ちながら，自らのことを「自分は異性愛者だが，時々男性と性的関係をもつことがある．ゆえに女性と結婚をするし子どもも持つ．」ととらえている人は，アンケート用紙の「あなたは同性愛者ですか」「ゲイですか」という項目に「いいえ」と答える可能性が高い．この場合，セクシュアル・マイノリティの人口に占める割合は低めに出る．このように実際の性行動とセクシュアル・マイノリティのアイデンティティとの間に開きが生じることがある．もちろんそこには先に述べたようなその地域での"同性愛"や"性自認の揺れ"に対する差別や抑圧も影響を与えているだろうが，それ以外の文化的・歴史的要因も関係していると考えた方が良い．

　日本におけるセクシュアル・マイノリティ人口に関する研究は，90年代末以降断続的に行われているが，その数値は調査によって大きく異なっている．京都大学が実施した調査では，調査対象者の成人男性の内，男性に性的感情が向かうことがあると答えたひとの割合は1.2％だった（木原 1999）．一方，2012年に広告代理店大手の電通が行った調査では，調査協力者に占めるLGBTの割合は5.2％（L＝0.1％，G＝0.3％，B＝0.7％，T＝4.1％），同じく電通が行った2015

年の調査では新たに「セクシュアリティマップ」という類型を用いて「LGBT層」を抽出し，その割合を7.6％とした．また2016年に広告代理店大手の博報堂が行った調査では調査協力者に占めるセクシュアル・マイノリティの割合は8.0％とされ，その中でLGBTに該当する人は約5.9％（L＝1.70％，G＝1.94％，B＝1.74％，T＝0.47％）とされた．博報堂の調査データである8％とはどれほどの人口規模だろうか．2015年の日本の総人口は1億2520万人，生産年齢人口は7592万人である．これらの数字に8％を当てはめてみると，総人口で1001万6千人，生産年齢人口で607万3600人となる．これらの調査結果は，あくまでも調査協力者に占めるセクシュアル・マイノリティの割合ではあるが，いずれも決して少ない数ではない．

ゲイ・スペース

　各種調査が示すセクシュアル・マイノリティの人口規模は非常に大きなものだが，そのうち，実際にゲイバーなどの商業施設を利用する人は，後述するようにごく一部であると考えて良い．ゲイ・バイセクシュアル男性向け，あるいはレズビアン・バイセクシュアル女性向けの商業施設が集まるエリアを日本では特に「**ゲイタウン**」という．ここで言う商業施設の多くはバーであり，ゲイバーやレズビアンバーがその多くを占める．他にもクラブやハッテン場（ゲイ・バイセクシュアル男性が出会いのために利用する場所）などもある．日本ではいわゆる「ゲイタウン」として東京の新宿二丁目や大阪の堂山町が知られている．この2つの地域は特にゲイ・バイセクシュアル男性向けの商業施設が集中するエリアであるが，東京であれば他にも上野や新橋も「ゲイタウン」と言えるだろうし，大阪であればミナミと新世界も「ゲイタウン」と言えるだろう．小さなエリアも含めれば日本のほとんどの大都市に「ゲイタウン」を見出すことができる．大都市に複数のゲイタウンが成立するのには理由がある．それぞれのエリアで訪れるひとの年齢層や文化が大きく異なるのである．東京であれば新宿二丁目に比べて新橋や上野は年齢層が高いとされるし，大阪では堂山町，ミナミ，新世界の順で訪れるひとの年齢層が高くなる．日本で好んで用いられるこの「ゲイタウン」という表現は，国際的には一般的ではない．セクシュアル・マイノリティの都市文化に関する研究の嚆矢として知られるDavid Higgsによる「Queer Sites, gay urban histories since 1600（未邦訳）」ではロンドン，

図 7-1 カストロストリート
セクシュアル・マイノリティが多く居住するサンフランシスコのカストロストリート
出所) 筆者撮影 (2017年).

アムステルダム, リオデジャネイロ, サンフランシスコ, パリ, リスボン, モスクワでのセクシュアル・マイノリティの都市文化をたどった上で, それらの文化が成立する場所を **Gay Space** と称している. 筆者はこれまでにアメリカ合衆国で Higgs が言うところの Gay Space であるニューヨークのクリストファーストリートやサンフランシスコのカストロストリートなどでフィールドワークを行ってきたが, これらの地域では **Gay Village** や **Gay District** という言い方が多用されていた.

セクシュアル・マイノリティとゲイタウン

筆者は2005年から2009年まで, 公益財団法人エイズ予防財団のリサーチレジデントとして大阪地区におけるゲイ・バイセクシュアル男性向け HIV／エイズ予防プロジェクトに専従職員として従事した. 厚生労働科学研究費補助金によって運営された同プロジェクトでは, 大阪市北区堂山町を拠点とする民間団体「MASH 大阪」と協力し, 主に大阪のゲイタウンを訪れるゲイ・バイセクシュアル男性に対して HIV／エイズについての実用的な情報を提供することを目指した. 同プロジェクトを展開するにあたって, クライアントとなる人口規模を推定する必要があった. 関西地域に居住するゲイ・バイセクシュアル男性

図 7-2　アクトアップ
「エイズ危機」の中，セクシュアル・マイノリティが中心となって展開した市民運動が「ACT UP（アクトアップ）」である．このプラカードには「沈黙＝死」というメッセージがデザインされている．アクトアップの活動はアメリカからはじまり，その後各国で展開された．
出所）Wikimedia Commons.

（総数）のうち，いったい何人がゲイタウンを利用しているのかを知らなければ，啓発資材をどの程度の数で用意すればよいのかもわからない．筆者はマイノリティの人口推定法として知られる「乗数法」（Multiplier Method）を用いて2007年に堂山町を訪れるゲイ・バイセクシュアル男性の人口を推計した（山田 2007）．あくまでも暫定の数値ではあるが，大阪府に居住する15歳以上のゲイ・バイセクシュアル男性人口の総数を京大調査の数値（1.2％）をもとに算出した上で，実際に堂山町を訪れる人びとの数を推定した．その結果，大阪府に居住する15歳以上のゲイ・バイセクシュアル男性の総数のうち，1年に1回以上堂山町を訪れる人の割合は21.9％であるという結果を得た．この調査はあくまでもおおよその数値を得るためのものであったが，ゲイ・バイセクシュアル男性の多くがゲイタウン利用者ではないというこの結果は，その後行ったインタビュー調査の結果とも符合するものであった．このような人口動態も，都市とセクシュアル・マイノリティの複雑な関係を示唆するものである．

102　第 1 部　誘惑する／あらがう都市文化

おわりに

　これまで確認したようにセクシュアル・マイノリティは多様である．そして社会の中での存在のあり方，都市におけるあり方も何重にも複層的である．ゲイタウンはその複層性のあらわれの一端にすぎない．そのような複雑さの中，1980年代に「エイズ危機」が起こる．ゲイ・バイセクシュアル男性の間で HIV 感染がひろがり，アメリカでは1981年から87年の間に 4 万人以上が命を落とした．しかしこの危機はセクシュアル・マイノリティの間に権利運動の機運をもたらした（図7-2）．今日，セクシュアル・マイノリティの権利向上を目指して世界中で開催される「プライド・パレード」やさまざまなアクティビズムの原点にはこの「エイズ危機」がある．差別や偏見から逃れるようにして都市空間の隙間にひっそりと存在していたセクシュアル・マイノリティはこの危機を通して連帯し，多様性を越えた共闘関係を築き，社会の中で一気に可視化された．そしてその先に，現在のセクシュアル・マイノリティの都市文化が存在している．世界規模での激しい変化の中でこれから先，都市におけるセクシュアル・マイノリティはますますその存在感を増していくはずである．

注
1 ）　1 つのビルの中にさまざまなお店や人びとがおり，それぞれの階層ごとにさまざまな文化や個性が存在するといったように．
2 ）　「同性婚」が可能になっている海外で起こったことは，既存の結婚制度を「同性同士」が「利用可能」になったということであり，それは「不平等」が是正され「結婚の平等」が実現したことを意味する．つまり新たな法律を作ったのではなく，従来の法の問題点を改善したということで，このことは「同性婚の法制化」は同性愛者だけの問題ではなく，ひろく市民社会の「法の平等」の問題であることを含意している．
3 ）　2012年に石原慎太郎東京都知事（当時）が「（同性愛者は）どこかやっぱり足りない感じがする．遺伝とかのせいでしょう」などと発言し，2014年に日本弁護士連合会から警告書を出されている．2015年には神奈川県海老名市議会で自民党系会派に所属する議員が，同性愛者について twitter 上で「異常動物」と表現し後に発言を撤回している．2017年には自由民主党の竹下亘総務会長が国賓のパートナーが同性だった場合，宮中晩餐会への出席に「反対だ」と述べ批判を受けた．
4 ）　外務省「UPR 第 2 回日本政府審査・結果文書（仮訳）」〈http://www.mofa.go.jp/mofaj/

gaiko/jinken_r/pdfs/upr2_kekka.pdf〉2018年1月7日閲覧.

5） 性別のずれが強く意識される場合，医師の診断によって性別適合手術を受けること
　があり得るが，一方で生物学的性別のずれがそれほど強く意識されない場合もあり，
　そのような場合には服装や振る舞いなどを性別越境することで，性同一性が保たれる
　場合もある.

6） 正式な法律名は「性同一性障害者の性別の取扱いの特例に関する法律」（2004年施
　行）.

7）「クイア」（Queer）はもともと英語で「おかしな」「変態」を意味する言葉で，セク
　シュアル・マイノリティに対する侮蔑語だったが，後にその侮蔑語を当事者が逆手に
　取って戦略的に自称することで，語の意味がポジティブにずらされるに至った言葉で
　ある．分類や定義に収まらない広汎で無定形なセクシュアル・マイノリティのありよ
　うを表現する言葉である.

参考文献

Higgs, D.（1999）*Queer Sites*, Routledge.

Lipsky, W.（2006）*Images of America, Gay and Lsebian San Francisco*, Arcadia Publishing.

LGBT 支援法律家ネットワーク（2016）『セクシュアル・マイノリティ Q ＆ A』弘文堂.

木原正博（1999）「日本人の HIV ／ STD 関連知識，性行動，性意識についての全国調査」
　厚生省 HIV 感染症の疫学研究班行動科学 I グループ.

砂川秀樹（2015）『新宿 2 丁目の文化人類学 ゲイ・コミュニティから都市をまなざす』太
　郎次郎社エディタス.

谷口洋幸（2016）「「同性婚」のいま 国際法からみる日本の現状」山田創平，樋口貞幸
　『たたかう LGBT ＆アート・同性パートナーシップからヘイトスピーチまで，人権と
　表現を考えるために』法律文化社.

山田創平・鬼塚哲郎（2008）「都市域に流入する MSM 人口の推定に関する研究 Hard to
　Reach populations を把握するための新たな方法論の検討」厚生労働科学研究費補助金
　エイズ対策研究事業（男性同性間の HIV 感染対策とその評価に関する研究）.

山田創平・樋口貞幸（2016）『たたかう LGBT ＆アート・同性パートナーシップからヘイ
　トスピーチまで，人権と表現を考えるために』法律文化社.

第 **8** 章

わたしを晒す，わたしを隠す
都市の性風俗産業に従事する「おんなのこ」たちの「自己」の在り方

熊 田 陽 子

は じ め に

　都市を生きるとは，どういうことなのだろう．私たちは，何となく「都市」を知った気がしている．ある地域を思い浮かべ，「あそこは都市だ」といえるように思う．その際の比較対象としてしばしば用いられるのが，「いなか」だろう．「都市‐いなか」というセットに即して，「いなかではない」という理由から，「都市」という形容を選択することがある（cf. 関根 2008: 146-147）．

　たまに授業で都市に生きることについて触れると，「いなか出身」を自称する人が，こんな話をしてくれる．地元にいると「自分のことが全部（周りの人に）知られている気がする」とか「見（張）られている気がする」．続いて，それに対するある種の「息苦しさ」が言及される．別の機会にも，似たような意見を聞いた．彼女の実家がある地元（「すごい，いなか」）では，誰にも話していないのに家庭の事情が近所に筒抜けである．その理由は，「みんな（地元の人），すごいよく（周りの人を）見てるから」．近隣の女性に「昨日（の夜）はずいぶん遅くまで起きとったんだねえ」といわれた時は，「正直こわかった」そうだ．家の電気が深夜まで灯いていたとなぜ知っているのか，しかもその事実をなぜ伝える必要があるのか．こんな疑問を口にしつつ，彼女は苦笑いを浮かべた．

　こうしてみると，厳密に定義することは難しそうだけれど，都市とは，「見られている」ゆえの「息苦しさ」が不在か少ない空間だと経験的に認識される場，ということはできそうだ．つまり，都市は「自分が行っていることを他者

第 8 章　わたしを晒す，わたしを隠す　　*105*

図 8-1　都市の雑踏
出所）筆者撮影（2019 年 1 月）．

に知られない（知られずに済む）という確信」を得ることで，自由を感じられる空間であるということ．都市に特有の生き方を「都市的生活様式」（urbanism as a way of life）と表現したワースは，都市を，人口が相対的に多く，人口密度が高く，社会的に異質な諸個人から成る空間と定義した（Wirth 2011: 97-99）．こうした空間では，いわば「人の波」に紛れて隠れられるような感覚が抱かれる．ただし，「いなか」とされる空間を直ちに悪いと決めつけるわけにはいかない．都市空間の自由（「見られていない」）は，他者への無関心とも解釈でき，絆の弱体を問題化する視点が出ても不思議ではない（e.g. Simmel 2011）．

　ただし，中には，「見られていない」ことがとりわけ大切な人もいる．たとえば，性風俗店の従業者や利用者である．多くが，文字通り隠れて仕事をしたり客になったりしている．性風俗店で働くことや客であることを他者に知られると，何らかの「よくない状況」が起きると思っているからだ．今の日本社会で，性風俗に対して芳しくないイメージがあることを即座に否定できる人は少ないだろう．具体的な経験は，文脈や相手との関係性によって異なるけれど．実際，筆者がこれまで出会った性風俗店の従業者（以下，フォークタームの「**おんなのこ**」を使う）で，働いていることをあらゆる知り合い（家族，友人，同僚など）に告げている人は皆無だった．完全に秘匿するか，「この人なら大丈夫」とい

う確信のもと，選択的に告げていた．それは，彼女たちが自分の行いを「悪いこと」と思うからではなく（実際そう思っていない人も多い），単に告げて生じる「よくない状況」（面倒くさいこと）を避けたいからだ．だから自分の行為をつぶさに監視されないことは，とても重要になるのである．

　この，「見られていない」で生きるということを掘り下げると，色々なことが見えてくる．以下にそれを検討しつつ一緒に考えてほしい．こうした生き方は，「マイノリティ」であろう性風俗店の「おんなのこ」や客だけの話なのだろうか．それとも，都市生活者には一致することがある在り方なのだろうか．

1 「わたし」は1つ？ それとも複数？

　これを考える前に，まず，自分というものについて少し触れておこう．都市にせよ「いなか」にせよ，あらゆる関係において中心となる自分（以下「自己」と呼ぼう）について考えておきたいのだ．私たちは，身体から成る自分は我がものであり，どんな社会的な立場や役割にあろうが，そこに在るのは他ならぬ「わたし」という確信を持っていないだろうか．今朝，（娘として）両親と一緒に朝食を採っていたのも，（学生として）体育の時間に走っていたのも，どちらも「わたし」．私はかけがえのない（1つの）存在であり，その「核」というか「本質」のようなものは変わらない，という理解．しかしこのような「自己」に対する見方は，時代と地域を越えた普遍性を持つものではなく，近代の西洋で主流だった1つの見方（人間観）に過ぎないことが指摘されている（坂部1976；古谷1994）．実際，全く異なる「自己」でもって生きていた人たちもいる．たとえば，キリスト教伝来以前のメラネシア・カナク人社会では，核になるような「わたし」はなかったという（Leenhardt 1990）．この社会の人々にとって重要なのは，個（性）を際立たせることよりも，あらかじめ内容の決められた伝統的役割をいかに完全にこなすか，であった．完璧に役（割）を演じれば演じるほど，（アドリブなど入れる余地はないのだから）我々の考える「個性」は薄くなる．このような，決まった役割の遂行が「自己」の中核に据えられた社会の例は，他の文化・社会人類学的研究でも紹介されている（Mauss 1976; Geertz 1999）．ここから見えてくるのは，「私は私で，1つ」という考えに必然性はないし，「わたし」とは，単一の「核」に収斂するのではなく複数に**分割**しうる存在で

あるということだ.

　あらためて振り返ってみると，確かに我々はどこにいても「わたし」であることを疑わない．しかし，かつてのカナク人ほどの「こだわり」はないにせよ，役割を演じながら生きていることもまた確かに思える．先程の例で考えると，家族の前と学友や教師の前で見せる「自分」は完全に同じでないと想定できるからだ.

2　ネットワークを隔離して生きる
──都市的‐部分的「自己」へ

　だが，それを都市と「いなか」に引き寄せて考えると，ある違いが見えてくる．「いなか」では，色々な役割に応じて「自分」を変えていることが，周囲の人びとにとって明らかである．たとえば，両親に対しては「際限ない甘えんぼう」だが，学校では「完全無欠のしっかり者」に見える人がいたとする．一見，このような姿は一貫性がなく見えるが，「いなか」では，その統一感のなさ（「ちぐはぐさ」）を，他者は緩やかかつ包括的に「あの人」としてとらえる（小田 2016）.

　他方，都市では，さまざまな「自己」を見せていても，他者はその人に「ちぐはぐさ」を確認しない可能性がある．ハナーズが指摘したように，都市では，自分が持つ複数のネットワークを互いに切り離し，それぞれの関係者を交流させないことで，あたかも別人かのように振舞うことが可能であるからだ（Hannertz 1980）．もちろん，都市でもさまざまな関係性がある．しかしハナーズが**「隔離化（segregativity）モード」**と呼ぶこのネットワークの作り方では，たとえばあるネットワークでは「デキる男」のように思われている人が別のネットワークでは全く「ダメ男」であり，かつ，それぞれの関係者にとって彼は一貫した存在となりうる（一貫して「デキる男」か「ダメ男」という認識）.

　この隔離化モードで都市を生きる人間を想像してみると，その在り方は，「核」を持った近代西洋的な「わたし」のモデルよりも，さまざまな「わたし」の部分の寄せ集めと表現した方がしっくりこないだろうか．たとえ，当人は一貫した「わたし」を意識していても．それぞれのネットワークで見せる「わたし」は異なる．しかし異なるからといって，他者はその「真正」を問うことな

く，関係が作られる．これを本章では，**都市的‐部分的「自己」**（で在る人たちの関係）と呼びたい．

　ところで，この都市的‐部分的「自己」については，いくつか興味深い点が指摘できる．第1は，ある人が1つのネットワークの中で提示する「わたし」は，前もって完全に規定されていないということ．たとえば，「デキる男」と見られている時，彼は「いつも完璧を期待されるのは疲れるな」と思うかもしれない．しかし，「デキる男」であることのメリットを重視していれば，「どうせここだけ（決まった関係と文脈）『デキるふう』にしておけばいいんだから」と頑張るかもしれない．だが，「これは疲れるし，少し隙を見せた方が好感度があがるかも」と思ったら，別のネットワークで前景化している「ダメ男」を少しだけ匂わせるかもしれない．このように，自分のすべてを見られていなければ，自分（部分的「自己」）をどう他者に見せるかについて操作が可能となる．

　第2に，都市的‐部分的「自己」で成る関係において，他者は個人の全体を把握できないことも指摘できる．仮想的「いなか」では，さまざまな関係で異なる「わたし」が作られるが，そのすべて（彼の全体）が他者に見られている（隠せない）と述べた．しかし都市の隔離化モードでは事情が異なる．たとえ「デキる男」が時に別のネットワーク（「ダメ男」な時）について周囲に明かしても，相手が把握する彼の総体は，常に部分的なものでしかない．他のネットワークを秘匿できるという前提がある限り，他者は「彼は他にもネットワークを持っているかもしれない」という疑問を払拭できないからだ．

　このように，部分的「自己」を開示する（される）という関係では，文脈により制約はあるだろうが，ある程度自由に「自己」のプレゼンテーションを行うことが可能となる．状況に応じて，都合の悪い「自己」の部分を見せなかったり（これを**「自己」の切断**の実践と呼ぼう），逆に他の文脈で見せる「自己」の一部を見せたり（これを**「自己」の接合**の実践と呼ぼう）することは，不可能ではない．いずれも，「他のネットワークとそこでの在り方を相手は知りえない」という，隔離化モードの前提があるからできることだ．次に，こうした都市でこそ可能な関係作りを，「おんなのこ」の事例から検討していきたい．

3 Y店にみる都市的‐部分的「自己」
——切断と接合の実践

部分的「自己」での関係——「おんなのこ」同士の場合

　Y店とは，東京都市部にあるデリバリー型の性風俗店である．以下の話は，そこで10年近く行った民族誌的調査の成果に基づく．この店での事情を見る限り，関係者は，ハナーズの「隔離化のモード」を存分に使って都市的‐部分的「自己」において仕事をしている．「おんなのこ」であることは，基本的に「他者に知られたくないこと」なので，Y店を通じたネットワークは，その他ネットワークと厳密に隔離されるべきなのである．店側も事情をよく承知していて，さまざまな手段を講じる．ホームページでは，「おんなのこ」の顔に濃くぼかしを入れたり，鼻先から上の顔を隠したりすることで，誰かわからないようにする．目立つ黒子，痣，傷も，画像加工のソフトウェアを使って消去する．こうした手段を断る女性は皆無で，働いている事実を秘匿するための操作は，いわば当たり前のこととされる．こんな環境では，「おんなのこ」同士が相手の「個人的なこと」には踏み込まないという暗黙のルールが共有されている．相手が自分について明かさない限り，こちらからも聞かない，というルールである．

　それでも，中には時間をかけて仲良くなり，徐々に相手について知りながら，自分について明かしていく人もいる．たとえば，劇団に入りながらY店で働いていた夢（いずれも仮名）さんが，出演する舞台に暁子さんを招待したことがある．この場合，プログラムに記載された夢さんの戸籍名が相手に知られるだけでなく，彼女と劇団員の関係についても明らかになったことになる．夢さんは，暁子さんの他1名のスタッフだけを招待しており，熟慮の上，限定的に明かされたといえる．他方，暁子さんは当日に自身のパートナーと来場したので，彼女もY店を離れた場での自分に関する情報を開示したといえる．そして，夢さんが演劇をしていることや，暁子さんが舞台を観たことは，2人だけの場で語られる話題となった．このように，基本的に「おんなのこ」たちはY店とそれ以外のネットワークを切断しているが，場合と相手によって，他のネットワークとそこでの「自己」を部分的に接合していることがわかる．

部分的「自己」での関係──「おんなのこ」と客の場合
営業的戦略としての「自己」の切断と接合

　次に，客との関係を検討したい．「おんなのこ」は，客の好みに合わせて身体を装飾し，客が喜ぶように演技しているが，そこでの「おんなのこ」の姿と行為は，Ｙ店を通じて合意されたプレイの中だけで示される部分的「自己」である．たとえば自宅で家族に接する様子はもちろん，Ｙ店の事務所にやってくるまでの格好や待機室での振る舞い，しゃべり方などは，いずれも客には知りえない．客の側も，それが部分に過ぎないこと，つまりＹ店の外では「おんなのこ」が別の「自己」において別のネットワークを持っていることを承知していながら，「おんなのこ」が有する他のネットワークの「自己」について自分は知らなくてよいという前提で関係を開始する．その後，関係が継続されていくなかで，たとえば客に対して「おんなのこ」は，別の「自己」について（部分的にせよ）明かし，そのネットワークの「自己」と接合することもあろう．しかし明かすか明かさないか，明かすとしたらどの「自己」についてどれだけ明かすかについては，「おんなのこ」によってコントロールされている．

　まずはシングルマザーの彩さんを例にしよう．彼女は時に，子持ちであることを客に話す．しかし慎重に相手を見て判断したうえで，「母としての自分」を「おんなのこ」としての自分に接合することを避けることもある．具体的には，客にも子どもがいると知っており，なおかつ子どもの話題が好きそうだと感じたら，「実は私も子どもがいるんです」という．子育ての苦労などで話が弾み，その会話を通じて彩さんに対する評価が上がった経験があるからだ．他方，彩さんの中に，子どもや家庭などの「生活感」につながる要素を見たくないに違いないと睨んだ客には，絶対にいわない．これは周到に練られた戦略であるのかもしれないし，その場で臨機応変に決定される戦術であるのかもしれない．

　アンリさんも，自分について，客からの評価が上がる可能性があると考える情報だけ部分的に客に告げる．たとえば，美術大学を出ていること，クラシック音楽と料理，ワインが好きなこと，絵を描くのが得意なことなど．いずれも，客の側もこうしたことに既に興味を持っているならば，話が弾むうえに，アンリさんとしても知識が豊富なため話がしやすい．ただし，学歴に自信がなさそうな客には大学を出ていることは告げないし，クラシック音楽や美術の趣味を

「嫌み」と評価する可能性があると感じたら避けるという.

　そして，自分が「マイナスだ」と考える情報は伝えない．たとえば，柔道が黒帯であること（「強い女」という印象を避けるため），レストランの「食べ放題」が大好きなこと（品のないイメージが付与されかねないと危惧するため），AB 型であること（「変わった人」というイメージを避けるため），そして体重が62キロだったことがあること（太っていると判断する人がいるかもしれないと考えるため）は，誰にも話したことがない．こちらも，自分の商売でメリットがあるように，自分に関して文脈に応じて明らかにしたり秘匿したりしている．このように，彩さんやアンリさんをはじめとする「おんなのこ」たちは，「自己」を思うように形成して客を惹きつけたり，さまざまな「自己」を部分的に接合しながら一貫性のある「自己」を状況的に作り上げたりする．時には，隠している別の「自己」を匂わせることでさらに客の気を引くこともあるだろう．アンリさんは，常に「自分について話しすぎないこと」を心掛けている．話さない部分，つまり「謎」を残すことで，客が彼女について好意的な解釈をしてくれたことが過去に幾度もあったのだという．

働きやすさを確保するための「自己」の切断と接合

　ただ，アンリさんが自分について特定の情報を秘匿するのは，営業戦略以外の理由にも基づく．彼女はこれまで，客に，「本当の名前を教えて」と乞われることがあった．個人情報の暴露で，Y 店のことを身近な人に知られる気がして応じないのだが，理由はそれだけではない．客に戸籍名（下の名前）を呼ばれることを想像すると，「拒否反応に近い気持ちになる」のだ．これについて，「自分は仕事と割り切って『別の女性』を演じているから」かもしれないし，「心のどこかに（性風俗店で働くという）罪悪感があるからかも」しれないという．前者については，仕事中に「もう 1 つの自分」を呼ばれる（召喚される）ことに対する違和感が喚起されているとも解釈できる．後者については，どこか罪の意識を持ちつつ行っているのなら，その仕事は Y 店という限定された時空間の中だけで完結させたい，と思うのも合点がいく．戸籍名を呼ばれることで，「何となくプライベートを侵食されているみたいで気持ちが悪い」ともいう．名前が，それぞれの文脈（店とプライベート）での関係を形作る象徴として作用していることが窺える．このように「おんなのこ」が自分について部分的に秘匿し部分的に明かすのは，働いていることを秘匿したいという理由だけでなく，

巧妙な営業的戦略として行使されることもあれば，〈公（仕事）−私〉を分けることで仕事をしやすい環境を整えることにもつながる．

　ただし，すべての「おんなのこ」が部分的「自己」を形成するわけではないし，どうやって部分を作るかも一様ではない．Y店では，2人が同時に接客する「3P」というサービスを行うことがある．そんな時は，普段見ることのできない他の「おんなのこ」のやり方が見える．ショウさんがいっていたことがある．彼女は，部屋に入った瞬間から，入念に作り込んだ「ショウ」という存在として客に接する．性的行為（「プレイ」）を開始する前やその後の「会話も化粧や身だしなみのように接客の一部」と考えているからだ．他方，一部の「おんなのこ」は，プレイ前後の会話では「かなりフランク」な「素に近い」様子であり（ショウさんは，「ため口」で話す人を見て驚いたことがある），プレイ開始と同時に「接客」を始めているようだった，という（急に「AV（女優）並みのリアクション」がなされ，これまた驚いたそうだ）．どこからどこを「おんなのこ」としての「部分」とするかに関する違いとも解釈でき，興味深い．

　いずれにせよ，都市的−部分的「自己」を作る切断と接合の実践とは，匿名性を確保しながら性風俗店で働くことで周囲からの非難や批判をかわす，というシンプルな理由を超えた様々な結果をもたらす．場と状況に応じて複数のネットワークの「自己」を切断したり接合したりして示すものの，決してすべての諸ネットワークは明かさず客から秘匿しておくというやり方は，接客においては客をつなぎとめるためのワザとしてあらわれることもあれば，働き続けるうえで不可欠な作法ともなるのである．

部分的「自己」がゆるむ時

　他方，「おんなのこ」は，常に用意周到に考え抜いて「自己」を切断・接合しているわけでもない．たとえば，慎重なアンリさんでも，プライベートについて明かしてよい気になることがある．ある日，常連客の1人に，普段はしない姉妹の話をした．その際，この情報が接客に与える影響など考えもしなかった．この客は女装が好きな「M男（えむお）さん」で，いつも「驚いたような間抜けな顔」でアンリさんを部屋に迎え入れる．その「情けなさ」漂う姿に警戒心が解かれてしまったのだ．また，海外からの客に対しては，個人情報から来歴が特定される等の心配を感じにくく，話の内容もあまり気をつけないという．それよりも会話を進ませる方が重要で，そのためなら何でも話してみよう

という気になるそうだ.

　さらに,客の側も,異なるネットワークについてと,そこでの「自己」について明かすことがある.確かに客の中には,何度会っても,決して自分の職業を口にしない者が少なくないと「おんなのこ」たちはいう.美保さんは,特に「社会的立場のある人」(ここでは,会社で役職に就いている人などを指している)は,Y店に来ていることを他者に知られるのを恐れるだろう,と語る.しかし彼女は,他の可能性も想定している.たとえば客は,家庭などY店の外で持つネットワークを秘匿することで,美保さんとフレッシュな恋人関係のような雰囲気を作り出せるから,あえて自分について語らないのかもしれない.そもそも,互いが自分のことや相手のことを知らず,かつ,限られた時間内での関係だからこそ,通念では「恥ずかしい」と思われかねない性癖も晒せるのかもしれない,と.他方,全く気にする様子なく,戸籍名や会社名を告げてきたり,家族の話をしてきたりする人もいる.アンリさんは彼らについて,次のような可能性があると分析する.客は自分のことを信頼しているのかもしれないし,自分のことを知って認めてほしいと思っているのかもしれないし,警戒心が元々薄い人なのかもしれないし,自慢をしたいだけなのかもしれない.

　このように,部分的「自己」の接合は,個人差と程度の差はあるものの,多くの場合,ある程度の時間をかけて作られた関係において,Y店とは異なる文脈で作られるネットワークの「自己」を明かしてよいという確信のもと,実行されていると思われる.ただしいかなる場合でも,自分の持つ諸ネットワークのすべてについて語るわけではない.あくまで「客と『おんなのこ』」という関係性のなかで,しかしこの人ならここまで話してよいだろう,という感触のもと,口を開くということなのではないだろうか.

　以上を総合すると,「おんなのこ」にとって,そして恐らく客にとって大事なのは,互いが総体としてどんな人間であるというわけではなく,共に過ごす限られた時間の中で相手が自分に対してどう接し,どんな「自己」を見せてくるかということなのではないだろうか.どんなに立派な肩書を持ち,その経歴について語られたとしても,それが「本当」であるかどうかはわからない.しかし,決して相手の全ては知りえないという前提があっても,「おんなのこ」と客の間では,一緒に過ごした時間で得た相手についての何らかの確信に基づいて,ある種の親密な関係が生まれる場合もあるだろう.

おわりに

　以上，「おんなのこ」を例にしながら，都市的‐部分的「自己」という観点から都市で生きることについて検討してきた．ここで今一度，考えてみたい．彼女たちは，性風俗店という「特別」な場所にいる「マイノリティ」なのか？こんなにも骨を折って「自己」を部分に切断し，秘匿し，自分についての情報を秘匿したり，逆に，時折都合よく明らかにしたりするのは，一部の「特殊な人」なのだろうか．

　この問いには，2つの答えが用意できるだろう．第1は，私たちは多かれ少なかれ，部分的「自己」において他者と関係を築き，生きている可能性が高い，ということだ．「誰もが誰しものことを知っている」ような相対的に小規模な共同体にずっと住んでいるのでなければ，自分が関係を作るにあたって都合の悪いことは隠し，良いことは積極的に開示していくというのは，「おんなのこ」ほどの熱意はないかもしれないが，誰でも心当たりがあることではないか．インターネット上のネットワークを考慮するなら，なおのこと．顔の見える関係だけが「真正」なのではなく，ネット上の自分こそが「私」と考える人もいるならば，部分としての「自己」はこの情報社会の関係を検討するにあたって不可欠な視点となろう（Boelstroff 2008）．

　第2は，「おんなのこ」を「マイノリティ」と仮定すること自体，意味を成さないという答えである．これまで見てきたように，都市ではネットワークを隔離して，異なる部分的「自己」で関係を作ることができる．ならば，あなたの横に座っている人が（あなたにとってはそう見えなくても），「おんなのこ」かもしれないという可能性は常に残る．あなたは彼女について，決して全体を把握することはできないからだ．「おんなのこ」は実はマジョリティである，という可能性を完全に否定するのは，実は難しい．

　最後に，「おんなのこ」の立場に在る人にとっても，「何を隠すか」という点が完全に固定されているわけではないことも指摘しておこう．社会が性をどのように見て，語り，実践するかが変われば，その過程で，性風俗を見る目や扱いも変わってくるかもしれない．たとえば，性は社会に埋め込まれているため，政治や経済といった領域にも密接につながっている．中村（2015）が会った若

者の中に，性風俗店で働いていることについて「本当に私は恵まれているなって つくづく思います」という学生がいた（中村 2015：103）．長期の返済が不可避の奨学金を借りずに学費や生活費を捻出できる自分は幸運だ，という意味である．たとえばこうした見方をする人が圧倒的に増えれば，性風俗店で働くことは（さほど）隠すことではなくなるのかもしれない．いずれにせよ，こうした言説の裏には，高騰する学費とそれを生んだ経済の停滞，少子化といった要因が看取できる．しばしば，自分を作るのは他者（の目）だ，といわれるが，部分的「自己」について，何を切断し，接合し，見せていく・隠していくのかは，その時代の社会を見ることにつながるかもしれない．

参考文献

Boellstorff, T. (2008) *Coming of Age in Second Life: An Anthropologist Explores the Virtually Human*, Princeton University Press.

Geertz, C. (1983) *Local Knowledge: Further Essays in Interpretive Anthropology*, Basic Books, Inc. Publishers（ギアーツ，C.『ローカル・ノレッジ』梶原影昭・小泉潤二・山下晋司・山下淑美訳，岩波書店，1999年）.

Hannerz, U. (1980) *Exploring the City: Inquiries Toward an Urban Anthropology*, Columbia University Press.

Leenhardt, M. (1947) *Do Kamo: la personne et le mythe dans le monde mélanesién*, Éditions Gallimard（レーナルト，M.『ド・カモ──メラネシア世界の人格と神話』坂井信三訳，せりか書房，1990年）.

Mauss, M. (1968) *Sociologie et anthropologie*, Presses Universitaires de France.（モース，M.「人間精神の一つの範疇・人格の概念，《自我》の概念」『社会学と人類学Ⅱ』有地亨・山口俊夫訳，弘文堂，1976年，pp. 73-120）.

Simmel, G. (1903) "Die Großstädte und das Geistesleben," *Jahrbuch der Gehe-stiftung zu Dresden* 9（ジンメル，G.「大都市と精神生活」松本康訳『都市社会学セレクション第1巻　近代アーバニズム』松本康編，日本評論社，2011年，pp. 1-20）.

Wirth, L. (1938) "Urbanism as a Way of Life," *American Journal of Sociology*. 44: 1-24（ワース，L.「生活様式としてのアーバニズム」松本康訳『都市社会学セレクション第1巻　近代アーバニズム』松本康編，日本評論社，2011年，pp. 89-115）.

小田亮（2017）「多層的ネットワークとしての『地域』──自治コモン社会のために」『人文学報』第513-3号（社会人類学分野10），pp. 21-38.

坂部恵（1976）『仮面の解釈学』東京大学出版会.

関根康正（2008）「都市」日本文化人類学会編『文化人類学辞典』丸善株式会社，pp. 146-149.

中村敦彦（2015）『女子大生風俗嬢』朝日新聞出版.

古谷嘉章（1994）「個人——独立自尊と孤立無援のあいだで」浜本満・浜本まり子編『人類学のコモンセンス——文化人類学入門』学術図書出版社，pp. 165-183.

URBAN
CULTURES

第2部
あらわれる／記憶する都市文化

第 9 章

メディアは都市をどう描いてきたのか
集合的な記憶と忘却

岡 井 崇 之

は じ め に

何が描かれ，記憶されてきたのか

　本章では「メディアは都市をどのように描いてきたのか」という大きなテーマを扱う．写真，映画，テレビ，そして現在の YouTube や Instagram などのデジタルメディアがそうであるように，社会のなかでは新たなビジュアル（映像）メディアが常に生み出され，時代によって主要なメディアは変化しながらも，層をなして，しかもそれらは大きな影響力をともなって存在している．人びとはメディアに描かれる都市の風景に何を見て，何を喚起させられてきたのだろうか．

　ここでの問題意識は，メディアの都市表象はわたしたちの記憶をどのようにつくってきたのか，そして，一人ひとりの記憶を超えて，何が人びとに共有されるかたちで記憶され，そして忘れ去られたのだろうかということにある．その時代に主要なビジュアルメディアだけでなく，博覧会，ミュージアム，地図などさまざまなものに都市は描かれ，わたしたちの記憶をかたちづくっている．2025年に大阪万博（日本万国博覧会）が開催されることが決まったが，博覧会はこれまで，新たなテクノロジー商品，流行などの展示に留まらず，都市や社会がどのように変わっていくかという未来像を提示し，それらの多くは社会で広く共有されるものとなった[1]．その共有された未来像はやがて現実の都市空間に広がっていった．

図9-1 「まいどおおきに食堂」で用いられている写真
（大阪市北区にあったフジオフードシステム創業者である藤尾政弘の生家）
出所）フジオフードシステム提供．

博覧会に限らず，都市を表象するものは膨大かつ多岐にわたる．ここでは，人びとの記憶をつくる結節点となった都市の表象の断片をつなぎ合わせながら，それらが意味してきたものが何かを考えていく．

記憶の転用

ここに1枚の写真がある（図9-1）．「まいどおおきに食堂」（フジオフードシステム）の公式サイトで用いられ，店舗にも大きく飾られている写真である．この写真は，街角にある食堂と，そこに座る仲の良さそうな親子を写し出している．現在この食堂は，全国に展開しており，店舗には「○○食堂」として，「○○」の部分にそのあたりの地名がつけられている．大きな行政単位ではなく，ローカルな町名が付けられていることが多い．また，ロードサイドに多くがあるためか，看板には道路の名前がつけられることもある．

看板につけられた地名は，その地域になじみがある人しかわからないものが多い．車で初めてこの食堂に来た人は，壁に飾られたこの写真を見て，その地域に住まう人びとの営みを想像し，「懐かしさ」や「昭和」をイメージしながら箸を動かすだろう．都市の表象を通じた「記憶」を媒介にした「ご当地らし

さ」がこのチェーン店のコンセプトであり，その魅力となっているのだ．

このように，ある時代のある写真が別の場所に転用されることでわたしたちの記憶が想起されるようなことはほかにもあるだろう．それらは，わたしたちの想像力や感情にはたらきかけ，生活を豊かにしているという側面もある．だが，こういった表象の使用やそれによる記憶の構築がわたしたちの世界を見る方法に大きく作用するとしたらどうだろうか．また，場合によってはそれらが何らかの政治的目的で使用されたり，何かを覆い隠す方向に作用したりするとしたらどうだろうか．前述したように，都市に関する記憶はさまざまなメディアを通じて形成されている．本章では，いくつかの例をもとに，都市をめぐる集合的な記憶と忘却がはらむ問題について論じていく．

1 メディアテクノロジーは何をもたらしたのか
——初期の写真と映画

まず，近代初期のビジュアルメディア，写真と映画から見ていきたい．メディアのテクノロジー（技術）については，その影響力が強いと考える立場と，軽視する立場の両極端にわかれやすい．しかし，決定的にメディアの持つ技術的な特徴がその内容やそれらがもたらす文化に影響を与える場合もある．とりわけ近代初期はそういう時代であっただろう．

ヴァルター・ベンヤミン（Walter Benjamin, 1892–1940）は，それまでの芸術的な写真に対して，即自的な写真が生み出されていくなかで『写真小史』（ベンヤミン 1931＝2006）を書いた．ベンヤミンは写真という技術が芸術や社会に大きな意味を持つことをいち早く見抜いていたのだ．そこでベンヤミンは，シュルレアリスム[2]の写真家，ウジェーヌ・アジェの作品に注目する．アジェは，パリのカフェ（図9-2）や広場（図9-3），売春宿などの都市風景を撮影しているが，そこには人影が見られない．都市から気分や生活というものをあえて除去しているのである．まだ写真が珍しく，肖像画や絵葉書用の観光地の写真が多くを占めていた時代に，あえて何気ない都市風景を写すことで人間と環境の関係を問いかけようとしたのだ．

1895年に公開された『工場の出口』（ルイ・リュミエール監督，フランス）という映像は，当時の人びとを熱狂させた．なぜ女性が工場から出てくるだけのわず

図9-2 アジェ「グラン・ダルメ大通りのカフェ」
出所）ベンヤミン，ヴォルター（1931＝2006）『図説 写真小史』久保哲司編訳，筑摩書房〔ちくま学芸文庫〕．

図9-3 アジェ『テルトル広場』
出所）ベンヤミン，ヴォルター（1931＝2006）『図説 写真小史』久保哲司編訳，筑摩書房〔ちくま学芸文庫〕．

か50秒ほどのこの映像に人びとは熱狂したのだろうか．「映画を見る」という文化は時代によって3つに区分されている．

　第1の時期（1985年〜1920年代のサイレント映画）が「アトラクションの映画」，第2の時期（1930年代初頭〜1960年代半ば）が「古典的映画」，第3の時期（1960年代半ば〜現代）が「ポスト古典的映画」とされている（長谷 2016: 32）．アトラクションといえば，現在では遊園地やテーマパークを指す場合が多いが，第1の

第 9 章　メディアは都市をどう描いてきたのか　　123

図 9-4　『工場の出口』
出所）ルイ・リュミエール監督，1895年，フランス．

時代の映画はまさにアトラクション（注意を喚起するもの）であった．

　トム・ガニングが「アトラクションの映画」（ガニング 2003）と名付けたように，物語というよりは視覚的な効果によって，観客をひきつけようとしたのだ．映画の技術に特に注目する酒井健宏（2018: 98）によると，「衝撃性や珍奇性，現前性を伴う刺激的な撮影対象が積極的に採用され，オーディエンスの日常感覚を即時に寸断しよう（びっくりさせよう）という企図を含むものが多い」という．そのため，初期の映画の編集においては注目を促すために多彩な空間的な演出が施されていた．

　初期の映画と都市の関係については，蓮實重彥（2007）が触れている．アメリカの映画産業が東海岸から西海岸のカリフォルニアに移ったことや，リュミエール兄弟がフランス有数の商業都市リヨンで映画を製作したことを挙げ，そもそも映画は都市的な存在であるとしている．それに加えて指摘しておきたいのが，カリフォルニアにできたハリウッドというスタジオ・システム[3]が，亡命者，移民映画人によって成立してきたということだ．アメリカにおけるハリウッドという場所性，ハリウッド・システムという商業的特性は，その後のアメリカ映画の方向性に大きな意味を持っている．具体的にいえば，ヨーロッパ映画の芸術性とアメリカ大衆文化における商業主義やポップさを併せ持つことが宿命となっていくのである（吉田 2012）．

　蓮實（2007: 72）は，初期のサイレント映画の時代からハリウッド映画が都市と地方の対立を主題にしてきたとしている．何気ない都市風景，都市における人の表象（たとえば帽子のようなアイテム）が対立構造を生み出すという視点は示

唆に富むものだ.

だが, もっと大きな視点から近代日本の都市表象について, あるいは都市表象から考える視点を提供しているものとして NHK スペシャル『映像の世紀第11集 JAPAN 編』(1996年放送) を挙げておきたい. 日本の近代化および近代都市を貴重な映像や証言から再現したものだ. この作品は, 明治初期に外国人によって撮影された帝都東京や横浜の映像から始まる. それらは帝国日本の都市風景, 関東大震災直後の日本人の営みが表情やしぐさとともにリアルに伝わるものとなっている.

日本の写真史において, 幕末に開港地から広がった写真は開港地のシンボルである横浜にちなみ, 「横浜写真」として受容され, 近代国家日本の発展を記録してきた (島原 2013: 14-15). その写真は外国人の日本土産として需要があったとされるが, 『映像の世紀』は, 外国人がそういった写真や映像における日本人表象, 都市表象にどのようなイメージやファンタジーを抱いていたかを描き出している. これらは, ただ資料的価値においてだけではなく, レンズを通じた西洋社会から日本へのまなざし, 「**オリエンタリズム**」[4] を体現しているという点で重要なものである.

2 ユートピアかディストピアか
──「再魔術化」する都市

「ユートピアを含んでいない世界地図など一見にさえ値しない……」

都市についての著作を多数遺した**ルイス・マンフォード** (Lewis Mumford, 1895-1990) が『ユートピアの系譜』(1922＝2000) のはじめに用いた言葉だ. 人びとが都市, 世界を描く際に, そこに理想や願望を投影してきたことを示している. マンフォードとほぼ同時代を生きた文明批評家として, **マーシャル・マクルーハン** (Marshall McLuhan, 1911-1980) の名前を挙げなければならない. メディア論を提唱したマクルーハンとこのマンフォードの間には, 文芸評論や文明批評を出自にしながらテクノロジーが社会にもたらすインパクトを強調したという共通点がある. また, マクルーハンはその著作で度々引用していることからも, マンフォードからの影響を強く受けていたと考えられる. マンフォードが「理

第9章 メディアは都市をどう描いてきたのか　125

図9-5　トマス・モアによる「ユートピア」の地図（1518年版）
出所）モア，トマス（1516＝1993）『ユートピア』沢田昭夫訳，中央公論社〔中公文庫〕．

想の都市とは何か」を考え続けたのに対して，マクルーハンはメディアテクノロジーと高速道路などの交通ネットワークが都市を崩壊させるととらえた（マクルーハン 1964＝1987）．

　ユートピアの思想はその時代の社会的な分裂から生まれている．さかのぼれば，プラトン（紀元前427年-紀元前347年）は，長きにわたる戦役による絶望的な状況のなかで『国家』を書き，イングランドの人文主義者，トマス・モア（1478-1535）は無秩序と暴力が蔓延するなかで，『ユートピア』（1516年）を著した．モアはユートピアを図像で表現し，そのユートピア島の地勢やそこに住まう人びとの暮らしについて詳述している（図9-5）[5]．

　一方で，ビジュアルメディアでは，ユートピアよりもむしろディストピアが投影されてきた．厳密にいえば，ディストピアはユートピアの対義語ではない．どちらも現実社会に対する批判やアイロニー（皮肉）として存在しており，デ

ィストピアは現実社会に存在する特徴を多くうちに含んでいるためだ．ディス
トピアに共通する特徴は，全体主義，管理社会，階級社会などである．ディス
トピアを描いた初期の映画に『メトロポリス』（1927年，ドイツ）がある．高層
ビルの最上階では特権階級による饗宴が行われているのに対し，下層市民は地
下での強制労働に送られる．このような世界観は，1985年公開の『未来世紀ブ
ラジル』（イギリス）など近年の作品にも貫かれている．

　なぜ人びとはディストピアを欲望するのだろうか．ディストピアとは現実そ
のものであり，ディストピアを愛好する者は，映画においてディストピアが綻
びを見せ崩壊していく姿に希望を見ているのではないだろうか．中原昌也
（2018: 22）は「ディストピア的なものに身を委ねるのは『思考放棄』だから楽
ちんなんだ」という．だとすれば，「希望のディストピア」が蔓延し，そうい
ったものに耽溺する人が増殖しているような事態は社会に何をもたらすのだろ
うか．

　だが，最も重要なのは，ユートピアであれディストピアであれ，人びとが理
想化したり，空想したりした都市イメージが現実の都市に投影され，都市のリ
アリティを変容させているということだ．『未来世紀ブラジル』における未来
都市は，「虚構化した現実」としての都市のあり方を示している（若林 2003: 163
-164）．このような都市の虚構化は，「**ディズニーランド化**」ともいわれるように，
日本でも1970年代後半以降，現実の都市空間に投影されていった．都市空間の
歴史性や土着性が覆い隠され，「おしゃれな空間」が演出されていったのだ
（若林，2003: 168）．**吉見俊哉**（2016: 323-324）は，日本社会全体のディズニーラン
ド化として以下の3点を指摘している．

①ディズニーランドがディズニー映画の空間化としてあったのと同じよう
　に，現代日本社会の日常的現実も，しだいにメディアにおいて構成され
　る平面的な世界の拡張として経験されている．

②ディズニーランドが様々な〈外部〉の他者を飼い慣らし，「かわいらし
　い」存在として提示していったのと同様に，現代日本社会のなかに，そ
　うした「他者」を植民地化していく言説の機制が遍在化している．

③現代では日本社会がすでにディズニーランドであるなら，それは，日本
　社会がハイパーリアル化した水準においてすでに「アメリカ」になって

しまっているということである.

このような傾向はディズニーランドを中心としたテーマパークだけでなく,地方都市のショッピングモールにも広がっているという.しかし,吉見がこの着想を最初に書いた1992年から25年以上が経過した現在,**「都市空間の再魔術化」**という概念がよりリアリティを持ってきている.再魔術化とは「高度に合理化され,脱魔術化された現代の都市空間を,シミュレーションやインプロージョン（境界の溶解）といったスペクタクルの手法やアーティスティックな要素を用いて審美化し,その合理化された夢や幻想や魔法を通して,多くの人びとを魅惑するあるいはわくわくさせる空間に変えること」と定義される（園部 2014: 45）.園部雅久による定義は抽象的だが,わかりやすい例でいえば,プロジェクション・マッピングのようなテクノロジーによる都市や建物の装飾,現在の渋谷におけるハロウィンのような,組織や目的を持たない群衆行動,前述のディストピア的なものが蔓延している様相などは,都市空間の再魔術化という状況を端的に示しているといえよう.

3 都市表象による集合的な記憶の共有

都市のイメージ

アメリカの建築家,**ケヴィン・リンチ**（Kevin Lynch, 1918–1984）は都市のイメージをかたちづくる要素として以下の5つを挙げている（リンチ 1960＝2017）.

①パス（通路）：観察者が普段利用する街路,道路,鉄道など
②エッジ（境界線）：観察者がパスと見なさない壁や縁といった境界線
③ディストリクト（まとまった地域）：都市の中の一部分
④ノード（結節点）：都市の中にある主要な地点
⑤ランドマーク（目印）：外部からも見える点

リンチは,小さな規模のランドマークがアイデンティティのもとになっているとしながら,パスにおけるファサード（建物の正面デザイン）も重要であると指摘している.現在では,パスであるストリートそのものがサブカルチャー集団のアイデンティティになっているという現象がある.また,1980年代から90

年代にかけて活躍した漫画家，岡崎京子の『リバーズ・エッジ』(1994) に見られるように「都市の縁」が個人のアイデンティティの拠り所として表象されることも多い（若林 2000）．リンチは都市計画家でもあり，このような視点はその後，都市計画や空間デザインに取り入れられていく．しかしながら，ここで押さえておかなければならないのは，リンチの仮説が都市の物理的な形態に沿っていること，また，個人のイメージの集合体として都市のイメージを理解し，それを「パブリック・イメージ」であるとしていることであろう．

　ランドマークのように外部からも物理的に可視化された構造物ではなくても，都市のイメージを決定づけるオブジェやモニュメントは存在する．[7]「モニュメント」という言葉は「思い出させる」を意味するラテン語「monere」に由来しており，人物，時代，事件などを歴史的，社会的，文化的に永久に記念するためにつくられたものを指す．それは「記憶」をめぐる闘争でもある．たとえば，玄武岩 (2017: 27) は，韓国における日本大使館前に設置された「慰安婦」少女像が「韓国に集合的アイデンティティを確立するための『想起の空間』を形成している」としている．その約 120 cm の少女像には，設置者の意図と反対する立場からの「反日ナショナリズム」という主張が交錯している．このように，人びとの思い，政治が投影されているのであり，都市の物理的形態だけがそのイメージを決定づける要素ではないだろう．

　また，個人が直接見聞きしたイメージがパブリックなものとなるかどうかについても，議論を必要とする．アメリカのジャーナリスト，ウォルター・リップマン (Walter Lippmann, 1889-1974) は，マスメディアが影響力を持ち始めた時代に，「疑似環境」という言葉を使った．これまで直接感知したものから世界について認識していた人びとのイメージは，マスメディアの隆盛によって疑似的なイメージに取って代わられていると考えたのである（リップマン 1922＝1987）．そう考えると，都市のイメージも個人の持つイメージ以上に，メディアテクノロジー，マスメディアによるステレオタイプを含んだ表象，さらには現代ではアニメ，マンガ，テレビゲームなどのサブカルチャーなどによる表象などが複雑に媒介して成立しているのだ．また，特にマンガやアニメなどに媒介されたイメージは現実の物理的な形態をも無視したり，あるいは誇張したり，デフォルメさせて，新たなイメージをつくりだしている側面があると考えられる．[8]

都市の集合的記憶

　近年，「記憶」が人文社会科学においてキーワードとなることが多く，「記憶（メモリー）ブーム」ともいわれる．社会学などの分野では「**集合的記憶**」（collective memory）という用語がよく使われる．この用語は，フランスの社会学者，**モーリス・アルヴァックス**（Maurice Halbwachs, 1877–1945）が生前に書いていたものである．アルヴァックスは記憶を個人の心理としてとらえるのではなく，ゆるやかに多くの人びとによって共有されるものであり，可変的なものとしている．アルヴァックスはナチスの強制収容所で命を落とすことになるが，1980年代にその思想が注目され，こんにちの人文・社会科学に大きな影響をもたらしている．

　私たちは過去を固定的な歴史としてとらえがちだが，それは人びとの記憶の集合体でもあるということだ．「記憶とは，過去を想起する（remembering）行為であるが，同時により多くのことを忘却する（forgetting）行為である」（浜井2017: 4）といわれる．アルヴァックスは写真や映画などを，集合的記憶を想起させるトリガーとして位置づけている．日本において，終戦，昭和などについてのメディア表象は都市の表象をともなって「国民の記憶」をつくりあげてきた．そのことによって何が共有され，何が忘却されてきたのだろうか．

　日本人の多くは8月15日を終戦記念日として記憶している．夏の甲子園の高校球児による黙祷，全国戦没者祈念式典を報じるニュース，テレビで放送される戦争ドラマなどは，その日を戦争が終わった日であることを繰り返しわたしたちに刻み込む．歴史学者の佐藤卓己（2014）は，こういった「**八月ジャーナリズム**」を通じて「八月十五日」が国民の集合的記憶としてつくられたものであるということを鋭く指摘している．このようなつくられた終戦記念日は，諸外国との間の齟齬だけでなく，その後もロシアとの緊張状態が続いた北海道や，多くの艱難を受けてきた沖縄，あるいはシベリヤの抑留者など大陸に残された人びとに対する記憶を忘却してきた．そのような「終戦の日」をめぐる齟齬は現在まで引き継がれ，人びとの対立を招いている．

　このような視点は，「戦後」をめぐる記憶自体のとらえ直しが必要であることを示している．逆井聡人（2018）は，太平洋戦争における「**焼跡**」の記憶をめぐって鋭い問題提起を投げかけている．前述したように，「終戦の日」にはさまざまな戦争特集が組まれ，そこでは戦後の「焼跡」イメージが用いられる．

だが，それは過去の終戦に限ったものではない．現在の3.11東日本大震災，福島第一原発事故などの「未曾有の国難」や，2020東京オリンピック，あるいは2025大阪万博なども同様だろう．国民を統合するメディアイベントに際して，「日本人」の原体験として「焼跡」のイメージが召喚されるのである．逆井（2018: 20-21）はその背景を挙げている．それは被害の当事者でないにもかかわらず，自身の被害者性が拡充されていくような陶酔であるという．さまざまな差異や例外を排除して「被害の共同体」がつくられているのである．

　都市の表象は，人びとに，ある時代やその出来事を記憶させると同時に，記憶を想起させるものでもある．たとえば，テレビ番組で焼跡や闇市が回顧され，「被害の共同体」が立ち上がるとき，必ずといっていいほど，並木路子が歌う『リンゴの歌』（作詞 サトウハチロー，作曲 万城目正）が BGM として流される．しかし，永嶺重敏（2018）によれば，『リンゴの歌』は，『異国の丘』（作詞 増田幸治・補詞 佐伯孝夫，作曲 吉田正）などとともに，当初抑留されていた帰還者たちのなかで歌い継がれていた曲でもあった．そういった記憶は隅に追いやられて忘却され，焼跡の「被害の共同体」を想起させる曲として用いられているのである．音楽は記憶の想起において重要な媒体であるとされるが，同時にそれが「ノスタルジア消費」と呼ばれるような能動的な消費者として人びとを囲い込んでいる（アサダワタル 2018）という論点も重要だ．

　ノスタルジアといえば，「昭和」の記憶も挙げておかなければならない．映画『Always 三丁目の夕日』（2005年，東宝）のヒットなどもあり，「昭和ノスタルジア」が社会現象にもなった．昭和の記憶がどのようにつくられたかをめぐってはいくつかの研究があるが，そのなかでも日高勝之（2014）の研究に触れておきたい．日高は著書のなかで，安倍晋三首相が第1次内閣を組閣することになる前の2006年7月に出版した『美しい国へ』のなかで，『Always 三丁目の夕日』を絶賛していることにまず触れている．逆井の視点と同様に，虚構性を持った「昭和ノスタルジア」をジャーナリズムが神話化し，それらが現代日本のなかで政治性をまとっていることへの強い違和感がそこにある．

　　日本の現代の状況に即して考えるならば，『失われた20年』やそれに加えての世界同時不況，さらには急速なグローバル化などに直面することで，『日本文化の本物らしさやアイデンティティを想像する』（Iwabuchi 2002:

第9章　メディアは都市をどう描いてきたのか　*131*

195）ことにおいて何らかの形で『ノスタルジア』が重要な役割を果たしている．（日高 2014: 27）

「失われた30年」ともいわれている現在，「平成」からの改元に際して，メディアや人びとの実践によってどのような記憶がつくられ，何が忘れ去られていくのだろうか．また，そういった記憶の政治は何を意味するのだろうか．いまわたしたちはその過程のただなかにいる．

おわりに

メディアは記憶を再編するのか

これまで，都市はどのように表象され，人びとはそこに何を見ていたのかについて考えてきた．メディアが描く都市のイメージは現実の都市に具現化されてきた．吉見は都市のイメージ形成におけるマスメディアの圧倒的な専制を指摘している．

　　今ではむしろ東京があってメディアのまなざしがあるのではなく，メディアのまなざしがあって東京があるのである．都市も，そこでの人々の行為も，メディアにまなざされることで初めて存在することができる．そんな転倒が大規模に生じているのだ（吉見 2016: 454）．

そして，メディアの映像によって組み立てられた世界とは，偽物のイメージの集まりではなく，現実の都市とコピーとの境界線をわからなくさせるという．境界線があいまいになるということは，善か悪かというような二項対立ではなく，両義的なものとしてとらえ，その複雑な内実を見なければならない．

現代のデジタル技術を媒介にした都市表象は，これまで論じてきたような固定化された集合的記憶をゆさぶり，書き換える可能性も有している．たとえば，NHK は「フェニックスプロジェクト」として過去の映像のカラー化を進めている．『カラーでよみがえる東京——不死鳥都市の100年』（2014年10月19日放送），『NHK スペシャル　カラーでみる太平洋戦争〜3年8か月』などだ．カラー化に限らずデジタル技術による映像の再編は，固定的な記憶に働きかけ，「ノスタルジア消費」や「被害の共同体」ではない，歴史の新たなとらえ方（記憶の

再編）につながる可能性を持っているだろう．だが，一方で，ここに見られる2020東京オリンピックに向けての「不死鳥」というスローガンは，戦後の「焼跡」イメージの焼き直しでもあり，その「陶酔」を繰り返すことにもつながりかねない．

都市をめぐる創造性とは

　個人が都市を記録し，表現するという営みが，モバイルメディアの普及により加速度的に広がっている．吉見（2016: 309）は「ディズニーランド化」する都市が他者の飼いならしや，都市の印象操作に向かうと指摘したが，それらは個人による都市の，または都市空間にいる自己の徹底した印象操作に向かうのだろうか．あるいは，人びとのメディア実践を通じた都市の新たなイメージの創出や共有に向かうのだろうか．

　角田隆一（2016: 116-117）は，若者の写真によるコミュニケーションについて論じ，Instagram で「盛る」という印象操作を虚構として批判することはもはや意味をなさないとしている．では，Instagram のようなソーシャルメディアは，ユーザーと都市との関係においてどのような意味を持つのか．メディア理論家のレフ・マノヴィッチ（2018）は「インスタグラミズム」という新たな論点を提起している．

> ここでいうインスタグラミズムは，ある狭義の美学ではなく，むしろ雰囲気があり（atmospheric），視覚的に完璧で，攻撃性がなく情緒的であり，劇的でない精妙なシーンやイメージを構築することを指している（マノヴィッチ 2018: 92）．

　ここでは Instagram を従来のようなコミュニケーション文化としてではなく，美学，あるいは美的社会をつくる芸術運動としてとらえている．そして，インスタグラファーとは都市集団（urban tribe）であり，「美的な選択と経験を通じて自分たちを維持していく」としている（マノヴィッチ 2018: 133）.

　このような視点は，若林幹夫（2010）が指摘するような，デジタルメディアが，都市にいながらにして都市を不可視化する方向ではなく，人びとが編集者（キュレーター）として都市に積極的にかかわり，都市の表象，あり方を書き換える方向にはたらく可能性を示唆している．

「アトラクションの映画」に人びとが熱狂したように，メディアテクノロジーはクリエイティブなものとして立ち現われる．そして，人びとを魅惑する．だが，筆者にはそういった新たなメディアが都市のイメージをどのように変えるのかということだけが創造的であると思えない．前述したように，「戦後」「昭和」といった過去の集合的記憶の政治的な作用を問い直すことは避けて通ることのできない課題であろう．そして，忘れてはいけないことは，決して表象されることのない都市での人びとの営みが存在しているということだ．[10] こういった人びとについて想像し，とらえ直すことが，現在の日本社会のあり方を考えていくうえでの 創 造 性（クリエイティヴィティ）であるように思えてならない．

注

1）吉見（1992），若林（2003）などに詳しい．

2）ジークムント・フロイトの精神分析の影響を受けた20世紀の芸術運動のことを指す．

3）吉田（2012）によれば，ここでいうスタジオ・システムとは，商品の製作，流通，小売りの連結したものを指す．

4）オリエンタリズムとはエドワード・サイードが用いた用語で，西洋から見た東洋，東方の幻想的なイメージを意味する．また，東方へのまなざしを通じて「西洋」が構築されてきたと考えられている．

5）ユートピア思想が実際の都市計画や人びとの未来都市のイメージにどのように投影されたかは建築史家の五十嵐太郎による論述が詳しい（五十嵐 2010）．

6）「再魔術化」の下敷きになっているのは，社会学の古典・マックス・ウェーバーの近代化論である．ウェーバーは科学が迷信や魔術的なものを社会から除去していく過程を指摘した．

7）たとえば，創造都市を掲げる金沢市は，市内のいたるところにオブジェを配置し，それらは兼六園という伝統的な遺産とともに街のシンボルとなっている．

8）プロパガンダを研究する辻田真佐憲（2016: 194-200）は，「萌えミリ」（アニメキャラと軍事が結びついたもの）と呼ばれるようなサブカルコンテンツが自衛隊や地域のPRに用いられている現象に触れている．こうったサブカルチャーにおける都市表象が都市のイメージやアイデンティティを変えるようなことが起こりつつあるが，辻田が重視するのは，虚構と現実が入り混じっていることに留まらず，そこにリアルな政治のプロパガンダが紛れ込んでいるということだ．

9）マノヴィッチ（2018: 75）は Instagram の写真を分析し，ユーザーの大多数が都市の人物か活動を写しているとしている．このことからも，Instagram は都市的な文化といえるだろう．

10）本書でいえば，第4章で渡辺が論じている「見えない都市」，第6章で窪田が論じた

134　第 2 部　あらわれる／記憶する都市文化

「出稼ぎ労働者」としかくくくられない移民たち，第 7 章で山田が論じた「性的マイノリ
ティ」と呼ばれる人びとなどがそうだろう．

参考文献

アサダワタル（2018）『想起の音楽——表現・記憶・コミュニティ』水曜社.

アルヴァックス，モーリス（1999）『集合的記憶』小関藤一郎訳，行路社.

五十嵐太郎（2010）「近代ユートピアの系譜」五十嵐太郎・磯達雄『ぼくらが夢見た未来
都市』PHP 新書.

ガニング，トム（2003）「アトラクションの映画」長谷正人・中村秀之編訳『アンチ・ス
ペクタクル——沸騰する映像文化の考古学』東京大学出版会.

サイード，エドワード・W（1978＝1993）『オリエンタリズム　上』今沢紀子訳，平凡社.

逆井聡人（2018）『〈焼跡〉の戦後空間論』青弓社.

酒井健宏（2018）「デジタル時代に至るまでの身体認識と主体性のメディア論的展開」西
山哲郎・谷本奈穂編『身体化するメディア／メディア化する身体』風塵社.

佐藤卓己（2014）『増補　八月十五日の神話——終戦記念日のメディア学』筑摩書房，〔ち
くま学芸文庫〕.

園部雅久（2014）『再魔術化する都市の社会学——空間概念・公共性・消費主義』ミネル
ヴァ書房.

辻田真佐憲（2016）『たのしいプロパガンダ』イースト・プレス〔イースト新書 Q〕.

角田隆一（2016）「コミュニケーションをつくる映像文化」長谷正人編『映像文化の社会
学』有斐閣.

中原昌也（2018）「ディストピア映画について」中原昌也，ノーマン・イングランド，小
野寺生哉，鷲巣義明，高橋ヨシキ『映画のディストピア』洋泉社.

永嶺重敏（2018）『「リンゴの唄」の真実——戦後初めての流行歌を追う』青弓社.

蓮實重彦（2007）「無声映画と都市表象——帽子の時代」高橋世織編『映画と写真は都市
をどう描いたか』ウェッジ〔ウェッジ選書〕.

長谷正人（2016）「映画というテクノロジー」長谷正人編『映像文化の社会学』有斐閣.

浜井祐三子（2017）「記憶のメディア文化研究に向けて」浜井祐三子編『想起と忘却のか
たち』三元社.

日高勝之（2014）『昭和ノスタルジアとは何か——記憶とラディカル・デモクラシーのメ
ディア学』世界思想社.

玄武岩（2017）「『想起の空間』としての『慰安婦』少女像」浜井祐三子編『想起と忘却の
かたち』三元社.

ベンヤミン，ヴァルター（1931＝2006）『写真小史』久保哲司編訳，筑摩書店〔ちくま学
芸文庫〕.

マクルーハン，マーシャル（1964＝1987）『メディア論』栗原裕・河本仲聖訳，みすず
書房.

マノヴィッチ，レフ（2018）『インスタグラムと現代視覚文化論』久保田晃弘・きりとりめでる訳，BNN.

マンフォード，ルイス（1922＝2000）『ユートピアの系譜──理想の都市とは何か』関裕三郎訳，新泉社.

モア，トマス（1516＝1993）『ユートピア』沢田昭夫訳．中央公論〔中公文庫〕.

リップマン，ウォルター（1922＝1987）『世論』掛川トミ子訳，岩波書店〔岩波文庫〕.

リンチ，ケヴィン（1960＝2017）『都市のイメージ（新装版）』丹下健三・富田玲子訳，岩波書店.

吉田広明（2012）『亡命者たちのハリウッド──歴史と映画史の結節点』作品社.

吉見俊哉（1992）『博覧会の政治学』中央公論新社〈中公新書〉.

吉見俊哉（2016）『視覚都市の地政学──まなざしとしての近代』岩波書店.

若林幹夫（2000）『都市の比較社会学』岩波書店.

若林幹夫（2003）『未来都市は今──〈都市という実験〉』廣済堂.

若林幹夫（2010）『〈時と場〉の変容──サイバー都市は存在するか？』NTT 出版.

第10章

街頭のメディア史
都市とメディアの交わるところ

堀口　剛

はじめに

　都市はメディアであふれている．自分が街頭に立っているときのことを思い出してみよう．そこにはどんな風景が広がっているだろうか．

　たとえば，大小のさまざまなスクリーンに映し出された映像が目に入る．ネオンサインで彩られた看板があるだろう．人気俳優がキャスティングされたポスターも見つかる．お店のビラや広告入りのティッシュペーパーを配布する人達がいる．防犯カメラが道行く人を見つめている．何か大きなイベントがあったときにはパブリックビューイングが行われるかもしれない．街を歩くだけで，さまざまなメディアが目に飛び込んでくる．都市生活を送るにあたって，それほど気にすることはないかもしれないが，こうした光景は確実にわたしたちのメディア環境の一部を構成している．

　本章では，こうした「街頭のメディア」を歴史的にふりかえっていきたい．歴史をさかのぼっていったとき，昔から街頭はメディアであふれていた．では，過去に街頭を賑わせたメディアとはどのようなものだったのだろうか．以下では，「街頭のメディア」という点に着目して，先行研究をレビューしていく．そうすることで，現代の街頭をめぐるメディア環境をあらためて見つめ直す視点を獲得できるだろう．

1 モダン都市の街頭メディア

　まず，歴史的にさかのぼる地点を1920〜30年代に設定してみよう．権田保之助という民衆娯楽の研究家は，大正後期〜昭和初期の「街頭」についてきわめて示唆的な言葉を残している．

> 　「モダン生活」とは街頭の生活である．それは詮ずる所，かかる「街」を創り出して，それを栄えしめて行く近代的大都市という怪物の所産なのである．
> 　「モダン生活」，それは終日，二六時中，常住不断に営まるる生活ではない．それは労働の生活とは縁のない種類の人間の時間や，生産の生活から離れた余暇の時間が，此の「街頭」にある間だけ，消費される過程なのである（権田 1974: 242）．

権田によれば，「近代的大都市という怪物」が生み出した「モダン生活」は「街頭」と切り離すことのできない関係にあった．「街頭」こそが「モダン生活」の営まれる場だったのである．彼の眼には，当時の人びとに最先端の流行・風俗に触れる機会を提供する場として「街頭」は映っていた．

　それでは，こうした1920〜30年代の「街頭」にどのようなメディアが存在していたのだろうか．ここで参照したいのが，永嶺重敏（2001）が述べたモダン都市東京の街頭の風景である．永嶺によれば，大正後期から昭和初期の東京というモダン都市おいて，①広告の氾濫，②新聞呼び売り，③紙芝居などが街を賑わせていたという．以下では，この3つについて確認していくことにしよう．

　まず，①広告の氾濫であるが，永嶺によれば「モダン東京は街頭広告の氾濫する都市であった．商店の看板，商品広告，ポスター，広告塔，さらにはウィンドー・ディスプレイの発達によって，都市は遊歩者の視線を惹きつける広告空間となっていた」（永嶺 2001: 7）．当時，街頭広告は法的には大きく「広告物」と「看板」とに分けられており，「看板」は「広告物」よりも大きなスペースを取ることが可能だった．そうしたなかで，商品広告の機能を兼ねた巨大な看板がいたるところに設営され，都市の美観を損ねることになったという．

こうした過剰な看板に対しては，警視庁が取締りに乗り出すほどだった．

　加えて，上記の広告物や看板以上に街頭にあふれていたのは，通りのあちこちで配布されていた宣伝ビラだった．配布されていた宣伝ビラは，それを受け取った通行人がすぐに放り捨てるため，路上にあふれかえるほどだった．こうした街頭の光景に対して，市の道路局がビラ拾い専門のごみ収集人を雇ったり，警視庁がビラまきを禁止したりしたが，あまり効果はあがらなかったという．このように，街頭に氾濫した宣伝ビラは人びとを引き付けるとともに，その処理を悩ませるものだった．

　街頭でのチラシ等の大量配布は商店の宣伝用のものが多かったが，出版広告においても用いられていた．とりわけ，大正末期から昭和初期にかけて巻き起こった，「円本」という廉価版の全集がブームになった際は凄まじいものがあった．円本の広告合戦は新聞紙上で激しく行われたが，街頭での宣伝合戦も大規模に実施され，街頭宣伝隊や，立て看板・ノボリがあちこちに立てられ，内容見本なども大量に配布されていた．この当時，書物を広範な人びとに行きわたらせることになった円本ブームは，こうした街頭の広告合戦も引き起こしたのである．

　つぎに，②新聞呼び売りについて取り上げていこう．新聞呼び売りは，時代としては明治末にはすでに社会の注目をあつめる存在になっていたが，それは「電車の停留所や街路交差点，公園，大きなビルの出入り口等」の通行人の往来が活発な地点に立って，新聞の立ち売りをする商売だった（永嶺 2001: 12）．新聞呼び売りは電車の敷設が進み交通網が整備されていくなかで，特に東京や大阪といった都市のなかで発達してきた．その仕組みとしては，有力な親方をトップにして，その下に数十名もの売り子が組織されるようなものだった．売り子には少年少女，主婦，苦学生といったさまざまな顔ぶれが就いていたが，なかでも年少者が全体の多くを占めていた．これは子どもの売り子のほうが，新聞を購入する人の同情をあつめることができたためだという．とりわけ，少年少女の売り子が増加したのは，関東大震災による経済的な困窮から家族を支えるためだった．こうした新聞の呼び売りもまた，当時の街頭をにぎわす風景の一部となっていたのである．

　さらに，市街地から下町へと目を移してみよう．そこには③紙芝居に大勢の子供が群がっている光景を見出すことができるだろう．紙芝居というメディ

アは昭和5年頃に登場するが，その前身として「立絵」というものが存在していた．それは紙人形を使って芝居を行い，子どもたちに飴を売る商売だった．その立絵から発展した紙芝居は登場するとすぐに子どもたちを魅了し，急速に広まっていったのである．山本武利によれば，「映画・ラジオが欧米で開発されたものであるのに対し，紙芝居は日本の土壌で誕生したユニークなニューメディアであった．のぞきからくり・写絵・紙人形の立絵などを源流とする紙芝居は，1920年代後半に登場してから，またたくまに全国の子どもをとらえる異常ともいえる人気を博した」（山本 2000: 23）という．たとえば，1930年に制作された「黄金バット」は子どものあいだで大ヒットした作品であった．さらには1933年には「少年タイガー」といった作品も制作され，紙芝居の人気を引き継いだ．この時期に登場してきた紙芝居屋は，最盛期には2000～3000人も存在し，1日で100万人を超える子供を集めていたという．

　山本はこうした動員力を誇った紙芝居について，次のように述べる．

　　　紙芝居屋が一回で数十人の子どもに口頭で説明するこの紙芝居はミニコミといってもよいメディアであったが，その集める人口を総計すると巨大になったため，マスメディアとしての要件を備えることになった．とくにマスメディアへの接触を低年齢化させた点で，紙芝居の寄与は大きく，就学前の児童が最初に接するマスメディアはこの紙芝居であった（山本 2000: 29）．

また，永嶺重敏も次のように指摘する．「「孫悟空」や「黄金バット」「少年タイガー」等のさまざまな物語を絵解きによって読み聞かせられることによって，子供達は物語を読み聞く楽しみを日々体得していった．このような物語経験がその後の文学読者を育てる素地を形成していった」（永嶺 2001: 18）．このように紙芝居という街頭のメディアは，就業前の子ども達にとって，きわめて身近なメディアであったとともに教育的な意義を持つものだったといえる．

　以上，ここでは① 広告，② 新聞呼び売り，③ 紙芝居といったメディアについて取り上げた．では，こうした街頭のメディアへの接触が当時の人びとにとってどのような意味を持っていたのだろうか．この点について永嶺は次のように指摘する．

140　第2部　あらわれる／記憶する都市文化

　このようにモダン東京の都市空間は，様々な意匠をこらした街頭広告や宣伝ビラが街中に溢れ，駅や停留所ではニュースを呼び売りする声が飛び交い，下町の路地裏では紙芝居屋の話す物語に子供達が熱中する濃密な情報空間であった．その空間に生活する都市生活者は否応なく，溢れる印刷物とニュースと物語に日常的にさらされ，「読み」「聞く」力を日々訓練されていった（永嶺 2001: 18）．

　この当時，広告，新聞呼び売り，紙芝居などによって，街頭はまさに「濃密な情報空間」となっていた．そして，そのなかで人びとは印刷物やニュースや物語を読み解くリテラシーを身に着けていたのである．1920〜30年代の街頭についてさかのぼってみてみると，以上のようなメディア環境が広がっていたことがわかってくる．

　これに続いて，同時期におけるもう1つの街頭メディアについて取り上げてみたい．それは当時の最新メディアだったラジオである．ラジオに関しても，当初は街頭ラジオという形で人びとに受容され，聴取されていた．

2　街頭ラジオと「聴く」ふるまい

　それでは，街頭ラジオとはどのようなものだったのか．この点については山口誠（2003）の研究に詳しい．以下では山口の論文を取りあげて，その聴取のされ方について論じていこう．山口は従来のメディア研究で前提とされてきた，「家庭」のメディアという草創期のラジオのあり方について疑問を呈し，とりわけ昼間に行われていた野球放送との関係で再検討を行っている．

　まずラジオ受信機の利用条件である電力事情についてみていくと，大阪のような大都市においても，大多数の家庭は昼間には電気を使用することができない利用契約を結んでいた．そのため，日没までは電力を必要とするラジオを聴けない状態にあった．つまり，初期の野球放送については，ラジオを聴きながら家族団らんのひとときを過ごすような聴取スタイルは，一般的でも主流でもなかったのである．

　こうした状況にあって，人びとは野球放送をどのようにして聴取していたのか．そこで登場するのが街頭ラジオという聴取方法であった．都市の街頭に置

かれていたラジオの多くは、「ラジオ商」が店先においたラジオ受信機であった．昭和初期の都市部において、野球ファンはこうした街頭ラジオを取り巻いて人だかりをつくり、試合経過に耳を傾けていたのである．ラジオ商は、受信機の販売促進といった側面からラジオを設置していたと考えられるが、なかには、ラジオの傍らに得点表を掲示して試合の経過を書き込むような店もあったという．こうした街頭ラジオの大規模かつ計画的なものとしては、新聞社やデパートが提供した「野球速報版」があった．デパートの屋上や公園といった場所に巨大な速報版が設置され、ラジオの放送にあわせて試合経過が掲示されたのである．さらには、こうした街頭ラジオの特性を認識したラジオ局によって、甲子園野球の中継放送に合わせて、「ラジオ塔」が設置されたり、公園内に仮設の街頭ラジオが仮設されたりするまでに至っている．

このように街頭でラジオというメディアに接することについて、山口は次のように指摘している．

> こうして都会の街角や広場には様々な街頭ラジオが存在し、多くの人々がその前に集まり、ラジオを聞く機会を得ていた．そして彼らは拡声器から流れるアナウンサーの実況を受動的に聴くだけでなく、それを介して時に感情を表現し、時に見知らぬ他者とコミュニケーションをおこない、「放送」という形式の新しいマスなコミュニケーションを体験していたことがわかる（山口 2003: 152-3）.

このように述べる山口は、ラジオの集団聴取といったスタイルは、家庭にラジオが普及するまでの過渡的で副次的な現象であったわけではないとも指摘する．それは家庭で野球放送を聴くのとは明らかに異なった経験であった．それでは、そうした経験が何を生み出すに至ったのか．以下の引用を確認してみよう．

> 街頭ラジオという集団聴取の空間は、人々にラジオを「聴く」というふるまいと出会う機会を提供するだけでなく、㈠野球というスポーツを知る機会を与え、そして㈡プレーやアナウンスに対していかなる唸り声やため息を発する（べき）か、またいかに批評や賞賛を加える（べき）かといった「読み」の作法と、それに連動した感動の作法と出会い、そして習得する機会を創出していたのである．

142 第2部 あらわれる／記憶する都市文化

ここで述べられている通り，ラジオの集団聴取はただ「聴く」というふるまいに出会うだけではなかった．野球というスポーツを知り，人びとの複数の「読み」と接合させ，どのように読み解くかといった「読み」の作法，そして，その「読み」に応じたふるまいと感情を表す「感動の作法」と出会い，習得を可能にする機会が生み出されていた．つまり，そこで野球というスポーツに対するリテラシーを身に着けていったのである．

　以上，街頭ラジオでの野球放送の聴取経験の研究について注目してきた．ここでは街頭のメディアが人びとにとって，単に新しいメディアに接する機会をもたらすだけのものではなく，それを通じて情報を「読む」力を身に着ける契機になっていた．

　それでは，今度は時代を下ってみよう．つぎは戦後の街頭メディアである，街頭テレビについて取り上げていきたい．

3 街頭テレビを「見る」経験

　街頭テレビの経験とはどのようなものであったか．これを知るには吉見俊哉（2016）の初期テレビの受容に関する研究が重要な導き手となってくれる．以下では吉見の研究などを参照しつつ，その視聴のされ方について論じていこう．

　1953年，日本においてテレビ放送が開始される．この最初期のテレビ放送もまた「家庭」のメディアとしてではなく，「街頭」のメディアとして登場していた．「街頭テレビ」として知られる屋外に設置されたテレビを提供したのは，日本初の民間テレビ局として開局した，正力松太郎の日本テレビであった．当時，一般の人びとにとってテレビは高級品であり，簡単に手を出すことができるようなものではなかった．そうしたなかで，街頭テレビはテレビを買うことのできない人びとに対してテレビを視聴する経験を提供したのである．日本テレビは開局の前日までに公園や広場，盛り場などの55か所に街頭テレビを置き，その後，最盛期になると新潟県柏崎市や福島県会津若松市といった遠隔地にも設置して，その数は278か所にものぼっている．

　もちろん，こうした街頭テレビの設置は慈善事業として行われたわけではない．テレビが家庭に普及しておらずとも，街頭でテレビが視聴されればそれが広告収入につながることを見越した正力松太郎の戦略であった．

第10章 街頭のメディア史　　*143*

図10-1　街頭テレビに集まる人々
出所)『アサヒグラフ』1955年8月3日号.

　テレビは普及台数が問題なのではない．肝心なことは，そのテレビを何人の人が見ているかだよ．仮に1万台のテレビがあって，1台を5人で見るとする．視聴者はたった5万人だ．しかし，1台を100人が見たらどうなるかね？　視聴者は100万人ということになるのじゃないか．これが500人，1000人ともなれば，数えきれないほどの人間が，テレビの前でこれを見ていることになるんだよ（日本テレビ50年史編集室 2004: 32）．

　こうした方針のもとに，日本テレビは，街頭テレビの設置とともに「テレビ時代来る!!　宣伝広告の効果はラジオの十一倍」といった見出しのチラシを10万枚も配布し，テレビを使った広告効果をアピールしていったのである（日本テレビ50年史編集室 2004: 30）．実際，街頭テレビが設置されると，各々の場所で人気を呼び，1台に数千人もの人が詰めかけることもあったという．
　さらにこうした日本テレビが設置した街頭テレビに加えて，全国各地の電気店の店頭に設置されていたテレビもまた，人びとにテレビの視聴経験を提供するものだった．吉見によると，日本国内の電気機器販売店舗数は1953年に2万店，1958年に3万店，1964年には4万店を越えていた．つまり，「これらの電気店の多くが初期にテレビを店頭に置いたとするならば，NTVの街頭テレビ

144 第2部 あらわれる／記憶する都市文化

をはるかに凌駕する膨大な数の街頭テレビが全国の街角に誕生していた」といえる（吉見 2016: 212）．こうした電気店の店頭に設置されたテレビ受像機も，もう1つの「街頭テレビ」として人びとに受容されていたことを見逃すことができないだろう．

　それでは，街頭テレビによって何が視聴されたのか．この当時の最大の人気コンテンツはスポーツ中継であり，なかでもとりわけ人気だったのが力道山の登場するプロレス中継であった．なぜここまでの人気をプロレスが獲得するにいたったのか．その理由について吉見は次のように指摘する．「力道山は，テレビカメラを明瞭に意識したアメリカ仕込みのショーマンシップに加え，反則技を繰り返す巨漢の「アメリカ人」レスラーに対する勇気のある小柄の「日本人」レスラーという構図を意識的にテレビ画面の中に演出していた」．すなわち，「彼はアメリカ的なものに対する日本人の屈折した気分と，テレビカメラの前での自身の鮮やかな演技を巧みに反響させることで，メディア・ヒーローとしての大成功を勝ち取ったのである」（吉見 2016: 206-207）．人びとは力道山というヒーローと自身とを重ね合わせることによって，テレビを通じて「ナショナルな象徴劇」を受容していたのである．

　以上，街頭テレビの受容について取り上げた．ここで明らかになったのは，街頭テレビが新しいメディアの視聴経験をもたらすだけでなく，それが見られることによって，「ナショナルな象徴劇」として受容されていく過程であった．こうした「国民的ドラマの劇場」の装置としてのテレビは，のちにテレビ受像機が家庭に普及していくきっかけとなった皇太子成婚パレードへとつながっていく．そうした点を考えたときに，街頭テレビというメディアは「街頭」から「家庭」への単なる過渡的な事象として片づけることのできない，国民的なイメージの消費の系譜のなかに位置づけることができるだろう．

　そして，最後に，「街頭のメディア」という観点からもう1つの事例を取り上げたい．それが「街頭録音」という形式についてである．日本において世論の一形式として「街の声」がメディア上に登場するようになる過程について，堀口（2012）を参照しながら述べていく．

4 ラジオ番組「街頭録音」と「街の声」

「街の声」という観点からメディア史の先行研究を辿っていったときに象徴的な出来事として，終戦直後に放送されたあるラジオ番組が参照できる．それがNHKの「街頭録音」である．たとえば，大山勝美は「時代を映す『街頭録音』の誕生」として「日本の民主化，マイクの開放に役立った番組」として位置づけており（大山 2007: 103），同様に竹山昭子も「それまで一般庶民がマイクの前に立つことはなかったから，これらの番組は大衆の生の声を積極的に取り入れるという点で，戦後ならではの放送であり，一方的に国策伝達の機関として利用されることの多かったラジオが，国民の前に開放された姿であった」と位置づけている（竹山 2004: 290）．

「街頭録音」は1946年5月から放送を開始した番組であり（それ以前にも1945年9月から，その前身となる「街頭にて」というインタビュー番組が放送されていた），街を歩く人たちにマイクを開放し意見を聞くという番組としては最初期に位置づけられる．では，日本の民主化の過程において，人びとにマイクを開放することとなった「街頭録音」という番組はどのようなものだったのか．その際に参考とされたのは，アメリカで放送されていた "Man on the Street" という番組であった．この番組形式を模倣し，街の声を聞き出し，それを録音・構成し，後日放送を行うという方式を導入したのである．番組開始当初はインタビューに答えてくれる人物を探すのが困難であり，通りすがりの人びとにアナウンサーがマイクを向けると，逃げ出されてしまうほどだった．しかし，回を重ねていくうちに話かけるコツをつかむとともに，質問に答えてくれた人物には映画の鑑賞券をプレゼントするなどの試みもあって，収録現場に足を運ぶ人間が徐々に増加し，マイクに向かって発言をしてくれる人物も増えていったという．「街頭録音」はこうした試行錯誤を重ねるなかで，当時放送されていた番組の中でも人気を獲得し，大きな反響を得るようになっていったのである．

それでは，制作者たちのこの番組に対する認識はいかなるものであったのか．制作者たちは自分自身が手掛ける番組に対し，国民の前にマイクを開放したという点で言論の自由の象徴として意味づけるとともに，はっきりと世論という言葉を用いて「街頭録音」という番組が持つ価値を示そうとしている．この番

図10-2　街頭録音
出所）『朝日新聞』1947年6月24日付.

組のプロデューサー兼アナウンサーであった藤倉修一は「現場に訊く"街頭録音"」という記事で「街頭録音」の目的について次のように述べている．

> その目的は(1)言論の自由を大衆的に生かす　(2)よい意味での輿論を指導する　(3)放送の民主化にあります．従来の放送はとかく独善的，かつ抽象的でしたが，これによって「放送」というものが真に大衆と結びついたわけです（藤倉 1947: 27）．

このように，言論の自由や放送の民主化とともに「よい意味での輿論を指導する」という目的が述べられており，この番組の制作に際し，世論へと訴えかけることが目指されていたことがわかる．さらには，「街頭録音」の指導・監督を行っていた GHQ の CIE（民間情報教育局）ラジオ課のハンターという人物は，日本への言論の自由の導入と「街頭録音」の役割とを関連させたうえで，世論の概念と結びつけている．ハンターは婦人がマイクの前で発言するようになったことを例に挙げ，それを喜ばしい傾向だと評価したうえで，次のように述べる．

第10章 街頭のメディア史　*147*

　このように，日本で言論の自由に力を入れたのは，まことに当を得たよう
　に思われます．言論の自由が当然と行われている国では，この番組は輿論
　調査と娯楽番組として用いられます．この番組は日本でも，うまくゆけば，
　何時も，必らず喜ばれます（藤倉 1948：1）．

このように番組の指導・監督にあたっていた CIE の担当者もまた，「街頭録
音」を通じ，世論調査，世論の指導が目的となっていることを指摘するのであ
る．
　以上，番組の関係者の語りを紹介してきたが，これらの人物はそろって『街
頭録音』が世論に寄与するものであると述べている．つまり，街頭の声をひろ
うことが世論の指導・調査と積極的に関係づけられていたのである．

お わ り に

　ここまで「街頭」をキーワードにして，そのメディアの歴史をたどってきた．
それは，広告，新聞呼び売り，紙芝居，ラジオ，テレビ，マイクといったメ
ディアが都市の街頭に登場し，受容されていった歴史だった．そこでは，単に街
頭とメディアとが交差するという以上の，さまざまな実践が結びついていた．
つまり，街頭のメディアはきわめて文化的・社会的な背景のもとに成立してい
たことがわかってくるのである．そして，こうした変転を知ることで，はじめ
て現代の都市に埋め込まれたメディアの光景を相対化する視座を獲得すること
ができるように思われる．冒頭でも述べた通り，わたしたちが都市生活を送っ
ていくなかで，街頭にメディアがあふれかえっていることについては，とくに
気にすることはない「あたりまえ」の風景かもしれない．しかしながら，そう
した風景もまた現代的な文化的・社会的背景と結びついた実践のはずである．
だとすれば，そうした現代の街頭のメディアとそれをめぐる実践とがどのよう
に結びついていくのかは，まさに今後に明らかにすべき課題となるだろう．

参考文献
藤倉修一（1947）「現場に訊く"街頭録音"」『ラジオ技術』1947年4月号．
藤倉修一（1948）『マイク余談』隆文館．
権田保之助（1974）『権田保之助著作集 第2巻』文和書房．

堀口剛（2012）「『街の声』のメディア史——ラジオ『街頭録音』と「街頭の世論」をめぐって」『マス・コミュニケーション研究』80，pp. 191-209.

永嶺重敏（2001）『モダン都市の読書空間』日本エディタースクール出版部.

日本テレビ50年史編集室（2004）『テレビ夢50年 経営編』日本テレビ放送網.

大山勝美（2007）『私説放送史——「巨大メディア」の礎を築いた人と熱情』講談社.

竹山昭子（2004）「戦後放送体制」『メディア史を学ぶ人のために』世界思想社.

山口誠（2003）「「聴く習慣」，その条件——街頭ラジオとオーディエンスのふるまい」『マス・コミュニケーション研究』63，pp. 144-161.

山本武利（2000）『紙芝居——街角のメディア』吉川弘文館.

吉見俊哉（2016）『視覚都市の地政学——まなざしとしての近代』岩波書店.

第**11**章

テレビドラマとメタテクスト としての都市
『金曜日の妻たちへ』シリーズと第四山の手論を事例に

藤 田 真 文

は じ め に

リクルート社が毎年発表している「みんなが選んだ住みたい街ランキング」．雑誌の特集やテレビの情報番組でもたびたび取り上げられ話題となる．2017年のランキングでは，関東圏の住みたい街（駅）1位は吉祥寺，2位恵比寿，3位横浜．関西圏の1位は西宮北口，2位梅田，3位なんばと続く．この調査は，関東圏であれば東京都，神奈川，埼玉，千葉，茨城県の20歳から49歳の男女に対してインターネットで，住みたい街（駅）を3つまであげてもらう方式でランキングをつけている[1]．

私はこのランキングを見るたびに，回答者がどのような基準で住みたい街を選んでいるのだろうかと不思議に思う．私自身何回か転居した経験からいえば，街の良さは（欠点も）住んでみなければ見えてこないはずである．たとえば，関東圏の1位吉祥寺の隣駅の三鷹はランキングで28位，西荻窪は63位とかなり差がある．「住みたい街ランキング」の回答者は，この3駅をきっちり差別化していることになる．しかし，この3駅のすべてに住んだ人は稀であろう．多くの回答者にとって「住みたい街は住んだことのない街」なのである．人びとは住んだことない街のイメージをどのように持つことができるのだろうか．

1 都市というテクスト

文化的行為としての居住地選択

　P. ブルデュー（Bourdieu, Pierre）は，『住宅市場の社会経済学』において，
「『経済的』行為1つ1つのなかには社会的世界がまるごと現れている為に，実
践の多次元性や多機能性を度外視するのではなく，知の道具だてによって理論
武装することが必要だ」と述べ，ハビトゥス（habitus），文化資本（capital culturel），
社会関係資本（capital social），象徴資本（capital symbolique），界（champ）という諸
概念を導入して，住宅市場を説明しようと試みる（ブルデュー 2006: 12-13）．そ
して，住宅市場の成立において，購入者のハビトゥスや文化資本，住宅メーカ
ーの象徴資本が大きな役割を果たすとする．

　　「住宅生産にまつわる多くの特徴，そして住宅メーカー間に形成される多
　　くの関係は，象徴的要素がとりわけ大きな部分を占める住宅生産の特性に
　　由来する．（衣服のように）皆の目にさらされ，しかもそれが長期間続くよ
　　うな有形財としての住宅を所有することは，他の材よりも決定的に，所有
　　者の社会的地位やいわゆる『富』のみならず，所有者の嗜好や所有者が自
　　らの領有行為のうちに組み込んでいる分類システムをも表現し，露わにす
　　る」．
　　「所有者を嗜好空間のなかに位置づけることによって，同時に社会空間の
　　なかにも位置づけることが可能となっている．そのうえ，住宅の所有はき
　　わめて重要な経済的かつ情緒的な投資の機会でもある」（ブルデュー 2006:
　　37）．

　ブルデューは同書において主に建築物としての住宅について論じているのだ
が，同じことは居住地の選択と提供という不動産市場の成立についても当ては
まるであろう．居住地の選択と不動産の購入・賃貸は経済的行為であり，同時
に社会的かつ文化的行為なのである．

「テクストとしての都市」の三層構造

　吉見俊哉による都市記号論の再検討は，経済的，社会的かつ文化的な行為の

結果成立した居住空間の広がりを解釈するために有効である．吉見は，都市記号論が「都市を物理的な空間の広がりや人口の集住によってまずとらえるのでなく，あるいは単純に人びとの心の中にある観念とするのでもなく，むしろ集合的な言説活動や記号的実践を通じて生起する空間的広がりとして考える地平を開いた」とする（吉見 2016: 393）．吉見が都市を記号論によって読まれるべき「テクストとしての都市」とするときには，カステルがいう「空間の社会的編成と集団的消費の過程」を意識しながら，「都市をより大きなテクストや表象の生産と消費の政治学，テクストや記号的実践の構造化された場の一部として考える」ことが必要だとする（吉見 2016: 394）．

　そのうえで都市記号論の考察対象となる「テクストとしての都市」は，以下のような三層構造から成っているとする（吉見 2016: 395）．

　①テクストとしての都市…都市を成り立たせる視覚的，言語的コミュニケーション，例えば街頭での発話や道を行く人のファッション，建築のデザインなどから百貨店に並べられた商品や映画館でのフィルム上映，劇場でのドラマ上映，地下鉄の案内表示やポスターまでを含んでいる．これらは都市において，顕示的にかたちや意味を与えられて立ち現れている．

　②プレテクストとしての都市…未だこうした顕示的な意味やかたちを与えられていないけれども，それでもそこに蝟集する無数の人々やモノの関係性のなかで経験される膨大なイメージや風景，記号ならざる記号の蠢きがある．私たちはそれらをしばしば「雰囲気」「空気」「風土」などの曖昧な名前で呼んでいる．

　③メタテクストとしての都市…その都市について語り，時にはその都市の将来を方向づけていくようなメタレベルの言説も存在する．その都市を語る新聞や雑誌の記事，小説や映画，流行歌，さらにはより行政的な都市計画言説や不動産資本のマーケティング言説などがこれに含まれる．これらはいずれもターゲットとなる相手に向けて，一定の方法や戦略に基づいて意識的に言説化された都市であ（る）．

　以後この章では，テレビドラマで表現されている都市が，吉見のいう都市についてのメタレベルの言説＝「メタテクストとしての都市」となり得るのかを

考察していく．吉見も「現代では，テレビや新聞，雑誌といったマスメディアによるメタテクスト化は，都市のイメージがかたちづくられる上でも，人びとの動員という面でも決定的作用を及ぼしている」と述べているように（吉見 2016: 396），一見するとこの考察は非常に容易な課題のように思われる．

しかし，テレビドラマにおける都市の表現が，単に脚本家や演出家などの制作者が「プレテクストとしての都市」を感じ取り，あるいはどこかにある「テクストとしての都市」を再現＝表象したに過ぎないとすれば，テレビドラマは人びとの都市のイメージをかたちづくり，人びとを動員する「メタテクストとしての都市」の機能を果たしたとは言えないであろう．

ジゼル・サピロ（Sapiro, Gisèle）が文学について指摘しているように，テレビドラマがゴフマンのフレームのような現実の「枠づけ」を行う認識枠組みとなるか，または人びとの行動の「模範例」となるか．いずれにしても，私たちがいかに生きうるのか，いかに生きるべきであるかという（本章では住宅購入や居住地選択のための）「実践的知識」として，テレビドラマが参照されていることが明確に立証されなければならないであろう（サピロ，2017: 104-105, 108）．

2 制作者が観察・経験した都市

この章では，「メタテクストとしての都市」の機能を果たしたテレビドラマとして，『金曜日の妻たちへ』シリーズを取り上げる．その理由は，『金曜日の妻たちへ』シリーズは，後に述べるように「都市について語り，時にはその都市の将来を方向づけていくようなメタレベルの言説」として参照されたことを検証できる，稀有なテレビドラマだからである．

テレビドラマが「メタテクストとしての都市」へと生成していく理念的な過程は，次のように概念化できるであろう（図11-1）．

① テレビドラマの制作者（脚本家，演出家，プロデューサーなど）が，テレビドラマを制作する前に「テクストとしての都市」を意識的に観察するか，または「プレテクストとしての都市」「テクストとしての都市」を無意識に経験するか，または別の「メタテクストとしての都市」を受容する過程．

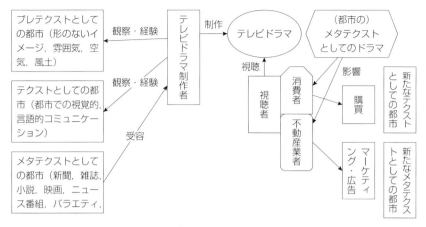

図11-1　テレビドラマが「メタテクストとしての都市」になる過程

出所）筆者作成.

② テレビドラマの制作者（脚本家，演出家，プロデューサーなど）が，「①」の結果を反映して，テレビドラマを制作・放送する過程.
③ 放送されたテレビドラマが「メタテクストとしての都市」として機能して，不動産購入者の居住地選択や不動産業界のマーケティング戦略，販売戦略に影響を及ぼす過程.
④ 「③」の結果として生じた不動産購入者や不動産業界の経済的，社会的かつ文化的な行為は，「プレテクストとしての都市」を形成し，さらには新たな「テクストとしての都市」へと結実していくというサイクルをたどる.

『金曜日の妻たちへ』第１シリーズ（1983年）の舞台は，東急田園都市線のたまプラーザ駅．住宅地の撮影は，東京都多摩市の多摩ニュータウン・タウンハウス落合と鶴牧団地で行われた．『金曜日の妻たちへ』の舞台設定は，都市社会学でいわれる「第二次郊外化」という社会動向を先取りしていた．若林幹夫によれば「第一次郊外化」は，1965年から1985年まで続く．「高度経済成長期に都心部に流入した若い人びとが結婚して家庭を形成し，子育ての場を求めて郊外に移住することで郊外の人口が増加していった時期である」．ここで言う郊外は，東京都下，東京都の市部・郡部の人口増加である．

図11-2 『金曜日の妻たちへ』主人公一家が暮らすメゾネット型住宅(第1話より)

「この傾向は85年ころには終息するかにみえたが,その直後に始まったバブル経済によって都心の不動産価格が上昇したために,ふたたび郊外への人口流出がはじまる」.ここで郊外はさらに外縁を広げ,神奈川県川崎市・横浜市の内陸部や埼玉県西部に拡大する.これが「第二次郊外化」である(若林 2007: 158-159).「第二次郊外化」は,単に郊外の外縁が広がったというだけではなく,住宅の「質」の変化も伴っていた.「ちょっとおしゃれな感じのするデザイン意匠をもった住宅や団地,レンガやタイルをちりばめた舗道や緑道,街路樹や植栽などによって,1970年代までの羊羹型の団地や建売住宅とは違う『舞台』を,パルコ的な消費文化になじんだ人びとに提供していったのである」(若林 2007: 167).

3 稀有なメタテクスト

オシャレな住宅地

『金曜日の妻たちへ』シリーズの制作者たちは,同シリーズを制作するにあたって,意識的に「テクストとしての都市」を観察し,「メタテクストとしての都市」を受容していた.『金曜日の妻たちへ』のプロデューサーであった飯島敏宏は,次のように証言している.

「鎌田さん（筆者注：脚本を担当した鎌田敏夫）と女性ものをやろう，ということで，当時『MORE』とか『WITH』とか婦人ものの新しい雑誌がザーッと出たでしょう．それを読みまくりました．結局ね，色々なことが少し前とは変わってきている．奥さん同士がイタリアンレストランで昼食をしたりね，家財道具なんかの調度品も変わってきている．つまり家も変わってきていたんだ」．

「最初は横浜を舞台にしようと思っていたんで，根岸に行ったらメゾネット方式の家があったわけです．これだ，と．核家族はこういうところに住んでいるんだ．従来のホームドラマというと，お爺ちゃんかお婆ちゃんがいて，その夫婦がいて，子供がいて，という縦系列の大家族というかな？そういう世界じゃなくて，核家族の横のつながりをやろうという話になった」（白石 2011: 248）．

『金曜日の妻たちへ』第１シリーズに登場するテラスハウス式の分譲住宅は，新しい核家族のドラマの容れ物として，意識的に選ばれたのであった．さらに，同シリーズの舞台である田園都市線や小田急線の沿線の選択は，飯島自身の「テクストとしての都市」の経験が背景にあった．飯島が生まれ育ったのが本郷，結婚後は世田谷や埼玉の団地に住み，分譲住宅を買ったのが西生田（小田急線沿線，川崎市多摩区）であった．飯島は，「東京から大量に（多摩）川を渡ってこっちに流れ込んできた人たち．その時代のリアリティというのも大きいよね」と述べている（白石（2011: 252），カッコ内は筆者による補足）．

『金曜日の妻たちへ』第１シリーズのタイトルバックは，印象的な映像描写から始まる．ピーター・ポール＆マリーの「風に吹かれて」をBGMにして，テラスハウス式の分譲住宅が並んだ住宅地が映し出される．街路樹が整序された広々とした舗道を家族連れやテニス・ウェアを来た女性たちが行き交う．ここに俳優はいっさい登場しない．タイトルバックが終わると，「風に吹かれて」が流れたままで，映像は中原家（夫・宏（古谷一行），妻・久子（いしだあゆみ））のリビングへ．観葉植物の鉢植えが並ぶ出窓，室内には洋酒のカミュ ナポレオンや美術書が入ったサイドボード，シューベルトのレコードが置かれたオーディオセットなどがある．ドラマの主人公となる中原家は，現実のオシャレな住宅地に接続された現実の家のように表現されている．

156　第2部　あらわれる／記憶する都市文化

　第1シリーズの主人公たちは，「第一次郊外化」によってできた団地（公団住宅）から，「第二次郊外化」によって形成されたおしゃれな住宅地に転居して来た人たちであった．中原家と友人の村越家（夫・隆正（竜雷太），妻・英子（小川知子）），田村家（夫・東彦（泉谷しげる），妻・真弓（佐藤友美））は，日曜日ごとに中原家に集まり会食する．その会食の席で，6人の出会いを語る．6人が集まるようになったのが10年前．

　　真弓「あの頃，団地の汚い狭い部屋によく集まってさ」
　　久子「そう……よく，食べたり飲んだりしたわね」（第一話）

　続く第2シリーズ『男たちよ元気かい』（1984年）の舞台は小田急江ノ島線の中央林間駅[3]，第3シリーズ『恋におちて』（1985年）の舞台は田園都市線つくし野駅といずれも「第二次郊外化」によって形成された住宅地でドラマが展開される．

「ニューファミリー」のライフスタイル

　『金曜日の妻たちへ』シリーズの主な登場人物は，1980年代中盤に40歳を迎えようとする，いわゆる団塊の世代である．1970年代に結婚して彼らが作った家族は，「ニューファミリー」と呼ばれた．『金曜日の妻たちへ』には，新しく形成された郊外でニューファミリーという新しいライフスタイルが営まれる様子が表象されている．

　彼らのライフスタイルが典型的に表現されているのが，登場人物の家族たちが毎週のように集う会食場面である．第1シリーズでは，中原家のダイニングに置かれた大きなテーブルにワインや外国産ビールと手料理がふんだんに並べられている．三組の夫婦が，それらをおおいに飲みかつ食べながら，若いころの思い出話に花を咲かせる．第3シリーズ『恋におちて』では，山下家（妻・由子（小川知子）夫・宏治（板東英二））が自宅に作った中庭（由子は「パティオと言ってほしいわね」と言う）に，友人たちの家族が集まる．

　『金曜日の妻たちへ』は，「社会に『不倫』ブームを巻き起こした」などと形容される．たとえば，家族社会学の文献では，『金曜日の妻たちへ』が近代家族や夫婦関係の変容を示す時代の指標として言及されている．山田昌弘は「結婚外の恋愛関係，一般用語では『不倫』と呼ばれる恋愛関係も話題になる．

第11章　テレビドラマとメタテクストとしての都市　　157

図11-3 『金曜日の妻たちへ』日曜日に集まって食事をする主人公たち（第1話より）

1980年代に，既婚者の恋愛をテーマにしたテレビドラマが続けて高視聴率を獲得した（端緒になった『金曜日の妻たちへ』［1983年］というタイトルをもじって，「金妻現象」と呼ばれた）」とする（山田 2005: 201）．

『金曜日の妻たちへ』シリーズでの不倫関係は，常に上述した週末に集う友人関係の中で生まれている．新しく形成されたオシャレな郊外でのニューファミリーのライフスタイル，そして不倫という自由な恋愛がセットとなって，『金曜日の妻たちへ』は当時の社会にブームと言えるほどの大きなインパクトを持つことになる．

4　『金曜日の妻たちへ』から「第四山の手論」へ

第四山の手論

　第二次郊外化と言われる1980年代の人口移動によって東京都心部の西側に新しい郊外地域が形成された．この郊外地域を総称する「メタテクストとしての都市」＝不動産資本のマーケティング言説として影響力を持ったのが，パルコ出版が発行した月刊『ACROSS』で展開された「第四山の手論」である．

　『ACROSS』がいう「第四山の手」とは，「多摩川を越えて神奈川県の藤沢，厚木，そして埼玉県の所沢までを含む，多摩丘陵の上に位置する住宅地（中略）東西20km，南北50kmにおよぶ巨大なゾーン」をさす（鈴木 1987: 51）．本郷が

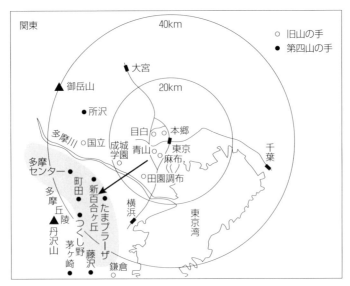

図11-4 第四山の手の広がり

出所) 月刊アクロス編集室 (1987: 33).

文明開化と共に整理した最古参の第一山の手, 目白, 四谷から赤坂, 麻布にかけてが第二山の手, そして第三山の手が昭和の目黒区, 世田谷区, 杉並区であったとすれば, 4番目の山の手が形成されつつあるという.

『ACROSS』は, 「次代の新しいライフスタイル, 文化を切り拓く可能性と機運に満ちた新興中流サラリーマン・文化人の多く住む場所」が「山の手」と呼ばれる資格を持つとする (亀岡・鈴木 1986: 24). 第三山の手は, 英国のGarden Cityに刺激されて1918年に創設された田園都市株式会社が開発した田園調布が典型的で, そこでは昭和初期の新興ブルジョワ, 膨張しつつあった中流サラリーマン, 文化人 (杉並・世田谷) の新しい生活様式が展開された. それに対し第四山の手は, 英国のニュータウン運動の影響で1969年に日本初のニュータウンである多摩ニュータウンが起工され, ポスト・ニューファミリーを形成し始めた団塊の世代が住み始めた (亀岡・鈴木 1986: 33).

『ACROSS』は, 第四山の手の優雅な生活を次のように描く. 「うららかな日曜日の昼間, パパとママと小さな子供が散歩がてらに買い物を楽しみ, ファミリーレストランで食事をする, そんなのどかな光景である」(鈴木 1987: 50).

第11章　テレビドラマとメタテクストとしての都市　*159*

「第四山の手のライフスタイルは，アメリカの郊外住宅地なみの生活感を前提にしているのである．（中略）渋滞やくねくねした小路とは無縁な広い並木道をクルマでシューっと走って坂を下るのが第四山の手人には相応しい」（亀岡・鈴木 1986: 31）．

　この「第四山の手論」は『ACROSS』にとどまらず，多くの雑誌でも言及されている．たとえば，『週刊東洋経済』では，「『第四山の手』理論は今や東京圏分析の基本ツールになった感さえある．（中略）これが空論でないことは地価暴騰を例にとるまでもない．この地域へのアッパーミドルクラスの流入はここ数年激しくなる一方」であるとし，百貨店の郊外新規出店ラッシュなど流通業界の「第四山の手」争奪戦が繰り広げられているとする（『週刊東洋経済』1987年10月31日号：48）．

　また，『週刊文春』では，「無限定に広がっていく『東京』という都市を象徴するかのように，この新しい山の手にはまるでショートケーキのような無国籍な住宅や建築物が立ち並び，アイデンティティの希薄な，不思議な文化が形成されつつある」と紹介されている（『週刊文春』1987年10月8日号：巻末）．

『金曜日の妻たちへ』のメタテクスト化

　このように「第四山の手論」は，不動産資本のマーケティング言説「メタテクストとしての都市」として，一定の影響力を持った．興味深いのは，月刊『ACROSS』が「第四山の手論」を展開するときに，しばしば『金曜日の妻たちへ』が引用されることである．そもそも，『ACROSS』の「第四山の手論」初出である1986年5月号の記事は，次のように始まる．

> 昨年 TBS が放送した『金曜日の妻たちへ・パートⅢ』は，金曜夜10時台に主婦は電話に出ないと言わしめるほどの人気番組だった．（中略）田園都市線つくし野駅（中略）周辺を舞台に，郊外一戸建てに住む団塊の世代の妻たちのよろめきを描いたドラマである．（中略）新中流家庭の住む西南郊外というロケーションに"ドラマの TBS"のうまさがあった（亀岡・鈴木 1986: 24）．

　また，『ACROSS』1987年6月号では，「金妻文化極まれり」という中見出しがつけられ，この時期で来た郊外の複合型商業施設が「かつて篠ひろ子が『金

160 第2部 あらわれる／記憶する都市文化

曜日の妻たちへ3』で演じた第四山の手型主婦が対象となっている」と説明する（鈴木 1987: 53）．さらに月刊アクロス編集室が「第四山の手」論を書籍化した『「東京」の侵略』には，次のような記述がある．

　　形成されたての第四山の手には新鮮で自由な空気が漂っている．はやり金妻のよろめきにしても，もはや古株山の手に属する世田谷・杉並あたりが舞台ではサマにならない．金妻や金花で，見事に新山の手奥様像をつくりあげた篠ひろ子の役が，一昔前のお茶の間女優ではこなせなかったのと同じことである（月刊アクロス編集室 1987: 11-12）[4]．

　以上から『金曜日の妻たちへ』シリーズは，月刊『ACROSS』が「第四山の手論」という「メタテクストとしての都市」を展開するにあたって参照された，先行する「メタテクストとしての都市」として機能していたことがわかる．若林幹夫は「言葉やコンセプトが，家や住宅地という私たちが暮らす世界の物質的な現実を作り出す触媒となり（中略）それらはもはや『虚構』でも『非日常』でもない．（中略）現代の郊外においてはそれが1つの『現実』として生きられるものであるからだ」としている（若林 2007: 175）[5]．

　『金曜日の妻たちへ』シリーズは，都心部の地価高騰がもたらした「第二次郊外化」という人口移動や，そこに形成された「第四山の手」というライフスタイルに，明確な視覚的輪郭を与えたと言える．

　そして，『金曜日の妻たちへ』シリーズの影響は不動産業界のマーケティング言説にとどまらず，実際に人びとの居住地選択に影響を及ぼしたことが推察される．『ACROSS』が行った街頭100人調査では，「都会的」というイメージワードで回答者が想起したのは東横線（29人）であり，「リッチ」な沿線とされたのは東横線（34人），新玉川・田園都市線（22人），小田急線（9人）であった．「この3路線は『文化的』『健康的』『女性的』イメージの路線としてもそろってあがっている」という（青柳・桜井 1987: 43-44）．東横線は別として，あとの2つの路線は『金曜日の妻たちへ』シリーズの舞台である．このような路線の選択は，「金妻が憧れる沿線住宅街」と題する『週刊読売』の記事のように裏付けのデータが示されないままオシャレな私鉄沿線のメタテクストとして流布されるようにもなる（岡田 1986: 71）．

おわりに

　本章の第2節において，テレビドラマが「メタテクストとしての都市」へと生成していく理念的な4段階の過程を示した．『金曜日の妻たちへ』シリーズは，その4段階のサイクルすべてに関わっていることを検証することができる稀有なメタテクストである．『金曜日の妻たちへ』シリーズの放送から30年たった現在，東京郊外への人口の拡散の流れは止まり都心回帰の傾向が見られる．従来東京の西へ西へと伸びていった「山の手」は，今や東部の湾岸のタワーマンションへ移行しているとも言われている．現代，「メタテクストとしての都市」として機能するテレビドラマはあるのか，単に「テクストとしての都市」をそのま表象しているにすぎないのか，厳密な検証が必要であろう．

注
1）〈https://suumo.jp/edit/sumi_machi/〉2018年1月10日閲覧．2017年調査では，関東圏の有効回答者数は3996人（有効回答率37.8%），関西の有効回答者数は2100人（有効回答率17.7%）となっている．
2）同様の指摘は，松尾羊一（1987）『テレビは何をしてきたか——ブラウン管のなかの戦後風俗史』中央経済社，pp. 51-55 を参照．
3）ドラマ放送開始の3か月前には園都市線のつきみ野—中央林間が延伸開通している．
4）文中の「金花」とは，『金曜日の妻たちへ』シリーズの後1986年に放送された『金曜日には花を買って』（脚本：松原敏春）のこと．
5）同様の指摘は，片木篤「あこがれのドリームハウス　郊外住宅の原イメージをさぐる」『へるめす』1987年6月号，p. 22参照．

参考文献

Bourdieu, P.（2000）*Les structures sociales de l'economie*, Éditions du Seuil.（ブルデュー，P.『住宅市場の社会経済学』山田鋭夫・渡辺純子訳，藤原書店，2006年）.

Sapiro, G.（2014）*La sociologie dela littérature*, *Éditions La Découverte*.（サピロ，G.『文学社会学とはなにか』鈴木智之・松下優一訳，世界思想社，2017年）.

月刊アクロス編集室編著（1987）『「東京」の侵略　首都改造計画は何を生むのか』PARCO出版.

白石雅彦（2011）『飯島敏宏「ウルトラマン」から「金曜日の妻たちへ」』双葉社.

山田昌弘（2005）『迷走する家族　戦後家族モデルの形成と解体』有斐閣.

162　第2部　あらわれる／記憶する都市文化

吉見俊哉（2016）『視覚都市の地政学——まなざしとしての地政学』岩波書店.

若林幹夫（2007）『郊外の社会学——現代を生きる形』筑摩書房（ちくま新書）.

〈第四山の手論関連雑誌記事〉

青柳秀和，桜井真夕美「街頭100人調査　ファッションタウンと郊外住宅地がリードする現代女性の沿線新イメージ」『ACROSS』1987年5月号，pp.34-49.

岡田晃「今週のマンウォッチング　第7回＝「金妻が憧れる沿線住宅街」界」『週刊読売』1986年4月20日号，p.71.

亀岡誠，鈴木真由美「新東京拡張論　第四山の手ゾーン　一〇〇倍に拡大した東京西南にライフスタイル・文化のイニシアティブが移動する」『ACROSS』1986年5月号, pp.23-47.

佐久間りか「絵に描いたような"幸せミセス像"」『ACROSS』1987年2月号，pp.82-83.

佐久間りか「第四山の手にバイリンガル文化が開花する」『ACROSS』1987年7月号，pp.54-63.

鈴木真由美「第四山の手文化はオールド主婦発送脱却で誕生する」『ACROSS』1987年6月号，pp.50-55.

三浦展「新東京拡張論III　第四山の手の新しい下町　ニューダウンタウン多摩川」『ACROSS』1986年9月号，pp.22-55.

「第四山の手　本郷（第一），麻布（第二），田園調布（第三）に代わって成長しつつある「第四山の手」に広がる無国籍的風景」『週刊文春』1987年10月8日号，巻末.

「流通陣取り合戦　『第四山の手』争奪戦へ突入」『週刊東洋経済』1987年10月31日号，pp.46-49.

第**12**章

見えない都市を表象する
地図づくりの文化
〈地図〉から〈マップ〉へ

松 岡 慧 祐

は じ め に

　都市は人間に思い描かれる「**表象 (representation)**」として存在する．いや，
「表象」としてのみ存在するといっても過言ではないだろう．なぜなら，わた
したちは，都市の全体を直接見たり，指さしたりすることはできないからだ．
　それでも，わたしたちは，都市をさまざまな方法で「表象」に置きかえるこ
とによって意味づけ，それについて語ったり考えたりしている．その典型とい
えるのが，地図である．地図は，都市のように大規模で複雑な空間も，平面上
に記号化・単純化して表象することによって，その全体を一望し，おそらく最
もはっきりと認識することを可能にするメディアだ．実際，わたしたちは，あ
る都市について語ったり考えたりするとき，その都市の大まかな地図を無意識
のうちに頭のなかに思い浮かべているのではないだろうか．このことは，都市
のイメージの基層が地図によって構成されていること，そして，地図なしには
都市をうまくイメージできないことを意味している．人間は地図を描く／読む
という営みを通じて，都市をイメージとして思考しながら生きてきたのである．
だが，デジタル地図が普及した現在，都市の地図は単なる道案内（ナビゲーショ
ン）のツールとみなされることが多くなっている．
　そこで本章では，現代の都市を表象するメディアとしての地図の社会的機能
について，〈マップ〉というオルタナティブな表現様式と，それをつくりだす
文化実践に着目して考察する．

1 地図は都市を表象しているのか
──地図の不可能性

見えない都市と無機質な地図

　しかしながら，現在の都市は，地図によって表象されているといってもいいのだろうか．もちろん，都市を対象とした地図は，現在も数多く作られている．だが，建築家の磯崎新 (1985) によれば，現代の大都市の多くは，中世の都市がもっていたような中心やランドマーク，境界などによって構成される物理的な構造をもたずに茫漠と広がり，混沌としたまま巨大化している．そして磯崎は，そうした都市のあり方を「溶解し，代謝し，流動する過程にすぎない都市．そしてその空間の内部にふみこみかきわけていくと，ねじれ，多元化し，一瞬たりとも静止することがなく，決して外側からは感知し得ない現代の都市」(磯崎 1985: 54) と言い表している．そして，このように外貌の価値が下がった「見えない都市」の総体を，地図のような静的な記録物でとらえることは無意味に近いという (磯崎 1985: 42)．こうした地図の不可能性について，磯崎は具体的に以下のように述べている．

> たとえば国土地理院発行の「5万分の1」地図など，正確無比ではあるのだが，設計の作業過程では繁雑すぎて，かえって対象がぼやけてしまう．第一日常感じているような，もやもやした都市の雰囲気など，その地図からはにおいをかぐこともできない．複雑にいりくみ，地域ごとに独特の性格をもち，昼と夜ではまったく面影を変えてしまうような奇怪な東京という都市をとりだしてみても，その印象は，正確に測量され，すべての距離が一定の比例をもって縮尺された無機的な地図のなかには捜しえない (磯崎 1985: 39)．

　同様に，I. チェンバースも，地形の安定性や固定的な参照物に依存する地図は，「大都会の生活や世界市民的な移動がはらむあきらかな流れや流動性と矛盾するものとなっている」(チェンバース 1994=1997: 105) と述べるように，流動化する都市のリアリティは，静的で無機質な地図という方法ではとても表象しきれなくなっていると考えられている．

地図のデジタル化，まなざしの断片化

　こうしたなかで，現在はデジタル化によって地図そのもののあり方も大きく変容している．とりわけ2000年代以降，グーグルマップをはじめとするインターネットの地図検索サービスが普及し，さらに，それはスマートフォン用のアプリとして実装されたことで，多くの人にとって手放すことのできないツールとなった．こうした地図アプリには，世界中の地図情報のなかから任意のスポットを検索できる機能にくわえて，GPSによって自分の居場所や目的地へのルートを割り出し，ナビゲートしてくれる機能が備わったことで，自己中心的に地図を表示する**「エゴセントリック・マッピング」**（有川 2008）が可能になった．さらにディスプレイの狭いスマートフォンの特性もあいまって，全体を広く見わたすのではなく，現在地や目的地を中心とする「いま・ここ」を断片的に切り取るような地図の見方が誘発されることとなった（松岡 2016）．

　もちろん，そのような地図アプリでも地図を広く見わたすことは技術的に可能であるが，たとえばグーグルマップでは，視点をズームアウトしても，都市の輪郭が明瞭に浮かび上がってくるわけではない．行政区画の境界線は薄く表示されているだけであり，地名の表示もランダムであるため，一目ではどこでどのように地域が区切られているかを読み取れなくなっているのである．それは，それぞれのユーザーの必要に応じて地図が断片的に切り取られ，任意の情報がマッピングされることが前提とされているからであろう．極端な物言いではあるが，「大都市も地方も，地域の『境界』が消滅しつつあり，存在するのは地方自治体の行政域だけになっている」（丸田 2007: 15）ともいわれるなかで，グーグルマップではあえて「地域」や「境界」を描くということには重点が置かれず，個別の情報を抜き出すためのフラットなデータベースが提供されているのだ．それは，地域が溶解し，流動化する都市のなかで「移動する身体」に対応したものだと考えることもできよう．地図がシームレスにスクロールする動作や，地図情報がユーザーの申請などによってそのつど登録・更新されていく設計も，まさに都市の流動性に適合している．

　北田暁大（2002）によれば，いまや都市には総体的な物語性が求められなくなっており，都市へのまなざしは，都市を文学作品やテレビドラマのような「テクスト」として「読む」ものではなく，次々とテレビのチャンネルを「ザッピング」するかのように気まぐれに「見流す」ものへと変容しているという．

そのなかで，都市はまとまりのある総体として表象されるのではなく，デジタル地図によって機械的に描かれ，個々のスポットやルートのデータの集積として**断片化**されることが求められるようになっているのではないだろうか．こうして，都市はますます見えにくくなっているのである．

2　〈地図〉から〈マップ〉へ
──まちづくりと地図づくり

場所性の再構築

　たしかに，現在の空間状況やメディア状況をふまえれば，このようなデジタル化・断片化の流れ自体は不可逆的である．それでも，デジタル地図のみですべてが完結しているわけではなく，依然として多様なアナログ地図は作られ続けている．そうした多様な地図が並存し，協働する状況を分析するためには，断片化というキーワードのみで議論を収斂させるべきではない．

　ただし，アナログの地図でも，都市を対象とする地図の多くは，やはり断片的といわざるをえないことも事実だ．とりわけタウン誌に掲載されるような都市のガイドマップは，詳細な情報をマッピングするために，たとえば原宿や心斎橋などの小さな「エリア」を対象に大縮尺で描かれることが多く，逆に東京や大阪などの都市全体を1枚におさめたものを目にすることは，きわめて稀であろう．そうしたガイドマップは，都市そのものを総体的に表象していないという意味では断片的といえるが，特定のエリアを1つのパッケージとして描きだしていると考えれば，ローカルな総体性を有した空間像だといえる．

　これはグーグルマップとの比較で考えると，よりわかりやすい．前述のように，グーグルマップでは，地域的な境界や単位がほとんど意味をもたない機械的でシームレスな空間像が提示されており，ガイドマップに表象されるような小さなエリアもそのなかに埋もれてしまっている．逆に，そうしたエリアを可視化し，人間によって生きられた**場所性**を再構築するのが，都市におけるアナログ地図の役割の1つといえよう．

〈地図〉／〈マップ〉

　しかし，アナログ地図を一括りにして，デジタル地図と対置することはでき

ない．アナログ地図にもさまざまな表現様式があり，それ自体はむしろグーグルマップのような地図アプリに近い場合もあるからだ．たとえば，昭文社のような地図会社が発行している一般的な都市地図やゼンリンなどが発行している住宅地図のフラットで正確な表現は，グーグルマップのそれと共通するものがある．それに対して，前述のようなガイドマップは，何らかのテーマに沿って情報が取捨選択され，場合によってはイラストなどを用いてデフォルメが施されている．そして，日本において，後者は「マップ」と呼ばれることが多いが，前者がそう呼ばれることは少ない．そこで，ここでは便宜的に〈地図〉／〈マップ〉という概念によって両者を区別したい[1]．

　まず〈地図〉とは，表示される情報に特殊性や偏りが少なく，一般的な要素を均質（等価的）に表す地図である．このような地図は，地図学的には「一般図」と呼ばれており，地形図や日本地図が該当するが，広義には都市地図や住宅地図もそれに含まれると考えることもできるため，ここでは〈地図〉という概念でこれらを包括することとする．〈地図〉は原則として縮尺や方向が正確でなくてはならないため，その制作は基本的に国土地理院や民間の地図会社において専門化されている．また，それは行政区画を基準に描かれることが多く，地域を区分する行政的な空間制度の表象といえる．

　しかし，磯崎が述べたように，こうした均質で無機質な〈地図〉だけでは，都市のリアリティを表象することはできない．そこで，そうした〈地図〉の不可能性を乗り越えるために必要となるのが，〈マップ〉である．〈マップ〉とは，〈地図〉とは対照的に，ある目的・主題（テーマ）に沿って特定の情報が重点的に選択された地図である．たとえば，「観光」や「グルメ」といったテーマをもつガイドマップ類は，すべて〈マップ〉に含まれることになる．このような地図は，地図学的には「主題図」と呼ばれている．ただ，〈マップ〉は単に特定の主題をもつということだけではなく，かならずしも地図の単位が行政区画に縛られないということ，作り手の恣意的な編集やデザインの比重が大きく，デフォルメが施されたり，イラストが用いられたりする可能性があるということ，それゆえ作り手は専門機関に限定されないということなどに特徴がある．

　前述のように，「マップ」という呼称はいまや一般化しており，たとえば観光用の案内図は，「観光地図」ではなく「観光マップ」と呼ばれることが圧倒的に多いが，その契機は高度経済成長期であった．1960年代から70年代にかけ

168　第2部　あらわれる／記憶する都市文化

て，日本のグラフィック・デザイナーたちが地図のデザインにも携わるように
なり，また，観光文化（マス・ツーリズム）の発展にともなって地図のような観
光メディアにも「おしゃれ」で「楽しい」イメージが求められるようになった
ことで，〈マップ〉なる表現様式がその呼称とともに普及していったと考えら
れる[2]．

ローカル・メディアとしての〈マップ〉

　また，〈マップ〉が普及するようになった背景には，都市化の進展という現
象もある．前述のように，複雑化・流動化した都市の総体を，均質な〈地図〉
に描き尽くそうとするのはナンセンスであるため，都市のリアリティを個別的
に描き分ける方法として，〈マップ〉が必要になったと考えることもできよう．
都市は単に行政区画を基準とした均質な空間として表象されるのではなく，さ
まざまなテーマにもとづいて多元的に表象されなくてはならなくなったのであ
る．

　他方で，都市化が伝統的な地域コミュニティを衰退させたことにより，1980
年代以降，そうした地域社会の活性化をめざす「まちづくり」が展開されるよ
うになる．それにともなって，歴史・文化・環境資源，医療・福祉情報，防
災・防犯情報など，さまざまな地域情報を落としこんだ〈マップ〉が地域主体
で作られるようになっていった[3]．まちづくりと連動した地図づくりの事例はい
まや枚挙に暇がなく，まちづくりは地図づくりから始まることが多いといって
も過言ではないだろう．

　Y. トゥアンによれば，空間が日常生活と結びつくことによって構造化され，
親しみのある**〈場所 place〉**として生きられている場合には，その知識を意識
的に概念化して伝達し合う努力が必要というわけではない．したがって，土着
的な農村社会においては，自分たちの住んでいる地域を地図に描きおこす必要
はなかったが，流動的な都市社会を生きるようになった人びとは，そこを〈場
所〉化するために，さまざまな〈マップ〉を必要とするようになったのである．

　こうした〈マップ〉は，表現の自由度が高く，非権威的で，身近になにげな
く存在するものであるがゆえに，測量や地図づくりの技術的側面に重点を置く
従来の地図学の射程にはおさまりにくかった．しかし，それはしばしば〈地
図〉よりもリアリティのある都市表象を生みだす一種の**ローカル・メディア**と

して社会的に機能するようになっており，社会学的な視点からの分析が必要である．

3　文化実践としてのコミュニティ・マッピング
——「空堀」を事例に

曖昧で緩やかな文化単位

前述のように，〈マップ〉は，かならずしも行政区画のような既存の地域単位に縛られず，そのエリアを自在に決めることができる．むしろ〈マップ〉が，新たなエリアを創出することもできるのである．岡村圭子（2011）は，1984年に東京で創刊された地域雑誌『谷中・根津・千駄木』を例に，1つの行政区画におさまらないものの人びとの生活感覚に近く，曖昧で緩やかな括りによって形成されているエリアを「**文化単位**」と呼び，その生成と維持に寄与するローカル・メディアの役割を考察した．つまり，文化単位とはメディアによってつくりだされる表象であるということだ．そして，〈マップ〉も一種のローカル・メディアとして機能するようになっているとすれば，そうした文化単位を創出する可能性があるといえよう．そこで，その事例として，大阪市の空堀エリアにおける**コミュニティ・マッピング**（Perkins 2007）を事例に，都市を多元的に表象する〈マップ〉の表現と，それを作りだす文化実践の意味について考えてみたい．

「空堀」の記号化の契機

大阪市中央区の谷町六丁目駅界隈には，都心部にもかかわらず多くの長屋や路地が残っており，下町情緒あふれる町並みが形成されている．しかし，その価値が認識されないまま長屋の老朽化・解体が進んでいたため，2000年代に入り，建築家を中心とした市民団体「からほり倶楽部」が結成され，長屋再生プロジェクトが展開された．それにより，外部から流入してきた若者層がカフェやギャラリーなどの個性的な長屋再生ショップを続々とオープンし，かつては住宅地区にすぎなかった一帯に多くの散策客が訪れるようになった．

まず，その過程で，からほり倶楽部が2003年に創刊したのが，「からほり絵図」という〈マップ〉である（図12-1）．これには，長屋をはじめ，路地裏に

図12-1 「からほり絵図」Vol.4（一部）（からほり倶楽部，2005年）

ある祠や地蔵尊，樹木などがイラストでマッピングされており，住民にとっての日常的な風景を資源化することで，散策客だけでなく，住民自身にも地域を再発見させることを意図して作られた．こうして地域の資源を再発見するための〈マップ〉は，いまやさまざまな地域で作られているが，この事例においては，「空堀（からほり）」という文化単位がはじめて〈マップ〉化された点が注目される．「空堀」は，大阪城の外堀に由来する伝統的な地名であり，「空堀商店街」の名称などにその名残があるが，現在，このエリアの公的な町名は「谷町」や「上本町」などである．つまり，通常の〈地図〉では，このエリアは「空堀」として表象されてはいないのである．しかし，「からほり絵図」という〈マップ〉が作られることで，境界の曖昧な文化単位として「空堀」というエリアが可視化され，緩やかに定義づけられた．いまや「空堀」という名称は，マスメディアなどでも使用され，記号として拡散されるようになっているが，こうした「空堀」の記号化の契機として，〈マップ〉は重要な役割を果たしたといえるだろう．

擬制されたコミュニティ

「からほり絵図」は，5年にわたって版を重ねた後，2008年に休刊となったが，それにかわって，界隈の店主らが2010年に創刊したのが，「KaRaTaMap」である（図12-2）．これは，「からほり絵図」にあったような歴史資源ではなく，

第12章　見えない都市を表象する地図づくりの文化　　*171*

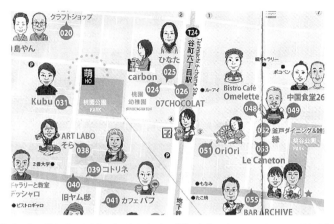

図12-2　「KaRaTaMap」Vol. 3（一部）（チーム KaRaTaMa, 2012年）

そこにはわずかしか掲載されていなかった店舗の情報を主題にした〈マップ〉である．空堀の歴史的なイメージはすでにさまざまなメディアを通じてある程度拡散されていたが，増殖する小さな個人経営店の情報については，まだ十分にカバーされていなかったことから，6名の店主がみずからチームを結成してマップづくりをおこなった．そこには，マップづくりを企画した店主ら自身が，外部からの新規流入者であったために，周辺の店とのネットワークづくりの契機として，こうしたマップを必要としていたという背景がある．そこで，マップ上の各店舗の位置には店主やスタッフの似顔絵があしらわれることで，「顔の見えるコミュニティ」というイメージが，あるべき「理念」として**擬制**されている．

　そして，KaRaTaMap という名称にもあらわれているように，このマップでは空堀にくわえて，隣接する玉造も対象エリアに含まれている．玉造も，玉造駅を中心として，大阪市中央区・東成区・天王寺区という3つの行政区画にまたがる文化単位だといえるが，このマップでは空堀と玉造が統合され，「KaRaTaMa（からたま）」と称されることで，さらに新しい記号が生成されている．「KaRaTaMa」に関しては，かならずしも人びとの生活感覚に即した文化単位とはいえないが，空堀と玉造にはいずれも個人経営店が集積しており，エリアをまたいだ店同士のネットワークが部分的に存在したことから，マップの作り手にとっての理念としてイメージされ，やはり擬制的に描きだされた文化

単位（コミュニティ）といえよう．

　このように，作り手にとっての理念が表象された KaRaTaMap には，空堀・玉造あわせて96店舗が掲載されたが，その後，Vol. 2, Vol. 3, Vol. 4, Vol. 5 へのアップデートにともなって掲載店が増加するとともに，店同士のネットワークづくりも促進されていった．このことは，当初は理念にすぎなかったイメージが，〈マップ〉を通じて拡散し，さまざまなコミュニケーションを生みだすことで，実体化していったということを意味している．そして，当事者である店主らが〈マップ〉を協同的に作りだすことで，マップづくり自体が人びとのコミュニケーションを媒介する実践（メディエーション）になったともいえる．つまり，こうした〈マップ〉の意味は，「マッピング」という実践のプロセスも含めて動態的にとらえる必要があるということだ．

4　〈マップ〉のレイヤー
──多層的に表象される都市

せめぎ合う〈マップ〉

　ただし，この KaRaTaMap には，エリアの中心にある空堀商店街に並ぶ店はほとんど掲載されていない．一方，空堀商店街では，商店街組合によってそこに属する171店舗を掲載した「ぶら空堀 MAP」が2012年に作られた．KaRaTaMap では，流入者による若者向けの店が中心的に掲載され，おしゃれなイメージが表象されていたのとは対照的に，ぶら空堀 MAP では，老舗が残る商店街を中心に，周辺の道や坂の歴史名称，旧町名，史跡などの歴史資源などがマッピングされている．つまり，おしゃれ・若者志向の KaRaTaMap に対抗するかのように，歴史的・伝統的な空堀のイメージが表象されている．そして，KaRaTaMap とぶら空堀 MAP では，エリアは重複しているにもかかわらず，掲載店はほとんど重複していない．つまり，KaRaTaMap からは捨象された情報やイメージが，ぶら空堀 MAP では拾い上げられているということだ．

　さらには，からほり倶楽部が，グーグルマップの機能[4]を活用して，「空堀おけいこマップ」「空堀お地蔵さんマップ」「空堀今昔エピソードマップ」「空堀とっておきマップ」などの〈マップ〉をそれぞれ作成し，ホームページ上で公開している．〈地図〉を下敷きにして断片化するグーグルマップも，このよう

にローカル・メディアとしてコミュニティ・マッピングの実践に活用され，地域の記憶や場所性の再構築に寄与するようになっているのである．

このように，「空堀」という文化単位をめぐっては，異なるアクターによって，異なるイメージの〈マップ〉がそれぞれに作られ，重合してきた．KaRaTaMap のリニューアル版として2015年から作られるようになった〈マップ〉が「からほりらへん」と名づけられたことに象徴的されるように，文化単位とは曖昧で緩やかな範域であるがゆえに，それをさまざまに表象する多様な〈マップ〉が生みだされ，せめぎ合うのである．

〈マップ〉の政治性・権力性

たしかに，同一エリアで異なるアクターによる〈マップ〉が重合し，対抗することで，地域社会の分断が再生産されることもあるだろう．また，前述のように，何らかの理念を表象する〈マップ〉が作られ，観光化や**ジェントリフィケーション**[5]の問題と絡み合うことで，ある現実が不可視化され，場合によっては地域のイメージが「漂白」されてしまうという事態もしばしば生じうる．空堀の事例においても，〈マップ〉は長屋や路地に対する「観光のまなざし」（J.アーリ 1990）をつくりだす一方で，朽ちゆく長屋と暗い路地を生きてきた生活者のまなざしを捨象している．つまり，自由度が高く脱権力的に見える〈マップ〉にも，ある種の政治性・権力性が生じうることには留意が必要である．

折り重なるオルタナティブな地図の相補性

それでも，現在の都市は，行政単位と文化単位が交錯し，さまざまな人や事物が複雑にまじわる多元的な空間であるため，このように多様な〈マップ〉が重合すること自体は必然である．〈地図〉のみで単層的に表象される都市にはリアリティがなく，また，たった一枚の〈地図〉に多様なイメージや情報を盛り込むことは困難であるため，〈マップ〉はそうした都市のリアリティを相補的に表象すべく並存するようになっていると考えることもできよう．その意味で，〈マップ〉は，既存の〈地図〉には描かれないイメージを補完するための**オルタナティブ**な地図として位置づけることができる．そして，〈マップ〉は，すでに見てきたように同一地域で他の〈マップ〉に対するオルタナティブとしてつくりだされ，対抗し合ったり，補完し合ったりすることもある．このよう

に，〈地図〉の上に，それに編集を加えた〈マップ〉が折り重なり，さらに，その上に別の〈マップ〉が折り重なっていくというレイヤー構造によって，都市は多層的に表象され，編集され続けるようになっている．

おわりに

　世界地図や日本地図に代表されるように，リアリズムを志向する近代的な地図の思想にもとづいて「世界」や「社会」を均質な広がりとして可視化するために発明されたのが〈地図〉であった[6]．だが，現在の都市には，こうした〈地図〉には描かれない現実が無数に埋め込まれている．それらをえぐり出すとともに，地域文化を再発見・再構築するために生まれてきたのが〈マップ〉の想像力である．しかしながら，そうした〈マップ〉にすら描かれないものもある．地図はきわめて社会的な存在である以上，このことは単なる地図表現のテクニカルな問題のみに還元できないだろう．だからこそ，そこに隠されたポリティクスを読み解くための〈マップ〉の社会学が必要になっているのである．

　注
　1 ）　英訳すると，いずれも "map" になるが，ここでは便宜的に，〈地図〉は "standard map" とし，〈マップ〉は "alternative map" とする．
　2 ）　たとえば，1970年代初頭に創刊したファッション雑誌『アンアン』『ノンノ』の旅行記事には，イラストを用いて観光地を案内する「イラストマップ」が掲載され，「アンノン族」と呼ばれた若い女性たちを観光にいざなった．
　3 ）　市民参加型の〈マップ〉づくりの先駆的な事例として，1980年代以降に東京都世田谷区や神奈川県川崎市などで作られた「ガリバーマップ」がある．これは床に広げた巨大な白地図に，住民たちが生活者の視点で地域の魅力的な場所や問題点を自由にマッピングしていく活動である．
　4 ）　グーグルマップには，任意の情報をマッピングし，地図をカスタマイズして保存・公開できる「マイマップ」と呼ばれる機能がある．
　5 ）　都市の下層地域が，再開発などによって高級化・浄化される現象を指す．
　6 ）　こうした近代地図をめぐる社会的力学については若林（1995）に詳しい．

参考文献

Chambers, I. (1994) Cities Without Maps, *Migrancy, Culture, Identity*, Routledge, pp. 92-114

（チェンバース，I.「地図のない都市」『10＋1』遠藤徹訳，INAX出版，1997年，11，pp. 105-20）．

Perkins, C. (2007) "Community Mapping," *The Cartographic Journal*, 44(2), pp. 127-37.

Tuan, Y. (1977) *Space and Place*, University of Minnesota Press（トゥアン，Y.『空間の経験』山本浩訳，筑摩書房，1993年）．

Urry, J. (1990) *The Tourist Gaze: Leisure and Travel in Contemporary Societies*, Sage Publications（アーリ，J.『観光のまなざし——現代社会におけるレジャーと旅行』加太宏邦訳，法政大学出版局，1995年）．

有川正俊（2008）「エゴセントリック・マッピング」村越真・若林芳樹『GISと空間認知——進化する地図の科学』古今書院，pp. 43-57．

磯崎新（1985）『いま，見えない都市』大和書房．

岡村圭子（2011）『ローカル・メディアと都市文化——「地域雑誌 谷中・根津・千駄木」から考える』ミネルヴァ書房．

北田暁大（2002）『広告都市・東京——その誕生と死』広済堂出版．

松岡慧祐（2016）『グーグルマップの社会学——ググられる地図の正体』光文社．

丸田一（2007）『ウェブが創る新しい郷土——地域情報化のすすめ』講談社．

若林幹夫（1995）『地図の想像力』講談社．

第**13**章

現代アートにおける
モチーフとしての都市
トイレ，通路，装い

西尾美也

はじめに

2015年8月初旬，筆者は「現代アート」を鑑賞するために大分市中心市街地の「トイレ」を巡っていた．トイレだけを舞台に展開された異例の芸術祭「おおいたトイレンナーレ2015」を鑑賞するためだ．たとえばファッションビルのトイレには，便座に座ると現代美術史講座が始まる映像作品があり，カフェのトイレには，個室内の合わせ鏡を効果的に活かしたグラフィティ作品がある．公園の公共トイレにいたっては，その円形の建屋全体がデコレーションケーキに見立てられ作品になっている（図13-1）．マップに示された数々の「現代アートのトイレ」を目指して，個人経営のお店では「トイレを見せてください」と声をかける異質なコミュニケーションも体験した．

本章は現代アートの初学者向けに書かれている．ユニークな「現代アートのトイレ」の紹介からはじめたのは，驚きや意外性を伴う表現が多い現代アートを，まず追体験してほしかったからだ．アートと聞くだけで敬遠する人は少なくない．確かにアートは，もともと限られた人びとだけが享受できるものだった．王侯貴族が，戦利品や，絵画・彫刻などの持ち運び可能な美術品を所有し私物化していったためである．そして，自由・平等・友愛を掲げたフランス革命をきっかけに，こうした王侯貴族のコレクションは公共財として位置づけられるようになり，それらを一般市民へ公開する機関として登場したのがミュージアムである．

第13章 現代アートにおけるモチーフとしての都市　*177*

図13-1　西山美なコ・笠原美希・春名祐麻《メルティング・ドリーム》2015年

出所）筆者撮影.

　しかし，日本ではこうしたミュージアムの理念だけが輸入された．多くの人がアートを敬遠するのは，ミュージアムに対する根本的な意識が西洋とは異なるからだと考えることもできる．自らの暮らす街にミュージアムが存在しても，そこを訪れる理由や習慣がなければ，アートを遠い別の世界のことに感じるのも当然だろう．

　しかし，「おおいたトイレンナーレ 2015」のように，誰しもに身近なトイレを舞台にしたアートであればどうだろうか？　実際，現代アートの作品には，ミュージアムという閉ざされた空間を抜け出し，生活空間としての都市を舞台にするものが多い．現代アートと都市が交差することで，アートはわれわれの生活に歩み寄ってきている．アートに興味がない人も，ミュージアムに自ら足を運ばない人も，すでに無視できない存在になってきているのだ．

　本章の前半では，こうした現代アートと都市の関係について概観する．まず，都市的なるものをアートの素材として用い，「アートでないものをアートに」してきた現代アートの手法について紹介する．次に，ミュージアムから抜け出し，その表現の舞台を都市の中に求める「アートプロジェクト」という考え方について整理する．また，さまざまな現代的課題を抱えたミュージアムの先駆的な事例として，そうした「脱美術館」的なアートプロジェクトを再びミュー

178　第2部　あらわれる／記憶する都市文化

ジアムの中に取り込む「ミュージアムの都市化」とも呼べる事象をみてゆく.

　後半では，筆者による実践例として，「公共のワードローブを作る」プロジェクトを紹介する．筆者はこれまで一貫して装いとコミュニケーションの関係をテーマに作品制作をしており，その素材として誰しもに身近な衣服を用いている．「それがなぜ現代アートなのか」という理由も，前半の整理を踏まえてもらえれば理解しやすいと思う.

　なお，本章では，限られた人びとだけが享受できるアートやミュージアムのあり方を，「閉じられた内部（内輪）」「非日常」「制度」ととらえ，それが開かれていく場としての「都市」を，「開かれた外部（公）」「日常（生活空間）」「自由」といった意味で用いるものとする.

1　現代アートと都市が交差するところ

アートでないものをアートに[1]

　現代アートは，アートを否定・破壊する行為それ自体を作品とする逆説的な実践として説明することができる.

　現代アートの父と呼ばれる**マルセル・デュシャン**は，1917年に男性用小便器に R. Mutt という偽名のサインをして横向きに置いただけの《泉》という作品を，ニューヨークの独立芸術家協会の第一回展に匿名で提出し，物議をかもした．実はデュシャン自身も協会の理事の1人であったのだが，この組織が気に入らずに展示責任者を怒らせようとして出品したという．結局《泉》は，理事会での議論の末に展示を拒否された．どんな芸術家でも6ドルの参加費を払えば出品できる無審査の公募展であったにもかかわらず，便器は便器にすぎず，下品すぎてとうてい展示などできるわけがないと考えられたのだ．また，便器は作家が作ったオリジナルの作品ではなく，単なる工業製品にすぎないと判断された[2].

　デュシャンはこのように既製品をそのまま利用した作品をその後「**レディメイド**」と名付けるが，デュシャンが画期的だったのは，アートでない既成の日用品をアートの文脈に持ち込んだということである．それがアートの概念を揺さぶるものとしてきわめて重要だった理由は次の3点にまとめることができる．すなわち，何がアートにふさわしい主題・素材なのかということを問題にした

という点であり，作者という特定の個人のオリジナリティに価値を置くことへ懐疑の目を向けた点であり，「何がアートか」を保証する展覧会という制度やミュージアムという場が持つ権力性を暴いたという点である．つまり，アートの概念は普遍的なものではなく，歴史的につくられた制度だということを人びとに再認識させるきっかけを与えた．デュシャンが既製品を用いることで否定・破壊しようとしたのは，歴史的につくられた制度としてのアートなのである．

デュシャンが提示した新しいものの見方は，ものを取り囲むさまざまな環境について意識を向けさせることになった．そして，デュシャン以降の現代アートにおいては，それまでアートとされていなかったものをアートの文脈に持ち込むことによって，アート自体を問うというロジックが継承されていると言える．そのように考えると，本章の冒頭で紹介した「おおいたトイレンナーレ2015」は，まさにデュシャンと同じくトイレ（便器）を主題にしながら，現代アートの手法を正当に引き継いで展開されたものであることが理解できるだろう．

実際に20世紀のアートでは，他にもさまざまな作家たちが，広告や漫画，スター，缶詰，あるいは騒音やゴミといった都市的なるものから，空気，日々の行為までをもアート作品にしてきた．アートにするものがなくなると，非西欧圏における創造物や障害者による表現を取り上げたりもした．さらには次節で紹介するような，一般市民を制作のプロセスに巻き込む「**アートプロジェクト**」へとその思想は発展している．

「脱美術館」化するアートプロジェクト

本項では，村田（2001）による同名の論考を要約・展開させながら，ミュージアムから抜け出し，表現の舞台を都市の中に求める「アートプロジェクト」の動向についてまとめる．

古典的な絵画や彫刻には，額縁や台座が取り付けられている．それらは作品を現実世界から遮断する役割を持ち，作品の自律性を保証するものとしてある．20世紀になると，既に評価の定まった古典的作品だけでなく，同時代美術のコレクションを対象とする近代美術館が生まれた．そこでは，どのような作品にも対応できるニュートラルな空間として，真っ白な壁が採用された．こうした

空間を**ホワイトキューブ**と呼ぶが，それは作品を際立たせる「地」の役割を果たす新たな額縁と言える．そして，美術館が理想的な展示空間を目指すにつれ，作品は美術館に展示されることを前提に，あるいはそれを目標に制作されるようになった．その結果，美術は自閉的な美術内美術に陥り，社会に開かれた施設であるにもかかわらず，美術館そのものが，「アート」と「社会」を遮断する額縁のごとき役割を負ってしまったと村田は考察している．

1960年以降のアメリカでは，こうした**「芸術のための芸術」**に反発する作家たちが現れた．たとえば，大地を相手に展開するアースワークやランドアート，権威的な場所ではないオルタナティブ・スペースでの活動，あるいは，美術を公共空間に設置するパブリックアートなどがその代表的な活動である．

そしてさらに1990年代以降，地域社会への参入や他分野との協働など「脱美術館」化する動きを総称した「アートプロジェクト」という活動が増えてくる．熊倉（2014）は，アートプロジェクトを「アートが社会に挑む実験」だとして，「専門家たちの手の中にのみあった表現の強い作用を社会の中に解き放ち，アートにまったく関心がなかった人びとを巻き込みつつ，さまざまな人びとの『気づき』をつなげてゆくことで，アートプロジェクトは，プロとアマチュア，さらには一般社会の無関心と，幾重にも分断されていた現代芸術の世界を共創の場へと変貌させて」いくと述べている．つまり，アートが社会の中に解き放たれることで，「アートでないものをアートに」していく活動はますます加速していると言えるだろう．誰しもにとって身近なテーマや材料がアートに変換されるだけでなく，通常はアートを見るだけであった鑑賞者がボランティアやワークショップに参加することで，制作のプロセス自体がアートに変換され，アートの受け手が作り手へと変換されるのである．

2000年代になると，バブル経済の崩壊による長い経済不況と，少子高齢化・人口減少で衰退した地方都市に再び活気を与えることを目的に，ミュージアムやホワイトキューブではない場所を積極的に活用して行われる大小の芸術祭が日本国内で多数実施されるようになった．この場合，主催者の多くは地方自治体であり，アート作品の質だけではなく，地域における経済効果や賑わい創出が評価の基準になることが多い．藤田（2016）は，こうした催しとそこで作られる作品を**「地域アート」**と名付け，アートプロジェクトがカウンターとして提示された時には斬新であったとしても，「このままでは『地域を活性化する

もの』こそが『現代アート』であるというふうに，定義の方が変化していく」
と批判している．

　一方で，もともとストリートから生み出されるアートもある．イギリスのロ
ンドンを中心に活動する素性不明の覆面芸術家の**バンクシー**は，世界各地でゲ
リラ的に描くことで有名だ．ミュージアムに自分の作品を無断で展示したり，
都会だけでなく紛争地でもグラフィティの制作を行い，反権力や反グローバリ
ズムを表現している．たとえばパレスチナ自治区のベツレヘム分離壁には，テ
ロをするような装いの人物が花束を持って，壁の反対側に投げ込もうとしてい
るグラフィティを描いた．壁の向こうでは，足を一歩踏み入れると銃撃される
ような状況であることは想像に難くない．法を犯したり，命がけで描いたりし
ながらも明確な批評性を持って社会に介入するこうした**ストリート・アート**の
表現は，逆説的というか，やはり「アートでないものをアートに」する力学に
よって，美術館やギャラリー，アートマーケットで近年高く評価されるように
なっている．

　つまり，アートプロジェクトが抱える昨今の問題は，それが飽和状態を迎え
ることで，デュシャンの《泉》やストリート・アートにみられるような物事へ
の批評性が感じられなくなってしまっている点にあると言える[3]．しかし，アー
トプロジェクトのあり方が，制度であるミュージアムを緩やかに変革している
のも事実だ．次節ではそうした事象について確認する．

拡張するミュージアムの都市化

　アートプロジェクトでは，物質としての作品だけでなく，地域住民との交流
やプロセス自体を作品とする場合が多くみられるようになった．こうした動向
をアートの「脱美術館」化と呼ぶことを前節で確認したが，一方で，ミュージ
アム自体が，こうしたアーティストや作品を積極的に取り上げる事例も増えて
きている．

　日本におけるアートプロジェクト実践の第一人者に，**川俣正**という作家がい
る．その制作スタイルを，「ワーク・イン・プログレス」と呼び，たとえば古
い建物を廃材で取り囲む**インスタレーション**[4]などを，スタッフやボランティア
との共同作業を通じて現地で制作することを特徴としている．また，「無自覚
な文化教養主義の飾りとしてしか存在しないアートフルな世界」に対置するか

たちで,「アートレス」という概念を提言している[5].

　まさにミュージアムを抜け出す活動をその生命線とする川俣であるが,キュレーターの森司は,2001年から2002年にかけて「川俣正 デイリーニュース」展を水戸芸術館現代美術センターにて企画・開催した.ギャラリー全室を使った1点の作品として,日常的に消費される膨大な情報量や物質性を100トン以上の新聞のインスタレーションで表現した.また,展覧会と対になる書籍として『BOOK IN PROGRESS 川俣正 デイリーニュース[6]』を刊行した.ここに収録されている素材は,展覧会準備に取りかかった2000年9月から展覧会開催までに書きとめられた作家の日記や日誌,講演会録,対談録,ドキュメント,プロポーザル,ドローイング,メモ,手紙等で,プロセスを重視する「脱美術館」的な作家活動を対象化することを試みた.

　また,同じく川俣をミュージアムに招聘したキュレーターに,住友文彦がいる.2008年に「川俣正 通路」展を東京都現代美術館で企画・開催している.本展のコンセプトは,美術館を「通路」にすることだった.通常は「収蔵庫」や「展示」といった機能が前面に出されるミュージアムを,人びとが行き交う「通路」としてみなそうとしたのである.実際には,過去30年にわたる川俣の作品資料が随所に配置されたが,展覧会のメインとなる素材は,木材で組み立てられた仮設壁による通路で,それが新作のインスタレーションでもあり,人と人が出会う場としても機能した.

　その後,住友は,2013年に群馬に開館したアーツ前橋の館長に就任した.当館は,市街地中心部にある既存商業施設をコンバージョンしたミュージアムで,街とミュージアムをいかにつなげていくかが重要なポイントとして考えられている.また,建築デザインの特徴の1つに「施設全体を周遊する散歩道のような美術館とする[7]」ことがあげられており,川俣の「通路」展のコンセプトが新しいミュージアム作りに接続されていることが確認できる.

　日本ではバブル時代に多くの自治体がミュージアムを造った.それ以前から存在するものも含めて,現在,多くのミュージアムが老朽化や収蔵機能の不足,ユニバーサルデザイン対応への遅れなどさまざま点で課題を抱えており,実際にリニューアルや建て替えの時期を迎えている.そうした再整備案で重視されていることに,賑わい創出や次世代の育成,アメニティ施設の充実という観点がある.2019年度にリニューアルオープンを予定している京都市美術館の再整[8]

備案では，前庭をスロープ広場として人びとが行き交い交流する賑わいの空間とし，本館を取り囲む四隅には，ワークショップ室，カフェ，レストラン，展望デッキが配置されるプランとなっている[9]．ここでも，「周遊する散歩道」のようなミュージアムが構想されていると言え，これからのミュージアムが目指しているのは，アートに関心がなかった人びとも気軽に訪れることができる「開かれたミュージアム」像である．

「脱美術館」化するアートプロジェクトのコンセプトを取り込みながら拡張するミュージアムは，人びとが行き交う都市空間の縮図として再設計されようとしている．このような事象を，「ミュージアムの都市化」と特徴づけることができるのではないだろうか．

2　公共のワードローブを作る

ナイロビでのフィールドワークから

筆者は2011年から2年間にわたり，ケニアのナイロビでアートマネージメントおよびアートプロジェクトの実践研究を行ってきた．アートレスなナイロビという環境でフィールドワークを行う中で痛感したのは，目に入ってくるナイロビの日常的な風景が，自分が目指しているアートのようだということだった．

路上に展開するナイロビのマーケットには，世界中から辿り着いた服やかばん，帽子，靴，装飾品が所狭しと並べられ，古着が街を彩っている．それがナイロビの人びとにとっての日常着である．脇にあるミシン工房では仕立てやお直しがされ，時には継ぎ接ぎされて新たな服に生まれ変わる．客は商品を自由に手にとって試着する．このように途上国のマーケットでは，古着というメディアを通して迫力ある展示と創造活動が実現され，人びとが集う場にもなっているのだ．一方で日本人は経済産業省の統計をもとにした計算によると，1人当たり年間10 kgの服を買い，9 kgを捨てるという[10]．

ナイロビで見た活気ある光景は，装いが「文化」から「使い捨て」になってしまった日本にヒントを与えてくれるのではないか．こうして筆者は，《パブローブ》という作品を構想した．《パブローブ》は，個人のワードローブを持ち寄って，誰もが利用可能なパブリックなワードローブを作るというアイデアで，図書館で本を借りるように地域住民が服をシェアするというものだ．会場

にはミシン工房も設け，来場者が自由にリメイクやお直しをしながら，自分たちのワードローブを手入れし，アップデートできる環境を整えることを考えた．

装いとコミュニケーション

　近代市民社会にとって，装いは人付き合いに安心感や信頼感を付与し，コミュニケーションを円滑にする媒体として機能している．社会の中で正当な構成員として受け入れられるためには，身体について求められている文化的規範や期待を習得する必要があるというわけだ．つまり，装いにおける自己表現もコミュニケーションも，特定の文化がもつ規範の許容範囲内で実践されているにすぎない．そのように考えると，装いはある種のコミュニケーションを担う一方で，あり得たかもしれない別のコミュニケーションを遮断しているのではないか．これが筆者の作家としての一貫した問題意識である．

　地域社会で服飾品をシェアするという《パブローブ》のコンセプトは，装いが隔てていた人びとの関係を回復し，相互の対話を促すことになる．また，現代日本の装いの実践においては，生産者と消費者の分断があるがゆえに，装いが文化ではなく単なる個人的消費対象になっているという問題もある．日本にあふれかえった服飾品をメディアとして，展示して空間を彩るものへ，自分のものではないものを身につけて体験・参加するものへ，加工して創造するものへととらえなおすことで，服飾品を選び，購入し，身に付け，捨てる，という一連の「当たり前」を見直し，地域社会にともに暮らす他者の存在と出会うための機会となる．

　《パブローブ》は，そのような装いに対する根源的な学び直しを迫る一方で，人びとが集い，自らの身体を通して服飾品や他者と遊び戯れ，創造することの喜びを発見する場を提供する．新しい遊び場／パブリック・スペース／創造現場として，人びとの身体に，そして街に，活気あるコミュニケーションを生み出すだろう．

《パブローブ》の実践

　ここでは，「あいちトリエンナーレ2016」の出品作として，2016年8月11日から10月23日までの期間，愛知県美術館の展示室にて発表した《パブローブ》について紹介する．コミュニティに根ざした活動を展開する若手建築家403ar-

第13章　現代アートにおけるモチーフとしての都市　　*185*

図13-2　西尾美也＋403architecture [dajiba]《パブローブ》2016年
出所) 菊山義浩撮影.

chitecture [dajiba] とコラボレーションし,《パブローブ》という新しい公共空間のあり方について議論を重ねて空間を表現した.

　具体的には, 展示室の中に幅660 cm, 奥行き1020 cm, 高さ540 cmの巨大なクローゼットを出現させた. 天井を勾配にした内部に約1000着の服を吊るすことで, 手の届くところから届かないところまで, 広がりのある空間を生み出した (図13-2). 高い場所にある服をとるためには特製の棒を用いることになり, 子どもたちにとっては, その作業が遊びになった. 一方で服に囲まれたクローゼット内部は, 非常に落ち着く空間でもあり, ただ座ってくつろぐ人もいた. クローゼットの外側には受付や試着室, ミシン工房, 利用案内などを設置した.

　服には寄贈者がそれぞれ服の思い出を書いたタグが取り付けられており, 来場者はそれを読むことができるようにした. そうした服の物語に強い関心を抱く人もいれば, まったく無関心に服の見た目だけで試着を楽しむ人がいるなど, 利用の仕方はさまざまみられた. 普段着る機会の少ない着物を着てみたり, 男性が女装を楽しんだり, ペアで服を選び合ったり, 自分の似合う服を一生懸命に選んだり, グループでは柄や色, 雰囲気を統一させてコーディネートしたり, 多様な服の選び方が観察できた.

　会場には作品解説の代わりに大きな利用案内を掲げた. 来場者は, 利用者と

して服の寄贈，試着，2週間以内の借り出し，ミシン工房を使ったリメイク，服のディスプレイのアレンジ，関連イベントへの参加ができるだけでなく，ボランティアのプロジェクトメンバーに登録し，運営に参加することも可能にした．

　会期中は，計43名のプロジェクトメンバーとともにワークショップや講演会，パフォーマンス，絵本の朗読会など《パブローブ》の空間を活かしたイベントから，出張パブローブや有松染めワークショップなど館外へと発展・拡張させたイベントまで，16種類のイベントを企画・実施し，計1062名が参加した．もともと愛知県の芸術祭として市民に対する積極的な広報がなされていたが，特に《パブローブ》の展示室では，トリエンナーレのチケットを一度購入すると会期中何度でも再入場できるようにしたことでリピーターが増え，服の寄贈や試着，リメイク，多様な関連イベントといった身近な内容に惹かれて，普段ミュージアムに足を運ばない人たちも気軽に訪れ，交流する場となった．

お わ り に

　本章では，現代アートと都市が交差する地点から，現代アートについて整理してきた．現代アートは，それまでアートとされていなかったものをアートの文脈に持ち込むことによって，アート自体を問うことを特徴としている．それは，身近なテーマや材料がアートに変換されるだけでなく，鑑賞者がボランティアやワークショップに参加することで，制作のプロセス自体がアートに変換され，アートの受け手が作り手へと変換されるアートプロジェクトの考え方へと発展した．しかし，その手法が斬新さを失うことであぶり出されたのは，現代アートにとって批評性がいかに根源的で重要なものであるかということであった．

　一方で，アートプロジェクトが重視する「プロセス」を象徴する通路や道といった概念がこれからの時代におけるミュージアムの設計に取り込まれることで，ミュージアムは人びとが創造的に交流する場になることが期待されることも確認できた．

　後半では筆者自身の実践を作家の立場から記述することで，同時代の作家がどのような考え方で作品を作っているか紹介することを目的にした．

批評という点に関して補足すれば，一方で職業的な批評家の立場から，ある
アートの動向を言語化したり理論化したりする行為があるが，他方でアートの
実践はそうして語られ文脈化されたものを，また実践によって逸脱することを
繰り返してきた歴史でもある．そのように考えると，常にある枠組みを逸脱し
ようとする現代アートは，職業批評家と作り手という閉じた関係をも相対化し，
新しい批評のあり方を求めていると言える．筆者自身による固有の実践を紹介
することで，読者自身に積極的な素人批評家になってほしいという狙いもあっ[11]
た．

　本章では現代アートと都市の関係についてみてきたわけだが，現代アートは
その批評性を，都市そのものに対しても向けていることを最後に確認しておき
たい．特に《パブローブ》では，前半で述べた考え方に配慮しながら，ファッ
ションというきわめて都市的なるものを批判的に乗り越える方策を示そうとし
た．つまり，都市的なるものをそのまま消費者として受動的に受け入れるので
はなく，それらの見方や使い方を変える遊びにも似た行為を通じて，実は都市
空間が閉ざしたり分断したりしているかもしれないものや関係を，自分たちの
もとへと取り戻そうとしたのだ．そうした意味で，アートは誰もが参加できる
小さな市民革命のような手段でもある．そこで獲得されるのは，新たなわれわ
れ自身の「日常」である．都市で起こる流行や現象を観察したり再生産したり
する立場を超えて，誰もがこうした視点で都市に関わるきっかけを与えるのが，
さしあたり現代アートの1つの可能性と言えるだろう．

注
1 ）　この節では，2016年11月18日に Good JOB！センター香芝（奈良）で開催された熊倉
　　敬聡氏によるレクチャーに参加して学んだことが反映されている。レクチャーの内容
　　は以下のハンドブックに収録されている。障害とアートの相談室編（2017）『障害のあ
　　る人のアートと評価——あなたの「ものさし」聞かせてください！』一般財団法人た
　　んぽぽの家．
2 ）　《泉》に関しては，以下を参考にした．Godfrey, T.（1998）*Conceptual Art*, Phaidon
　　Press Limited（ゴドフリー，T.『コンセプチュアル・アート』木幡和枝訳，岩波書店，
　　2001年）．
3 ）　こうした点からみても，その独創的なテーマ設定において「おおいたトイレンナー
　　レ2015」は非常に優れたアートプロジェクトだと言える．また，この企画が，芸術関

係者ではなく大分市の職員の提案がきっかけで生まれたということも，きわめて興味深い．詳しくは以下を参照されたい．おおいたトイレンナーレ実行委員会（2016）『おおいたトイレンナーレ2015開催報告書』おおいたトイレンナーレ実行委員会.

4） 屋内・屋外を問わず，展示される場所に合わせて空間を組織し，展示期間が終われば解体されることを前提とする「一回性」を基盤とした立体作品を指す.

5） 川俣正（2001）『アートレス──マイノリティとしての現代美術』フィルムアート社.

6） 川俣正（2001）『BOOK IN PROGRESS 川俣正 デイリーニュース』INAX出版.

7） アーツ前橋「アーツ前橋について 建築について」〈http://www.artsmaebashi.jp/?page_id=15〉2017年8月10日閲覧.

8） 京セラ株式会社が，2017年2月1日付で京都市美術館のネーミングライツを京都市と契約締結し，リニューアルオープン後の通称は「京都市京セラ美術館」となる予定である.

9） 京都市情報館「京都市美術館再整備工事基本設計業務に係る公募型プロポーザルについて 受託候補者 技術提案書」〈http://www.city.kyoto.lg.jp/bunshi/cmsfiles/contents/0000181/181792/gizyututeiansyo.pdf〉2017年8月10日閲覧.

10） 伊藤忠商事「MOTTAINAI『MOT from MOTTAINAI』プロジェクト第二弾は世界各国のデザイナーが考える『MOTTAINAI』を展開」〈https://www.itochu.co.jp/ja/news/press/2009/090415.html〉2017年8月21日閲覧.

11） 素人批評の可能性については以下で詳しく提言されている．福住廉（2008）「市民芸術論的転回──クリティカルな視点から見た「横浜トリエンナーレ2005」」暮沢剛巳・難波祐子編『ビエンナーレの現在──美術をめぐるコミュニティの可能性』青弓社.

参考文献

熊倉純子（2014）「はじめに」熊倉純子監修，菊地拓児・長津結一郎編『アートプロジェクト──芸術と共創する社会』水曜社.

藤田直哉（2016）「前衛のゾンビたち──地域アートの諸問題」藤田直哉編『地域アート──美学／制度／日本』堀之内出版.

村田真（2001）「「脱美術館」化するアートプロジェクト」萩原康子・熊倉純子編『社会とアートのえんむすび1996-2000──つなぎ手たちの実践』ドキュメント2000プロジェクト実行委員会.

第14章

都市における新しい葬送儀礼の形成
自然葬を通して死に対処する

金セッピョル

は じ め に

墓不足，後継者不足で新しい葬送儀礼が登場している？

　近年，墓問題に注目が集まっている．各種書籍や新聞，雑誌では墓問題に関する記事を目にすることが多い．たとえば，日経新聞「イチからわかる」コーナーでは，2015年，「お墓不足，大都市で進む　新たな埋葬の形も」（『日本経済新聞』2016年8月11日）という特集を組んだ．この記事では，死者が増えていて墓の確保が困難になっていること，それは人口が集中しており，空間の制約が厳しい都市で一層深刻になっている現状が報告されている．そのため，都市を中心に，合葬墓，樹木葬，散骨など，家族ではない他人と同じ墓石の下，あるいは木の下に埋葬されたり，遺骨を砕いて海，山などに撒くという選択肢が台頭しているという．

　実際，死者の数は年々増加し墓を必要とする人口は増えているが，地方自治体が運営する公共墓地の受容範囲には限りがあり，事業形の霊園は高額か，継続的な運営に不安がある場合も少なくない．また，非婚・晩婚化と少子化で，墓を購入しても世話をする子孫がいないなどの問題も広く見受けられる．日経新聞の記事はこういったところを指摘しており，ほとんどの雑誌・新聞記事や書籍でも同様の論調を読み取ることができる．

新しい葬送儀礼は，現代の死に対処するための文化的装置

　ただ，このような現実的な理由，つまり人口構造の変化，あるいは経済的な理由だけで人は身内，あるいは自分の葬り方を選べるのだろうか．死者を葬る一連の過程，つまり**葬送儀礼は，死に対処するために文化的に形成されてきた装置**でもある．どのような墓に埋葬する・されるか，あるいは埋葬しないかされないかも，その一連の過程に属する問題だ．

　初めて葬送儀礼を文化的な営みとしてとらえたのは，フランスの社会学者，ロベール・エルツの研究（1907＝2001）だ．彼とその後学たちの研究によると，葬送儀礼は遺体処理という物理的な側面以外にも，共同体の成員であった故人に死者としての新しい身分を与え，また成員の喪失を受けた共同体の回復を果たす社会的な側面がある．また，死者の魂をこの世からあの世に移行させる観念的な側面も備えている．葬送儀礼では，こういった3つの側面での死への対処が並行して行われる．

　このように考えると，該当記事において紹介された新しい葬送儀礼，つまり合葬墓，樹木葬，散骨などは，単に人口構造の変化や経済的要因に対応するものというより，現代社会に見合う，死に対処する新しい文化的装置の形成として理解することができよう．さらに，新しい葬送儀礼が台頭している中心舞台は都市であり，都市民の死への対処のあり方を反映していることと推測される．

　本章では，新しい葬送儀礼とそれを支える死への対処のあり方を，都市文化の文脈で考察する．

1　1990年より以前の葬送儀礼と死への対処
──近代化と都市化の影響

1990年以前の葬送儀礼の形

　日本では，1990年を前後にして新しい葬送儀礼が登場した．ここでは，まず1990年より前の葬送儀礼がどのようなものであったかを，前項で提示した3つの側面に沿って検討してみよう．

　これまで一般的と思われていた葬送儀礼は，物理的な側面としては，遺体を火葬して墓石の下に埋葬することだった．また，社会的側面としては，喪家が中心となって仏式の葬式を行うことであり，それによって故人はようやく社会

的に死を認められ，遺族も喪中の状態から日常に復帰する．さらに，その後の年忌供養（一周忌から弔い上げまでの一連の祭祀・供養）を経て，死者は「ご先祖様」という社会的身分を与えられるようになる．これを観念的側面から見ると，死者の魂は葬式と遺体処理を通してこの世からあの世に移行し，年忌供養を経て「ご先祖様」の世界に統合される．こういった葬送儀礼の型は地域によって多様であるし，都市部を中心に激しい変化に直面してはいるが，現在もなお1つの基本形として存在していると言えよう．

日本の近代化と「先祖代々の墓」を中心とした葬送儀礼

　このような葬送儀礼は，歴史的にみると江戸時代後期から徐々に形成されてきている．日本では，江戸時代に現在のいう檀家制度が成立し，主に仏教寺院が葬送儀礼を担当するようになった．また，その影響で墓石を建てる習慣が広がる（圭室 1979）．ただ，この頃の墓は，現在のような「単墓制」，つまり遺体・遺骨を埋葬した場所と墓石を建てる場所が一致する形の墓以外にも，遺体・遺骨を埋葬した場所と墓石を建てる場所が異なる「両墓制」，遺体は放置し，墓石を建てない「無墓制」などが存在していた．また，墓地に関しては，墓が集まった区域が決まっているわけではなく，地域によっては自宅の敷地内や田んぼなどに個別的に墓が立てられることもあった（新谷 1991）．

　それが明治時代になると，墓は遺体・遺骨を埋めて墓石を建てるものと定義され，遺体遺骨埋葬地点と石塔建立地点の一致が目指される．ここには，家制度が庶民の間でも成立し，墓が先祖祭祀の場となっていったことが背景にある．つまり，苗字を持たず，家系が続いていくとは限らなかった庶民たちの間でも，父方の単系で「永続的」に続いていく「家」が，江戸時代後期頃から形成していった．

　ただ，「先祖代々の墓」の出現は，単なる民俗的な事象というより，明治政府が天皇制を中心とした近代国家を築いていく過程で，陵墓を先祖祭祀の場として整備し，永続性を強調しようとしたことも影響している．そして庶民たちの墓に対しても，死人を埋め，木，石などの標識を建てたものと法的に規定されることになり，改装せず永久に保存すべきものとされた（森 2014）．

　こうして，人が亡くなったら遺体を墓石の下に埋め，仏式の葬式を行い，「ご先祖様」という「家」の死後の構成員になる図式が形成された．

都市における葬送儀礼──墓地開発と商業主義の浸透

　それに合わせて墓地も，墓が集まった場所と規定され，共同墓地が推進されていく（森 2014）．このような規制のもとで大正時代に都市が拡大すると，東京都内には共同墓地に空きが1つもなくなり，都市計画を踏まえて大規模の共同墓地を造成する必要性が浮かび上がった．それで出現したのが，初めてヨーロッパの公園墓地様式を採用した多磨霊園であり，その後の墓地造成のモデルとなっていく．

　それまで国主体で造られた共同墓地は，高度経済成長期を起点に商業化の道をたどる．戦前まで共同墓地の設置は，地方自治体の管轄であった（宗教活動の一環としてみなされた寺院墓地は除く）．しかし戦後の混乱と，高度経済成長によって爆発的に墓の需要が増えると，宗教法人と公益法人にも墓地造成が許可され，大規模の霊園が雨後の筍のように造成されていく．一方，都市でも場所的利点を生かし，小規模の墓地や納骨堂が次々と作られていった（槙村 1996）．

　このような変化により，選べる墓の範囲が広がり個性的な墓も数多く登場したが，副作用も少なくなかった．墓地開発による環境破壊，宗教法人の，墓地造成を目的とする事業団体への名義貸し，墓と墓石の抱き合わせ販売，墓の価格の上昇などが挙げられる．

　一方，埋葬以前の段階にも商業主義は浸透していった．戦後，葬列がほとんど行われなくなった都市では，告別式と祭壇が社会経済的地位を表すものになっていった．**葬列**とは，故人の自宅から埋葬地まで，死者をあの世に送るためのさまざまな儀礼を行いながら，行列を組んで移動する風習だ．それが戦後，火葬率の上昇や道路・交通事情の変化などにより徐々に消えていくと，現在のような**告別式**がメイン・イベントとなった．葬列のように移動しながら死を悲しみ，儀礼を行うのではなく，自宅や葬儀会館といった特定の場所に人を集めて死を悼むようになると，多くの人を集めた華やかな葬儀を演出する方が，死者の人徳を表しているとみなされた（山田 2012）．

　また，葬列で行われていたさまざまな儀礼がなくなると，告別式では祭壇が他界を表象するものになっていく．他界を表象するといっても世俗的な葬儀社の貸しものに過ぎない祭壇には，等級と値段がつけられ，その違いが死者の往生の規模を表すと考えられるようになった．このような傾向は高度経済成長とともに強化し，祭壇は華麗になっていった（山田 2012）．高度経済成長期の都市

では葬式の社会的側面は肥大化する一方，観念的に死者を送る側面は弱化していく．

2　新しい都市文化としての葬送儀礼
——「自然葬」を中心に

自然葬とは？

　それに対して，1990年を起点に，葬送儀礼は大きく変化していく．ここでは，1990年以降登場した新しい葬送儀礼のなかでも，**「自然葬」**の事例を取り上げたい．「自然葬」は，日本で代案的な葬送儀礼が登場してきた1991年に，**NPO法人「葬送の自由をすすめる会」**（以下，「すすめる会」）によって提唱された．「自然葬」は，葬法としては散骨のことを指すが，「すすめる会」は，後述する散骨への意味づけを含めて「自然葬」と命名している（以下，「」省略）．「すすめる会」は，初めて公式的に遺灰を海に撒いたことによって，遺体・遺骨を墓に埋葬しなければならないという法律上の条項と社会通念に波紋を投げかけた．このことについて関係当局は，散骨は法律に禁止されたものではなく，規制の対象外であるという見解を表明し，その後の葬送儀礼の変化に拍車をかける結果となった．「すすめる会」は，現代葬送儀礼の歴史のなかで重要な位置を占めている．

　それでは自然葬はどのような葬送儀礼であり，どのように死に対処しようとしているのだろうか．物理的な側面としては，遺灰の全量を「大自然の中」と称される広くて抽象的な空間に撒いて，墓を造らないことが理想的とされる．また，社会的な側面としては，「家」，寺，商業主義から脱却した形での葬式が望ましいとされる．「死者を葬り，見送る行為は（中略），個人の尊厳を貫き，自主的に，個性的に行われる」［『再生』第73号］とし，自律的な個人として死に対処することが求められるのである．そして，観念的にも，「家」の死後の構成員である「先祖」ではなく，生態系の一部として，その循環に還るといった死後観が提示される．ただ，これは霊魂の概念とは異なり，土，水など物質的な生態系の一部になるといった理解だ．

　それでは，このような自然葬を形成してきた「すすめる会」の理念を，会員たちの声を交えながら検討してみよう．

「先祖代々の墓」からの自由

「すすめる会」は，「'葬送の自由'は，まず墓からの自由であり，古い葬送習俗からの自由（後略）」[『再生』第25号]と定義する．ここでいう「墓からの自由」は，遺体・遺骨を墓に埋葬しなければならないという法律上の条項と社会通念からの自由を意味するものであり，「古い葬送習俗」は，それを成立させる家制度と檀家制度のことだろう．つまり，彼らは，日本の近代化を経るなかで成立した，「先祖代々の墓」を中心とした葬送儀礼全般を批判している．

たとえば，家制度と「先祖代々の墓」に対して違和感をもっていた三浦さん（東京都在住67歳，女性）は，2012年に12体が埋葬されていた「先祖代々の墓」を改葬し自然葬に付した．そして自らも自然葬を希望している．

三浦さんは，これまで10年以上を外国で暮らしてきた．大学で日本語教育を専攻し，アメリカで1年間日本語教師を勤めた彼女は，そのまま日本語教育の修士号を取得する．結婚後も，夫とともにイギリスに渡り，日系企業で日本語を教えたり，航空会社の地上職員として勤めた．帰国してからは，日本語教育専門家の資格を取ってオーストラリアに3年，ニュージーランドに3年間と単身赴任したという．このような経歴をもつ三浦さんは，「運命的に煩わしいことなく自由に生きてきた」と語る．

ただ，墓の世話をすることは，三浦さんにとって唯一の「煩わしい」ことであった．三浦さんは，三浦家の唯一の子孫であり，旦那に婿養子になってもらったが，財産や墓の管理は自分で担ってきた．彼女は，自分が家の唯一の後継者であり，墓に対する義務を果たさないといけないという状況に，常にもどかしさを感じていたという．ある日，新聞記事を通して「すすめる会」を知った三浦さんは，「'家'からの自由」を求める思想に共鳴した．

新しいライフスタイルと，「先祖代々の墓」を支える近代的なシステムの衝突は，自然葬へと人びとを導く大きな要因になっている．

都市における新しい葬送儀礼の模索——生態主義と自己決定の追求

「すすめる会」は，「散骨によって自然に還り，また墓地の造成によって環境を破壊すること」を防ぐという内容を設立の趣旨に明示するほど，**墓地開発による環境破壊に対して問題意識を抱いている**．「すすめる会」は，これまで首都圏における多くの墓地開発に対し，批判の意見を送ってきた．

そもそも，「すすめる会」の始まりも環境問題からであったとされる．初代会長は，都市の水問題を取材したことをきっかけに，葬送儀礼の問題までたどり着いた．当時，フリージャーナリストであった初代会長は，1990年，東京都民の水源である多摩川上流で，山梨県の過疎村がリゾート開発のため都有水源林を切ろうとしていることを知った．彼は，東京都の水源林を守りながら，地域復興を果たす策として，「再生の森」を構想した．「再生の森」構想は，都市住民が遺灰を山に返す度に基金を積立て，それを基盤に森を開発から守るという計画だった．このように生態系を守りながら，死後，その生態系に還るという生態主義は，「すすめる会」の理念の中枢となってきた（安田 2008）．

また，「すすめる会」は，「葬送の自由」について，「墓」と「古い葬送習俗」の次に「葬送の商業化からの自由」［『再生』25］を挙げている．社会経済的地位を表現する方に偏り，弔う側の意思が介入する余地が少なくなった葬式は，「すすめる会」にとっては，**個人の尊厳を貫き，自主的に，個性的に**行われる葬式とは程遠いものであろう．

上島さん（東京都在住，69歳，男性）は，1994年，弟と父親を立て続けに亡くし，父親が生前に墓を購入しておいた寺で葬式を行った．上島さんは，肉親を亡くして取り込んでおり，祭壇，戒名，会食などについて，ほぼ僧侶と葬儀業者の言う通りに決められてしまったという．僧侶から，「生前，お父様のことを考えるとこのぐらい」と言われたので，それに従うことにした．

それが葬式の当日，上島さんは支払う費用と布施を準備することを忘れてしまった．仕方なく後日に金を振り込むと申し出たが，住職の妻はそれに対して，「当日に現金で払うのが常識でしょ？」と一喝した．「葬式を乗っ取られた」上に，尊厳性まで侵害されたと感じた上島さんは，数年後，安田会長のコラムを読んですぐ入会したという．

墓地開発と商業化に対する批判は，葬送儀礼の問題で完結するものではない．当時は，都市化，産業化などによるさまざまな問題に対処しようとする市民運動が活発だった時代であり，「すすめる会」は，その1つであった．たとえば，「すすめる会」の設立メンバーたちは，それぞれ環境問題，人権問題，都市景観問題などに長く取り組んできた専門家たちであった．初代副会長は，産業廃棄物をめぐる環境問題に長年取り組んで，現在，「たたかう住民とともにゴミ問題の解決をめざす100人の弁護士の連絡会」の会長でもある（2015年1月現在）．

196　第2部　あらわれる／記憶する都市文化

そのほかにも都市計画に関して国家賠償を起こすなど，都市景観，まちなみ景観に関わる市民運動に取り組んだ人物，少年法の制定に携わった法律家，合成洗剤の使用をやめることを訴える石けん運動や地下水保全運動に関わっていた都議会委員が「すすめる会」の設立メンバーとなり，初期の理念を築いた．

　「すすめる会」の自然葬は，このような人たちが自らと身内の最期に求める，生態主義的で自己決定を重視する死への対処法を反映する葬送儀礼だった．

3　ある自然葬の風景
──告別式から散骨，追悼まで

西野さんの事例

　以上のような理念のもとで考案された自然葬は，実際にどのように行われているのであろうか．ここでは，西野さんの事例を紹介したい．

　1959年千葉県在住の女性である西野さんは，両親の自然葬を実施するために入会した．

　両親の自然葬をきっかけに入会した西野さんであるが，彼女自身も以前から「先祖代々の墓」に問題意識を抱いていた．西野さんは，大学生の時に社会学者であり女性解放運動家の上野千鶴子の講義を受けて，「ジェンダー」という言葉を初めて知ったのが，人生の転換点となったと語る．それが，結婚して夫の家の墓を一緒に世話することになると，「なぜ女性は旦那の墓に入らないといけないのか」と疑問を抱くようになった．西野さんの夫は長男であり，祖父母の代から受け継いだ墓があるが，西野さん自身は自然葬を希望している．

　両親の自然葬は，父親の次に母親が亡くなるまで待ち，西野さんが喪主となって行った．西野さんには兄がいるが，アメリカに移住している．そのため，家のことはすべて西野さんに一任され，西野さんはそれが常に不満だった．さらに，兄は母親と仲が悪く，遺産相続の問題でもめ事があった．兄は父親の葬式に参列したきりで，母親の葬式および両親の自然葬には参列しなかったという．そのため，母親の葬式から自然葬まで，西野さんは自分の思う通りに行うことができた．

　一方，父親の兄弟など，親戚からの干渉を受けることもなかった．西野さんの父親は京都府出身であり，七人兄弟の中で長男であったが，里帰りすること

第14章　都市における新しい葬送儀礼の形成　　197

図14-1　西野さんの母親の告別式の風景
出所）西野さんご提供．

はほとんどなかったという．京都の墓については，三男が実家の家をもらったと聞いたので，墓も継ぐのであろうと推測するだけだ．

以下では，「すすめる会」の理念に賛同する西野さんが，どのような自然葬を行ったかを検討する．

「市民葬」で行った母親の告別式

まず，母親の葬式からみていこう．父親の葬式で嫌な経験をした西野さんは，母親の葬式は最初から最後まで自分の手で準備すると決めた．西野さんは，自分が居住している自治体に市民葬を申し込み，葬祭業者に介入なしで，別れの時間を過ごした．

西野さんが市役所を通して用意してもらったのは，祭壇代わりになるテーブルと棺一式だけだった．テーブルには写真さえ置かず，告別式の前日に周辺の花屋を回って集めたたくさんの花で飾るだけにした．花は「お葬式っぽい」菊などの仏花ではなく，すべて華やかな洋花を選んだ．参列者は夫，息子と，西野さんの友人2人だけだった．

秋晴れの日の散骨

2003年のある秋晴れの日，西野さんは，神奈川県の真鶴港から出航し相模灘で散骨をするコースを選んだ．シナーラ号という豪華帆船をチャーターし，華やかに行うことができたという．シナーラ号はイギリスの元首相，故チャーチルも愛用していた帆船で，「海の貴婦人」と呼ばれるらしい．

シナーラ号には，西野さんの夫と夫の妹夫婦，息子，そして西野さんの友人ののべ21人が同乗した．西野さんは参列した友人たちについて，「両親を送る瞬間を一緒にしたい人」を招待した説明した．また，その中では独身か離婚・死別などで一人身になった人が多かく，今後，自然葬を選びそうな人を意識的に招いた．散骨の現場を直接に見てもらうのが，自然葬を広めるもっとも有効な手段であろうという判断からだった．

シナーラ号はしばらく沖に出てエンジンを止めた．西野さんは，予め粉末化した遺灰を人数分に分けて，水溶性紙に包んでおいた．みんながそれぞれ好きな場所に立って遺灰と花びらを海に流し，最後に西野さんが母親が好きだった紅茶を流した．すべてが終わってシナーラ号が港に戻る間，西野さんは追加料金を払って赤い帆を張ってもらった．青い秋空との対比がとてもきれいで，これで母親も喜ぶだろうと思った．

船を降りたら，待合室でサンドイッチなどを食べながら，順番でその日の感想を語り合い，解散した．

残された遺灰

西野さんは，最初，遺灰のすべてを撒くつもりで，遺灰を人数分に分けて準備しておいた．しかし台風のせいで自然葬が一週間延期され，当日に来られない人ができた．その結果，遺灰包みが残ってしまい，西野さんがそれを流すことになった．しかし，「急に寂しくなって」最後の瞬間に取っておいたという．

西野さんは，その遺灰包みを，シルクハンカチに包んで布袋に入れ，両親の写真と一緒に蓋付きの紙ケースに入れた．そして自分のベッド上の，本などが置ける空間においてある．その遺灰包みは，自分の死後，一緒に撒いてもらおうと思っている．

第14章　都市における新しい葬送儀礼の形成　　199

図14-2　西野さんの母親の遺灰
出所）西野さんご提供.

追悼の行方

　西野さんは遺灰を残しただけで，それに対して特別な追悼行為を行ってはいない．ただ，「急に寂しくなって」という言葉に注目する必要があるだろう．西野さんは，遺灰に死者への思いを託し，さらに死者の依り代として認識しているところがある．それは，「すすめる会」が望ましいとする，生態系の一部としてその循環に還るといった死後観に必ずしも合致するものではない．実は「すすめる会」は，遺骨に魂が宿るという考え方とそれに基づく祭祀・供養を，「先祖代々の墓」を中心とした葬送儀礼の所産ととらえる．

　しかし，「家」，寺，商業主義から脱却した形での葬送儀礼を追求し，その枠組みのなかで育まれた祭祀・供養を行わないという選択をした場合，どのように死者を追悼すればいいのだろうか．「すすめる会」は，宗教と一線を画そうとしているため，具体的な代案を提示してはいない．そこで遺灰を残こして飲食を供えるなどの追悼行為をしたり，あるいは遺灰を撒いた場所をなんとなく訪れたりするなど，葛藤を経験しているケースも少なくない．**追悼行為，つま**

り葬送儀礼の観念的な側面からみると，死に対処するための文化的装置としての自然葬は，まだ形成途中にあると言えよう．

おわりに

　本章では，都市では墓不足，後継者不足問題が登場背景にあると言われてきた新しい葬送儀礼に関して，文化人類学的な視点に立ち返って検討してきた．葬送儀礼は死に対処するための文化的装置であり，新しい葬送儀礼の形成は，現代における新たな死への対処法の模索から生まれている．

　自然葬は，1991年に自己決定権と生態主義という理念のもと形成されてきた．これは，従来の「先祖代々の墓」を中心とした葬送儀礼が生まれた背景や都市化による葬送儀礼の変化に対抗するものであった．つまり，家制度と檀家制度，商業主義などに影響されず，死にゆく当事者の意思で決めることができること，また都市化でもたらされた墓地開発による環境破壊をしないことが意識された．そして，多くの人はこのような自然葬を選択することで納得のいく死への対処ができると期待した．

　しかし追悼行為の側面からみると，従来の祭祀・供養に代わって，どのように死者を追悼するかという問題は，個々人の選択の問題として残っており，葛藤を経験しているケースも少なくなかった．死に対処するための新しい文化的装置である自然葬は，まだ形成途中にあるとみられる．都市における葬送儀礼の形成は，現在もなお進行中である．

参考文献

エルツ，ロベール（1907＝2001）「死の集合表象研究への寄与」『右手の優越——宗教的両極性の研究』吉田禎吾・板橋作美・内藤莞爾訳，筑摩書房．

新谷尚紀（1991）『両墓制と他界観』吉川弘文館．

圭室諦成（1979）「葬式と仏事」竹田聴洲編『葬送墓制研究集成 第3巻——先祖供養』名著出版，pp.66-92．

槇村久子（1996）『お墓と家族』朱鷺書房．

森謙二（2014）『墓と葬送の社会史』吉川弘文館．

山田慎也（1996）「死を受容させるもの——輿から祭壇へ」『日本民俗学』207，pp.29-57．

一次資料

会報『再生』第25号.

――――『再生』第73号.

安田睦彦（2008）「市民運動としての自然葬」葬送の自由をすすめる会編『自然葬と世界の宗教』凱風社, pp. 226-249.

第 **15** 章

都市に刻まれる負の歴史
台湾，韓国，沖縄から

上水流久彦

は じ め に

　戦争や植民地支配は，都市にどのように記憶されているだろうか．その代表
的なものに，世界遺産の広島市の原爆ドーム（もとは1915（大正4）年に竣工した
広島県物産陳列館）がある．世界中から多くの人が見学に来る原爆ドームだが，
広島市のホームページよれば，戦後，原爆ドームについて，「記念物として残
すという考え方と，危険建造物であり被爆の悲惨な思い出につながるというこ
とで取り壊すという2つの考え方」があった．だが，1966（昭和41）年7月に
広島市議会によって「原爆ドーム保存を要望する決議」がなされ，それを踏ま
え広島市は保存のための募金活動をはじめ，国内外から約6600万円の寄付金が
集まり，1967（昭和42）年に第1回保存工事が行われた．

　広島市議会の決議文には，保存する理由として「核戦争阻止，原水爆の完全
禁止の要求とともに，ドームを保存することは被爆者，全市民，全国の平和を
ねがう人びとが切望しているところである．ドームを完全に保存し，後世に残
すことは，原爆でなくなられた20数万の霊にたいしても，また世界の平和をね
がう人びとにたいしても，われわれが果たさねばならぬ義務の1つである」と
ある．この説明からは，原爆投下の犠牲になった人びとに対する義務であり，
その悲劇を世界の人びとに知ってもらい，平和を希求するということが，保存
の目的として読み取れる．

　現在，世界各地でさまざまな建物が歴史遺産として認定されている．そのな

かには，戦争や植民地支配などの負の歴史に関わるものも多い．だが，遺産の認定には，政府の方針，国民感情，建築学や歴史学の専門家などのさまざまな意見が関与する．そのため遺産認定は，しばしば**歴史認識**や国家アイデンティティをめぐる争いの場となっている．世界遺産となった原爆ドームでさえ，「残すのか，壊すのか」という議論があり，遺産認定には，「誰が何をどのように何を目的に記憶していくのか」という問題がある．さらに都市に残す場合，都市の開発のなかでその存在価値が問われる．一見，残すべき建物は簡単に決まるように見えて，実はそう単純な問題ではない．本章では，東アジアを事例に戦争や植民地支配という負の記憶を都市に刻む行為についてみてみよう．

1 都市で建物を残す難しさ

都市開発と保存

都市の定義はさまざまあるが，ここでは人口の集中を定義の基本にしたい．人口の集中が高いほど都市度が高まる．人口が多ければ多いほど，基本的に異質性が高まり（さまざまな人やモノなどが存在するようになり），選択肢も増える．人口の集中や流入は，ビジネスチャンスの増加を招き，都市の開発も促進させる．大都市を見ればわかるように古いビル群が壊され，新しい街が生まれている．

そのような都市で記憶を刻む行為は容易ではない．都市では，不動産価格は高く，古いビルを建て替え，オフィスビルや高級マンションにすれば，儲かる可能性が高い．台湾の中心都市台北では，1970年代，80年代に建てられたビルの老朽化が進み，その建て直し，地域全体の再開発が進められている．

現在の台北市長柯文哲は都市開発推進派と言われており，保存推進派との間で争いが起きている．その対象が実は，日本植民地期の建物である．2014年2月時点で日本植民地期の建物で歴史資産に認定されたものは，古蹟364件，歴史建築658件であり，台湾全土の古蹟・歴史建築の1957件（古蹟802件，歴史建築1157件）の約半数を占める．日本統治期に近代建築物や日本式家屋，洋風家屋が台北では多く建てられたが，台北中心部にあるそれらの建物は，都市開発推進派から見れば，好ましくない存在である．

いくつか事例を紹介しておこう．台北市の中心地に台湾の元国防大臣俞大維

が住んでいた住居がある．この建物は第二次世界大戦以前（以下，戦前），台北帝国大学文政学部長の世良壽男が住んでいた日本式家屋である．その後，台湾大学教授らが住み，最後は元国防大臣俞大維が住んだ．暫定的に古蹟となったが，台北市は建築学的な意義も含めて保存しない方針をとった．だが，この住宅付近は，いくつかの日本式家屋が古蹟指定され，樹木も多く，落ち着いた雰囲気がある．その居住環境を守ることも含め，地元住民，有識者が保存運動を展開し，その結果，ようやく2018年1月に古蹟指定が確定した．

　もう1つも台北の中心地にある台湾料理店の「山海楼」である．1932（昭和7）年に台湾で綿織物を販売していた小林惣次郎が日本の帝国ホテルの建材，設計をまねて造ったアールデコの特徴を持つ私邸である．戦後は台湾料理店となった．2014年に使われなくなり，再開発の対象になった．だが，関係者は台北という都市の歴史と記憶を保存することを求めて台北市に古蹟指定を求めた．その建物は台湾が経済発展後，居住空間の質感，風格を求めた現代に残る証だという．しかし，2018年9月に取り壊すことが決定された．

　歴史遺産に認定されても，その維持は容易ではない．台北市の一角に文萌楼という古蹟がある．ここは戦前売買春が行われた建物である．戦後もそのように使われたが，2001年台北では売買春が禁止され，2006年に古蹟指定される．戦前の性産業の，また戦後は売買春を行っていた女性への支援活動の拠点として，その歴史的意義が認められた．だが，建物は荒廃し，2011年に再開発の業者が購入し，その保存方法をめぐり訴訟となっている．

レストランやカフェに変わる歴史遺産

　保存維持の経費の捻出のために現在，多くの古蹟がカフェやレストランになっている．その代表的なものが，台北中心部にある青田七六である．1932年に建てられ，台北帝国大学教授の住宅であった．戦後は台湾大学の教授の住宅となった．木造で作られたこの建物は，2006年に古蹟指定され，レストランとして活用されている．台湾人にも日本人にもレトロなお洒落なレストランとして人気がある．

　台南市には，林百貨がある．戦前の林デパートで，1932年に建築された．1998年に台南市により古蹟指定されたが，活用はされていなかった．2010年に修復され，2013年にはある企業に経営が委託され，現在はビル全体が，台湾製

図15-1　台北市内の中山堂

出所）筆者撮影．

のお洒落なデザイングッズを売る建物になっている．一方で，屋上にはアメリカ軍の空襲によって壊された神社跡があり，その機関銃で撃たれた痕もその壁には残されている．

　台北の中心地には台北中山堂がある．戦前は台北公会堂で1936年に落成した．アメリカ軍の空襲を受け難いように特殊な壁になっていた．台湾での太平洋戦争の降伏調印式は1945年10月25日にこの建物で行われた．現在は，重厚かつレトロな雰囲気を活用してカフェやレストランが営業され，それ以外の空間ではさまざまな展示が行われている．筆者が調査した日は，戦前の抗日運動の宣伝アートの展示がなされていた．1992年に政府によって古蹟指定されている．

　カフェやレストランになる歴史遺産が台湾では多いが，ここには文化と経済を結びつける考えがある．ICOMOS（国際記念物遺跡会議）は1999年に国際観光文化憲章を出し，観光と文化を結び付けて経済効果を生み出すことをうたった．台湾でも2000年には文化資産保存法が改訂され，文化財の再利用が可能となり，建物をミュージアムやカフェ，レストランなどにすることができるようになった．台湾の文化建設委員会（日本の文化庁に相当）も文化観光の促進を進めている．

　歴史遺産の維持費用の捻出という側面があったが，ここ5年は消費空間にす

206　第2部　あらわれる／記憶する都市文化

ることが台湾ではかなり加速され，一種のブームになっている．歴史遺産を訪れた観光客が飲み物さえ売っていないと不満を述べる話や台湾中部の台中市の歴史遺産の多くがカフェやレストランになっていることが報道されるほどである（2017年9月14日付聯合報）．

　台北の旧北警察署（現在は台湾新文化運動記念館）は戦前も警察署で古蹟指定されている．戦前この建物の地下には牢獄があり，日本の統治に反対し，抗議を行い逮捕された台湾人が入れられていた．ただ，古蹟見学のため訪れる数は，カフェやレストランになっている歴史遺産と比べるとかなり少ないのが実情である．

2　歴史として残す価値をめぐって

変化する台湾の歴史遺産

　日本植民地期の建物が古蹟指定されるのは，主に1995年以降である．1985年に台湾の政府が出版したある本には次のように書いている．「台湾の古蹟は中国の古蹟の類型のミニチュアといっていいでしょう．……中国文化は深くこの島に根付いており，台湾文化の根はこれらの古蹟を例として理解することができる」（行政院文化建設委員会 1985：4-5）．つまり，伝統的寺廟や城壁等の中華文明の建物等が歴史遺産に認定されていた．

　しかし，このような認識は少なくとも専門家を中心に21世紀に入って変化する．2004年に台湾の文化保存組織が出版した資料には，その冒頭で「古蹟及び歴史建築には寺廟，合院，街屋，集会堂，日式木造建築物などが含まれる」（国立文化資産保存研究中心籌備處 2004）と記され，日式すなわち日本式木造建築物も歴史遺産の対象とされている．また同じ年に台北市政府文化局が出した資料には台湾の歴史遺産は中国のものどころか，そこには多様な価値観が反映され，以前のように単一ではないと述べる（台北市政府文化局 2004）．この変化を反映するかのように，台北市の歴史遺産認定において1995年以後は日本植民地期の建物も含め，さまざまな立場から歴史的・建築学的価値があるとされた建物が歴史遺産に指定されていく．それは台湾全土でも同様である．

　もちろん，このような動きに反対する動きはある．2010年前後に台北市文化局局長を務めていた人物は，新聞に「百年しか歴史がない台北で古蹟が百もあ

るのは多い」と投稿し，現状のように古蹟を多く指定することへ疑問を表明した．また，2005年の「審古査蹟——文化資産保存三十年論壇（古蹟を審査する——文化資産保存30周年シンポジウム）」に参加した当時の台湾の宗教博物館館長は，「以前の古蹟指定の基準は高かったが，現在，徐々に低くなっている」と述べた．台北市の歴史遺産指定の現状を考えると，この発言は日本植民地期の建物が古蹟指定されることへの批判である．これらに対して，ある保存推進派は，日本の植民地期の建物は中国本土にはない台湾独自の経験で，自らの歴史として価値があると述べた．桃園市郊外には，日本植民地期の神社が古蹟認定されている事例さえある．

　ある韓国人が子ども連れで台湾を観光した．その時，植民地期の建物がここまで紹介したようにお洒落になり，消費空間として使われている様子に驚いた．そして，子どもに「これは間違っている」と伝えたという．植民地期の建物を保存し，活用することがブームになっている台湾だが，韓国に目を移すと負の歴史を残す違う側面が見えてくる．

収奪の証としての歴史遺産

　韓国では，植民地期の総督府は1995年に壊された．老朽化や風水上の問題も理由だが，当時の金泳三大統領が反日を力に国民の統合を図ろうとし，植民地支配の象徴である旧総督府を壊した．その建物に不快感を持つ国民がいたことは事実だが，一方で文化財として保存すべきとするなど慎重派もいた．なお，台湾では現在も総督府が総統府（大統領府に相当）として使われている．

　ソウル市役所もその保存をめぐって争われた．その建物は，1926（大正15）年に完成し京城府庁舎（京城はソウルの日本植民地期の地名）として使われ，戦後はソウル市役所となった．その保存にあたっては，植民地期の建物だということで反対する人もいれば，負の遺産の歴史として残すべきだという立場の人もいた．また建築学的意義からその保存を主張する者もいた．結果，表の壁だけが残され，2008年に登録文化財に指定された．

　韓国の日本植民地期の建物の保存のキーワードは「収奪」である．韓国の西海岸に群山市がある．群山市は日本の植民地期に重要な港となり，近代的建物が建てられた．現在も残る建物の多くが文化財として登録されている．だが，これらの建物に関する説明は，群山郊外で生産されたコメが日本に運ばれたと

図15-2　韓国浦項市九龍浦で写真をとる韓国人カップル

出所）筆者撮影.

いうものである．そのことから日本が韓国を「収奪」した証とされる．また群山市郊外の集落である禾湖里（はほり）は，日本植民地期の「収奪現場」としてその一帯そのものが歴史を知る証となっている．さらに群山市には日本植民地期に建築された東国寺がある．その境内には，日本植民地期の軍国主義を象徴する数々の品が展示され，当時を知ることができるようになっている．東国寺内の説明においても，「収奪」の文字を見ることができる．日本の植民地期が近代化に貢献はなく，遅らせただけというのは，植民地期に対する韓国での一般的な評価である．

ただし，「収奪」という言葉のみに注目することは，韓国の現実の一部しか見ていないことと等しい．群山市の調査で，筆者は日本家屋を修繕した宿に宿泊した．チェックアウトの際に，日本家屋を宿にすることについてフロントの人間に尋ねた．その答えは，「日本植民地期の建物を保存する場合，『収奪』と書かなければなりませんが，それだけです．私たちは日本の人に対して，悪い感情はもっていませんよ．また遊びに来てください」というものであった．パブリック・メモリー（後述）と個人の感情は同一ではない．

もう少し韓国の事例を紹介すると，韓国の大邱市では，旧大邱神社が壊され，その一部が放置されている一方で，日本植民地期の家屋がリノベーションされ，おしゃれなカフェやレストランとして使用されている．韓国東側の浦項市九龍浦では，文化財ではないが，植民地期の当時の街並みが保存され，地域振興のために「九龍浦近代文化歴史路」として整備された．九龍浦は，戦前，瀬戸内から日本人が移民し，開発した漁村である．日本かと思えるような雰囲気があり，2015年10月の調査時には浴衣を来た韓国人のカップルが街を散策し，写真をとっていた（図15-2）．ただ，その後，浴衣を来て散策することに批判が出

て，浴衣を着て街を歩くことが一時できなくなった．2018年5月から浴衣姿での散策が再開された．

歴史遺産の現在

　遺産と観光の結びつきを研究したポリアとアッシュワースは，遺産化（Heritagization）という概念を提示し，それは遺産を利用して何らかの社会的目的を達成するプロセスであり，その主要な目的はあるグループのメンバー間の結束力を高めることで，「私たち」と「彼ら」という区別を生むもの（Poria and Ashworth 2009）とする．つまり，ある建物を遺産として残すことに賛成か，反対かで，人びとが分断される．さらに2人は遺産を見に行くというツーリズムは，ある遺産を観光する価値があると認める者と，そうでない者との対立を生み出し，その対立があらわになり，確認する場になると述べる．

　したがって，何をパブリック・メモリー（公的な記憶）として残すかは，論争の的になる．フジタニはそれについて交渉や闘争，排除やあからさまな暴力行使といった過程を通じて生産されると説明する（フジタニ 1998）．原爆ドームでも韓国や台湾での歴史遺産でも，建築学の専門家，知識人等のさまざまな立場の人間が，また政府や自治体が関係するなかで，パブリック・メモリーとして何がふさわしいかが争われていた．

　このような現状を整理したものに韓国の近代建築を研究する문の考察がある．ムンは韓国の近代文化遺産について，3つの立場を指摘する（문 2011）．1つは民族主義論で，植民地時代の遺産は侵略の象徴であり，日本の要素を持つものを徹底的に清算しようとする立場である．次に歴史主義論である．植民地の歴史は，自国の歴史として認め象徴として残そうという立場である．最後に文化消費論である．それを復元して観光化し地域経済に貢献させようとする立場である．

　しかし，ここまで紹介してきた台湾や韓国の植民地期の建物の在り方を理解するには，ムンの三類型では不十分である．そこで彼の三分法を精緻化する形で「外部化」と「内外化」，「内部化」，「溶解化」，「遊具化」に再整理してみよう．それらは，負の歴史として放置・破壊される**外部化**，負の歴史として自らの歴史の一部とする**内外化**，他者に対抗するための道具として肯定的に自らの歴史の一部とする**内部化**，さらに日本植民地期の建物であった歴史が意味を持

たない形でカフェなどとして利用される**溶解化**，日本に行かなくても日本を体験できる消費空間として活用される**遊具化**である．

ここまで紹介した事例で言えば，韓国の総督府は壊されたので外部化である．負の遺産として収奪を全面に出す群山市の事例は，内外化といえる．自分たちの歴史として肯定的にとらえる台湾の青田七六は，内部化といえる．また青田七六はレトロな雰囲気でカフェや食事を楽しむ場所であるため，溶解化ともいえる．林百貨もそうである．九龍浦の事例は，日本を楽しむ要素があり，遊具化ということができる．

ただし，1つの建物が1つの分類になるわけではない．台北中山堂に来て，戦争の記憶を呼び起こす者もいれば，反日の感情を覚える者もいよう．または，レトロな雰囲気を楽しむだけの者もいよう．立派な建物を素晴らしいと思う者もいよう．その場合，内外化，内部化，そして遊具化が混在することになる．刻まれた歴史の解釈も多様である．

3　沖縄にみる戦前の近代建築物の不存在

沖縄戦の記憶

先ほど紹介したフジタニによれば，パブリック・メモリーは，博物館，記念碑，記念日，教科書，一般向けのさまざまな読み物，映画，それにテレビやインターネットなどを通じて形成され，流通されるという（フジタニ 1998）．歴史遺産に指定される建物もその1つである．

だが，建物がない場合もある．筆者は，戦前の建物を求めて台湾，中国東北部，パラオ，韓国，沖縄等を調査したが，そこで奇妙なことに気づいた．那覇には，文化財として戦前の近代建築物が残されていない．台湾や韓国等の大都市では，官庁や学校，デパート，銀行等であった植民地期の近代建築物が多数残され，その保存や活用が問題となっていた．だが，その問題が那覇にはなかった．実際，沖縄県の2014年度の統計データを見てみると，歴史遺産としての近代建築物は沖縄島北部の大宜味村，離島である大東島や宮古島，石垣島などに幾つかあるものの，那覇市には皆無である．

しかし，戦前，那覇市に官公庁やデパート，学校等がなかったわけではない．那覇市が出した『琉球処分百年威年出版写真集』には沖縄県農工銀行，男子師

範学校, 県立水産学校, 沖縄県議会議事堂, 沖縄県庁, 那覇市久米にあったバプテスト教会, 沖縄最初の映画館帝国館, 大正劇場, 娯楽施設の平和館, 那覇劇場, 軽便鉄道の那覇駅（木造）, 百貨店の圓山号, 沖縄県師範学校, 沖縄県立第一高等女学校, 沖縄県女子師範学校等の写真がある. このように多くの近代建築物があった.

現在, それらの建築物は全く存在しない. 第二次世界大戦中のアメリカ軍が沖縄を攻撃し, 那覇は空襲を受け, 焼き尽くされたからだ. 那覇市歴史博物館の『市制施行90周年 パレットくもじ開業20周年記念展 那覇の誕生祭〜浮島から那覇へ〜』には, 1944年の10・10空襲で全市域の90％近くが焼失したとある.

2014年度から2016年度に那覇市歴史博物館では「昭和のなは」復元模型の展示がなされ, 昭和7〜12年頃の昭和初期の那覇のメインストリート大門前通（ウプジョーメー）りの一部が縮尺100分の1で再現された. この展示は2013年から準備が進められ, その中心となった那覇市歴史博物館の学芸員は, 2013年10月10日の琉球新報の記事のなかで, 多くの市民にとって戦前の那覇の印象が薄いと感じており, 「10・10空襲はどのような街を破壊したのか, 当時を再現したい. モダンな建築が多く赤瓦屋根も同居する情緒あふれる街並みだった. 当時を再現すれば, 若い人はきっと驚くと思う」と語っている. さらに彼は「那覇は王国時代から歴史を積み重ね, 近代はレトロモダンな街並みがあった. だが空襲であっという間に消えてしまった. こんなにひどいことはない. 絶対繰り返してはいけない」とも述べた（琉球新報ホームページ）.

都市に刻まれない沖縄戦の歴史

2017年9月, 沖縄県読谷村にある, 太平洋戦争中に住民が集団自決した洞窟であるガマが, 少年4人よって荒らされ, 逮捕される事件が起きた. 少年4人は, その歴史を知らなかったと述べており, この事件は戦後70年以上たって沖縄戦の記憶継承の難しさを多くの人びとに痛感させた.

それでも, 沖縄では, 学校教育や地域の活動, 家庭において沖縄戦が語られる. 教科書にも沖縄戦の記述は多くある. 関連する本も多い. また, 1945年6月23日に沖縄戦での日本軍の組織的戦闘が終結されたことから, 6月23日には慰霊の日とされ, 時に首相も参加する大きな慰霊祭が毎年行われている. フジタニが述べるようにパブリック・メモリーを形成する方法はさまざまにあり,

原爆ドームのような建物がなくとも，沖縄戦の記憶は何らかの形で継承されていく．

　だが，沖縄戦を知るそのような場に参加することがない人間は，どのように沖縄戦を記憶するだろうか．ひめゆりの塔など沖縄戦について学ぶ修学旅行生がいることは事実である．その一方で，多くの観光客が散策する那覇市の国際通りに沖縄戦を想起させるものは何もない．当時の建物は空襲によって焼失し，那覇には記憶を刻み込む建物さえ存在しない現実がそこにはある．

　この状況について，琉球人と名乗るある人物は，「忘却させられた近代」と語った．日本に沖縄として組み込まれる前，そこには琉球王国という日本とは違う国家が存在した．大日本帝国がその領土を拡大するなかで，琉球処分が行われ，1872年に琉球藩となり，1879年には沖縄県となる．今でも日本の一部となった以後の「沖縄」ではなく，それ以前の「琉球」という言葉を使う人びとも存在する．

　「忘却させられた」という言葉には，当時の琉球の人びとの意志とは関係なく，日本の一部となり，日本の軍事化のなかで軍事体制に組み込まれ，結果，沖縄戦を経験し，多くの建物を焼失せざるを得なかったという歴史認識があり，沖縄の人びとの主体性が失われたことへ目を向けろという思いが込められている．そして，「させられた」という言葉は，「忘却させた」側の存在を浮き彫りにする．

　現在，日本政府と沖縄の間は，アメリカ軍駐留や歴史認識をめぐって深い溝が生まれている．沖縄の人びとから聞くのは，沖縄の問題に無関心な日本本土に住む人びとへの怒りやあきらめである．沖縄の「青い空，きれいな海」を楽しむだけの者には，「忘却させた」側に誰がいたかを考えることは難しいかもしれない．ここにも，「私たち」と「彼ら」の分断が横たわっている．

おわりに

　建物を通じて都市に歴史を刻むことは容易ではない．1つは，都市開発との争いがある．大きな経済的価値を犠牲にしても残すべきか，常に問題となる．次に何を刻むかをめぐる争いがある．負の歴史であれば，一層である．その建物を見るだけで不快になる人間もいれば，そこに建築学的価値を見出す人間も

いる．また**負の歴史**を保存または破壊して国民や民族などの「われわれ」を団
結させる機能を持たせたい人間もいよう．

パブリック・メモリーは常にさまざまな立場のものによって争われる．そし
て，異質な者がより多くあつまる都市では価値観が多様化し，その争いは一層
生まれやすい．また，何らかの目的で保存されても，歴史遺産への個々人の解
釈は一定のものではない．時に内部化されたり，内在化されたり，融解化され
たりする．多様な人びとが存在すればするほどその解釈も多様となる．

加えて，何かを刻むということは，何かを忘却するということである．人は
過去の全てを記憶することはできない．さまざまな仕組みを通じて，私たちの
記憶は喚起され，掘り起こされ，意識化される．したがって，意識化されない
過去は忘却されていく．植民地期の建物が日本を楽しむ装置やレトロなカフェ
という消費空間のみになった時，植民地支配の差別などの負の歴史は忘却され
る．

都市に刻まれた負の歴史は，「誰が何を何の目的でどのように残すのか」が，
また同時に「私たちは何を忘れるのか」が常に問われている．したがって，あ
る歴史認識を共有できる「私たち」と「彼ら」の分断は不断に生まれている．
歴史は実は止まったものではなく，常に揺れ動く存在である．開発が常時行わ
れ，多様性を有する都市では，なおさらである．

注
1） 台湾の歴史遺産は，古蹟と歴史建築の2つがある．
2） 韓国では非合法な統治であったということから，「日帝強占期」とされる．

参考文献

那覇市企画部市史編集室（1980）『琉球処分百年威年出版写真集 激動の記録 那覇百年の
    あゆみ＝琉球処分から交通方法変更まで』

那覇市歴史博物館（2011）『市制施行90周年 パレットくもじ開業20周年記念展 那覇の誕
    生祭～浮島から那覇へ～』

フジタニ・タカシ（1998）「「公共の記憶」をめぐる闘争」『思想』890号，pp.2-4.

琉球新報「戦前の那覇，模型で復元へ 一〇・一〇空襲きょう69年」〈https://ryukyushim
    po.jp/news/prentry-213612.html〉2017年2月8日閲覧.

国立文化資産保存研究中心籌備處（2004）『古蹟及歴史建築緊急加固手冊』

문예은（2011）「근대문화유산을 둘러싼 담론의 경쟁 양상 분석――군산시를 중심으로」『지방사

와 지방문화』14-2 , pp. 265-304.

Poria, Yaniv and Ashworth, Gregory（2009）"Heritage Tourism: Current Resource for Conflict", *Annuals of Tourism Research*, 36(3), pp. 522-25.

台北市政府文化局（2004）『審古査蹟──文化資産保存三十年論壇』会議手冊.

行政院文化建設委員会（1985）『臺閩地区古蹟巡礼』行政院文化建設委員会広島市原爆ドーム〈http://www.city.hiroshima.lg.jp/www/dome/contents/1005000000003/index.html〉2017年9月17日閲覧.

--- ブックガイド ---

近森高明（2014）「都市文化としての現代文化」井上俊編『全訂新版現代文化を学ぶ人のために』世界思想社.

　輪郭がぼやけ，論じることが難しくなっている都市文化を現代文化の文脈に位置づけようとするもの．「都市的なるもの」の基準がどのように変容しているかを「盛り場の消失」や「都市空間のモール化」といった現象から的確に概括している．この章以外にも現代の都市や文化をとらえる論考が多数収められている．

三浦展（2004）『ファスト風土化する日本――郊外化とその病理』洋泉社.

　著者は日本中の地方の生活が，その地方の独自性を弱めて均質化しているとし，そのような状況を「ファスト風土化」と名付けた．景観や文化の均質化だけではなく，それらがもたらす「消費社会化」が個人の主体性を奪い，地域の記憶も喪失させるという踏み込んだ主張を展開している．

――第 1 部　誘惑する／あらがう都市文化――

内田忠賢編（2003）『よさこい／YOSAKOI 学リーディングス』開成出版.

　2003 年時点での多様化するよさこい踊りの姿を描き出した，よさこい研究のパイオニア的な学術書．本書におさめられた写真を目にすると，撮影当時からの「自由さ」を構成するモノの連続／不連続に気づかされる．学際的な執筆陣で構成されており，グローバル化しながら，ますます多様化するよさこいを研究する上での外せない参照点である．写真を多用する成果物としても示唆を与えてくれる．

矢島妙子（2015）『よさこい系祭りの都市民俗学』岩田書院.

　都市民俗学の成果物として刊行された労作．長年のフィールドワークに裏打ちされた厚みのある記述が特徴．高知・北海道・名古屋という「三大拠点」を軸に比較を行っており，地域ごとの差異と共通性を考える際の示唆に富む．全国展開した「よさこい系祭り」の分布を示す多数の図が圧倒的．都市祝祭の真正性（オーセンティシティ）に注目してほしい．

難波功士（2007）『族の系譜学――ユース・サブカルチャーズの戦後史』青弓社.

　「～族」や「～系」として知られてきた戦後日本のユース・サブカルチャーズを「階級」，「場所」，「世代」，「ジェンダー」，「メディア」などの視角から分析し，若者文化の変容をとらえた研究．先行研究を参照しながら，分析を支える方法論の検討がなされている第1部も大変参考になる．

吉見俊哉（2008）『都市のドラマトゥルギー――東京・盛り場の社会史』河出書房新社.

　明治期以降の東京の盛り場（浅草，銀座，新宿，渋谷）を対象に，近代日本の都市における人々の相互行為の歴史的変化を分析した都市社会学的な研究．劇場として盛り場をとらえる「上演論的アプローチ」がとられているという点に特徴がある．

遠藤英樹・松本健太郎編著(2015)『空間とメディア——場所の記憶・移動・リアリティ』ナカニシヤ出版.

　本書が議論の射程にしているのは，①メディアは空間的位相に影響をあたえると同時に，②場所の記憶やリアリティ感覚を含めた空間的経験を変容させてしまうこと，③そのことによって逆に，空間的位相や空間的経験がメディアのあり方そのものを大きく変えてしまうことである．テーマパーク，サイバースペース，境界，風景……多様な切り口から空間の意味と可能性を問い直すテキストである．

園部雅久著(2014)『再魔術化する都市の社会学——空間概念・公共性・消費主義』ミネルヴァ書房．

　都市社会学における空間概念を理論的に再考すると同時に，都市がどのように再魔術化によって消費空間として再編されるかを明らかにしている．第1部では現代大都市の空間を，脱工業型都市，ポストモダン都市といった切り口から論じ，第2部は事例研究として，ゲーテッド・コミュニティ，都市再開発とホームレスなどの問題をとりあげ，都市の公共空間はいかに存立しうるかを問うている．

原口剛・稲田七海・白波瀬達也・平川隆啓編著(2011)『釜ヶ崎のススメ』洛北出版．

　第5章の注でも触れたが，釜ヶ崎の歴史と現在を知る入門書の決定版．「第1章　建設日雇労働者になる」では，早朝の寄せ場に行ってどのように仕事を探せばいいのか，まったくの素人がどのようにして建設労働に適応していけばいいのかを解説するハウツーが紹介されている．内容は古びていないものの，「西成特区構想」という現在に通ずる局面が現れる直前にまとめられた本ということになる．

渡辺拓也（2017）『飯場へ――暮らしと仕事を記録する』洛北出版．

　寄せ場労働者が働きにいく飯場での生活と労働の実態が，著者自身の実際の就労体験とその記録の分析を通してリアルに追体験しながら理解を深められる．「誰にでも初めてはあるんや，わしにだってあった」と語る労働者の魅力あふれるエピソードも満載．調査の中で抱く違和感を手がかりに相互行為と意味づけの分析を深め，マクロな社会構造との接点を探る．フィールドと日常を地続きでとらえる一冊．

木本玲一（2018）『拳の近代――明治・大正・昭和のボクシング』現代書館．

　明治期から戦後期までのボクシング受容を日本の近代化の過程と重ねて考察している．明治期のボクシングは新奇な外来文化であったが，昭和初期にかけて絶大な人気を誇る都市文化となった．本書はその過程を文化のローカル化という観点から論じている．

東谷護（2005）『進駐軍クラブから歌謡曲へ――戦後日本ポピュラー音楽の黎明期』みすず書房．

　戦後日本のポピュラー音楽の原点でもある占領期オフリミット空間に注目し，実際にそこで働いていたミュージシャンやバーテンダーなどへの丹念な聞き取り調査によって，当時の状況を明らかにした労作である．日米関係や戦後日本の音楽文化に関心のある人は必読である．

アパドゥライ，A．（2010）『グローバリゼーションと暴力――マイノリティの恐怖』藤倉達郎訳，世界思想社．

グローバル化により，近代が創りだした国民国家の枠組みが揺らぐことで，社会に不安や不確実性が蔓延した結果，その元凶として標的にされるのがマイノリティだと指摘する．多数派の人びとは，不安の元凶がグローバル化だと知りつつもあまりに抽象的なために，それを具現化しているマイノリティに物理的な暴力をふるうという．国境を越えて流入する移民に対し，欧米各国で排斥の気運が高まっている状況を理解するにも適した一冊．

藤本和子（2018）『塩を食う女たち――聞書・北米の黒人女性』岩波書店〔岩波現代文庫〕．

日本人である著者がアメリカ南部の各地で黒人女性と対話を重ねた記録．登場する6人の黒人女性に共通するのは，1960年代に起きた公民権運動における高揚と挫折の経験である．筆者は，彼女たちが狂気に満ちたアメリカ社会で生きのびることができた理由を理解するために，無色透明な自分が耳を傾けるのではなく，自分は誰なのかと問い続けながら相手の独自の体験と歴史的背景を精神世界の文脈のなかでとらえようとしたという．「他者」を理解するとはどういうことかを読者に投げかける．

SWASH編（2018）『セックスワーク・スタディーズ――当事者視点で考える性と労働』日本評論社．

本書では，いわゆる「性風俗」や「性産業」に従事する人びとを「労働者」ととらえ，労働者として守られるべき権利や尊厳について検討している．本章では詳しく扱うことができなかったが，都市と性の関係について考えるとき，性風俗や性産業は重要なテーマとなる．本書はセクシュアル・マイノリティについての記述も豊富である．

カステル,マニュエル(1997)『都市とグラスルーツ——都市社会運動の比較文化理論』石川淳志他訳,法政大学出版局.

都市論の古典としてよく知られている文献である.内容はやや古いが,都市研究におけるゲイ・コミュニティやレズビアン・コミュニティの分析としては最初期の例として興味深い.

ショウ,R. クリフォード(1998)『ジャック・ローラー——ある非行少年自身の物語』玉井眞理子・池田寛訳,東洋館出版社.

「ジャックローリング」とは,酔っ払いから金品を奪うことを意味する当時(1930年代)の俗語.シカゴ在住のポーランド移民二世で,ジャックローリングに手を染める「非行少年」である主人公スタンレーが,自分語り形式でこれまでの生を振り返る.非行の「治療」は一応念頭に置かれているが,やはり上質な小説のようなストーリー展開と,そこに見える彼らなりの理屈や「やり方」が面白い.

松田素二(1996)『都市を飼い慣らす——アフリカの都市人類学』河出書房新社.

文化人類学やアフリカに縁遠い人でも必ず引き込まれる都市研究である.豊富な知識を持ちながら,常に自分の経験に即した問いを立て答えを見つけようとする姿勢に感銘を受ける.やはり圧巻なのは,フィールドであるケニア都市部の長屋で著者(「マツンダ」)が身体をぶつけて行った調査とその日常の描写.プライバシーなど皆無な生活空間に驚愕しつつも,人びとの困難,しぶとさ,明るさを,著者の身体を通じて追体験できる貴重な書.

三橋順子(2018)『新宿「性なる街」の歴史地理』朝日新聞出版.

性の本であるが,東京の新宿を,性,歴史,地理,政治の視点から読み解く都市論でもある.新宿3丁目のスナックで働いていた際,客との雑談で抱いた素朴な疑問から著者の知的探検が始まる.その探検に同行する読者は,新宿を中心とする「遊郭」「赤線」「青線」のかつての情景とその変化を,綿密な検討を通じて目の当たりにできる.極上のガイドを連れているかのようであり,方向音痴や地図嫌いの人にも読んでほしい.

──第2部　あらわれる／記憶する都市文化──

井上俊・伊藤公雄編(2008)『社会学ベーシックス4　都市的世界』世界思想社.

都市をめぐる社会学的研究を広く紹介したもの.「都市の概念」「都市化の諸相」「都市のサブカルチャー」「都市生活の影」という項目で,24本の重要な文献が紹介されており,ルイス・マンフォード,ケヴィン・リンチ,ヴァルター・ベンヤミンらの著作も含まれている.

逆井聡人(2018)『＜焼跡＞の戦後空間論』青弓社.

初学者にはやや難しいと思われるが,重要な文献として紹介しておきたい.都市における「焼跡」や「闇市」が小説や映画でどのように描かれてきたのかを検証することで,現在の日本人の歴史認識を問おうとするもの.

永嶺重敏（2001）『モダン都市の読書空間』日本エディタースクール出版部．

都市とメディアの関係について，読書史という観点からアプローチした書物．大正後期〜昭和初期にかけての「モダン都市・東京」において，①読書装置（＝図書館や書店をはじめとした読書のための社会的な装置），②活字メディア，③読者層といったものが書物の社会的受容の立体空間としての〈読書空間〉をどのように形作ったのかについて論じている．

吉見俊哉（2016）『視覚都市の地政学――まなざしとしての近代』岩波書店．

〈まなざしとしての近代〉という視点を軸にして，映画館，百貨店，街頭テレビ，テレビ・コマーシャル，写真といったさまざまな対象を取り上げた書物．〈近代〉が集合的に経験＝構成されていく過程を，都市がどのような〈まなざし〉の場として編成され，変容してきたのかを明らかにするなかで論じている．都市論としてもメディア論としても重要な示唆に富んでいる．

ブルデュー，P.（2006）『住宅市場の社会経済学』山田鋭夫・渡辺純子訳，藤原書店．

住宅の売買は売り手と買い手の経済的動機だけで成り立っているものではなく，購入者のハビトゥスや文化資本，住宅メーカーの象徴資本が大きな役割を果たすとする．さらには，国家の住宅政策を決定する官僚，地方自治体などの地方権力，住宅メーカー同士が競争する業界，というそれぞれの「界」が重層的に絡み合って成立していることをフランスの実証的データから明らかにしていく．

三浦展（2012）『東京は郊外から消えていく！——首都圏高齢化・未婚化・空き家地図』光文社〔光文社新書〕.

　　月刊アクロス編集室で「第四山の手」論に関わっていた三浦は，その後も東京郊外の観察・分析を続けてきた．本書は，バブル崩壊以後，①女性の社会進出，②人口減少，③高齢化，④結婚しない団塊ジュニアなどの要因から，団塊ジュニアが流入した，あるいは子どもを産むなどして人口が回帰した東京都心と人口減をむかえる東京郊外との間に所得格差，階層差が生じているとする．

岡村圭子（2011）『ローカル・メディアと都市文化——『地域雑誌　谷中・根津・千駄木』から考える』ミネルヴァ書房．

　　わたしたちは「地域」というものを都道府県・市区町村などの行政区画に対応させて考えがちだが，実はむしろ行政区画におさまらないエリアのほうが，よりわたしたちの生活感覚に近いことが多い．本書ではそうした曖昧で緩やかな「文化単位」を対象とした紙媒体の「ローカル・メディア」の意義と役割について，1980年代に東京で創刊した『地域雑誌　谷中・根津・千駄木』の事例を中心に考察している．

若林幹夫（2009）『増補　地図の想像力』河出書房新社．

　　古代から近代までの地図の歴史にもとづき，地図的表現の社会性について理論的に考察されている．地図とは恣意的に描かれる「表現」であり，そのあり方はつねに時代や社会に規定されてきたこと，地図は「社会」という抽象的な存在を全域的に可視化するメディア（テクスト）として社会的に機能してきたことが理解できる．やや難解な部分もあるが，地図を社会学的にとらえる上では必読の書．

大山エンリコイサム（2015）『アゲインスト・リテラシー――グラフィティ文化論』LIXIL 出版.

公共空間に自らの「名前」をかき残していく営みやそれに並走するストリート・アートという表現領域について書かれた，日本初の本格的なグラフィティ文化論である．著者は現代アートとストリート・アートを横断する美術家であり，本書自体が作家の壮大なステートメントにもなっている．グラフィティ文化についての知識を得られるだけでなく，作家本人にここまで言語化されると，アートをみる目も変わるだろう．

新見隆・伊東正伸・加藤義夫・金子伸二・山出淳也（2018）『アートマネージメントを学ぶ』武蔵野美術大学出版局.

アートマネージメントは，作り手と受け手，作品と社会をつなぐ仕事だ．本書では，具体的な展覧会やアートプロジェクトの企画・運営について，実践者の豊富な経験をもとに語られる．アートと聞いて構えてしまうような人にこそ，鑑賞者から一歩踏み出してアートマネージメントの視点から作品に触れることをお勧めしたい．本書曰く，「すべての人が芸術家たること，それがアートマネージメントの最終目標である」からだ．

槇村久子（2013）『お墓の社会学――社会が変わるとお墓も変わる』晃洋書房.

本書は，少子高齢化，無縁化が進む現代社会において墓がどのように変化しているかを，日本や欧州，東アジアの都市空間を舞台として検討した著書である．墓を都市史を反映するものとしてとらえ，大阪市公営墓地の変遷から都市における無縁化現象を読み取っている部分が興味深い．

山田慎也（2007）『現代日本の死と葬儀――葬祭業の展開と死生観の変容』東京大学出版会．

　本書は，死に対処する装置としての葬送儀礼が都市化によっていかに変化したかを，新潟県や和歌山県の村落でのフィールドワークを通して明らかにしている．村落における死への対処のあり方が葬祭業へと展開していく過程は，都市化とは何かについてあらためて考えさせてくれる．

岡真理（2000）『思考のフロンティア　記憶／物語』岩波書店．

　ホローコースト経験者や慰安婦とされた女性の記憶など，想像を絶する体験をした人の記憶をそれ以外の人びとが「共有」することはできず，「分有」できるだけというスタンスから書かれた本．他者による安易な理解と意味づけを批判する．本の最後に「記憶」や「物語」に関する文献案内もある．出版されて少し年月が経っているが，他者の記憶を聞く行為を学ぶ者には必読の書．

三尾裕子・遠藤央・植野弘子編（2017）『帝国日本の記憶――台湾・旧南洋群島における外来政権の重層化と脱植民地化』慶應義塾大学出版会．

　台湾やパラオ等がある旧南洋群島の人びとは日本の統治した時代をどう記憶し，どのように表象しているのだろうか．そして，植民地支配という問題を現代に生きる私たちが自分の問題としてどう受け止めることができるのだろうか．このような問いを具体的な事例や資料を通して人類学者や歴史学者が論じる書．やや専門的だが，台湾やパラオを「親日」と理解する危うさが見えてくる．

索　引

〈記号・数字・アルファベット〉

〜系　22, 27, 28, 30
〜族　22-24, 27, 28
10・10空襲　211
403architecture［dajiba］　184
GS（グループ・サウンズ）　68
HIV／エイズ　100
ICOMOS（国際記念物遺跡会議）　205
LBGT　91
NPO法人「葬送の自由をすすめる会」　193
SOGI（ソジ）　93

〈ア　行〉

アーツ前橋　182
アートプロジェクト　179
アートレス　182
あいちトリエンナーレ　184
あいりん　53, 54, 58
青木秀男　52
アガンベン，ジョルジョ　10
浅野智彦　24, 36
アジェ，ウジェーヌ　121
新しい公共性　59
アトラクション　38, 122
有末賢　6
アルヴァックス，モーリス　129
家　191
異国情緒　38
遺産　203
——化　209
泉　178
磯崎新　164
インスタグラミズム　132
インスタレーション　181
インターセックス　95
ウォルダーズ，ウィリアム　14
エゴセントリック・マッピング　165
エスニック・エンクレイブ　78
エルツ，ロベール　190

演出の有効性　48
おおいたトイレンナーレ　176
大橋健一　44
岡崎京子　128
岡村圭子　169
沖縄戦　210-212
オリエンタリズム　124
オルタナティブ　163, 173
おんなのこ　105

〈カ　行〉

街頭テレビ　142
街頭ラジオ　140
街頭録音　145
外部化　209, 210
拡大家族　79
隔離化　107
可視化　21-23, 28, 29, 35, 37
合葬墓　190
釜ヶ崎　52, 57, 58, 60, 61
鎌田敏夫　155
紙芝居　138
川俣正　181
川村邦光　17
観光客のまなざし　44
観光対象　41
記憶　129, 203, 210, 212
——（メモリー）ブーム　129
記号としての「港」　45
疑似環境　128
擬制　171
北田暁大　28, 165
基地の街　63
ギデンズ，アンソニー　77
希望のディストピア　126
金泳三　207
京都市美術館　182
近代建築物　210
近代文化遺産　209
金曜日の妻たちへ　152

索　引　*227*

空間　51, 57, 61
グーグルマップ　165-167, 172
芸術のための芸術　180
ゲイタウン　99
言語景観　82
原爆ドーム　202
見物人　8
告別式　192
国民の記憶　129
コミュニティ・マッピング　169, 173
コモンズ　59, 60

〈サ　行〉

ザ・ダイナマイツ　71
逆井聡人　129
佐藤健二　21
佐藤卓己　129
散骨　190
ジェンダー・イデオロギー　86
ジェントリフィケーション　60, 173
視覚的イメージ　44
自己決定　196
「自己」の接合　108
「自己」の切断　108
自然葬　193
社会空間　60
社会的送金　80
社会的ネットワーク　78
集合的記憶　129
終戦の日　129
収奪　207, 208
　　──の証　207
集団的アイデンティティ　23, 35
集団なアイデンティティ　22, 27, 30
樹木葬　190
消費空間　205, 207
消費社会的なアイデンティティ　24, 26, 29,
　　36
昭和ノスタルジア　130
ショッピングモール　127
新自由主義経済　79
新聞呼び売り　138
ステレオタイプ　128

ストリート・アート　181
住友文彦　182
生活保護　57-59
性自認　93
生態主義　196
性的指向　93
世界遺産　202
先祖　191
　　──代々の墓　191
葬送儀礼　190
葬送の自由　195
装置　11
葬列　192
園部雅久　127

〈タ　行〉

第一次郊外化　153
第二次郊外化　153
第四山の手論　157
武田鉄矢　15
武政英作　18
脱美術館　180
断片化　166, 172
地域アート　180
チェーン・マイグレーション：連鎖移民
　　78
チェンバース, イアン　164
ツーリズム　209
ディスコ　72
ディストピア　125
テクストとしての都市　151
デュシャン, マルセル　178
トゥアン, イーフー　168
同性結婚制度　92
特徴のない　30, 31, 34, 35
特徴のなさ　31, 34
都市　189
　　──開発　203, 212
　　──空間の再魔術化　127
　　──郊外のスラム化　79
　　──集団（urban tribe）　132
　　──祝祭　9
　　──的‐部分的「自己」　108

――のイメージ　128
――の多民族化　77
――表象　119
――民俗学　3
どぶ板通り　65
ドラッグ　69
トランスナショナリズム　80

〈ナ　行〉

内外化　209, 210
内在化　213
内部化　209, 210, 213
眺める＝演じる　21, 23, 26, 30
成実弘至　28
難波功士　22
西澤晃彦　52
西成特区構想　57, 58, 60
日常　187
日本植民地　203, 206-208
ニューカマー　77
野宿　56
――化　59
――者　58, 61
ノスタルジア消費　130

〈ハ　行〉

ハーヴェイ, デヴィッド　60
把握困難な人口層 (Hard to Reach Populations)
　98
墓　189
博覧会　119
場所　place　78, 168
場所性　166
蓮實重彦　123
八月ジャーナリズム　129
服部鉦二郎　6
ハナーズ, ウルフ　107
パフォーマンス　49
パブリック・メモリー　208, 209, 211, 213
パブロープ　183
浜田雅功　14
ハリウッド・システム　123
ハリウッド映画　123

バンクシー　181
飯場　53, 57
パンパン　66
非―場所　78
被害の共同体　130
日高勝之　130
批評　181, 187
表象 (representation)　163, 164, 172
フーコー, ミシェル　10
不可視化　21, 34, 35, 37
福生　63
負の遺産　207
負の歴史　202, 203, 209, 212, 213
ブラウン, ジェームス　68
フリーゾーン　79
古着　183
ブルデュー, ピエール　150
プレテクストとしての都市　151
プロセス　186
文化遺産　41
文化消費論　209
文化単位　169-171
分割　106
文化統治 (Cultural Governance)　10
文化のグローバル化　63
ヘンドリクス, ジミ　68
ベンヤミン, ヴァルター　121
忘却　212, 213
ホームレス問題　52, 57
墓地開発　194, 195
ホワイトキューブ　180

〈マ・ヤ　行〉

マクルーハン, マーシャル　124
まなざし　3
マノヴィッチ, レフ　132
マンフォード, ルイス　124
三浦展　7
水戸芸術館現代美術センター　182
ミュージアム　176, 183
見られていない　105
民族主義論　209
メタテクストとしての都市　151

索　引　*229*

メディア　163
モード　107
森司　182
焼跡　129
柳田國男　8
山口冨士夫　70
融解化　213
遊具化　210
ユートピア　125
溶解化　210
横須賀　63
吉見俊哉　21, 126, 150
寄せ場　51, 57, 61
装い　184

〈ラ・ワ　行〉

ライフヒストリー　83

リップマン, ウォルター　128
リノベーション　208
リュミエール兄弟　123
リンチ, ケヴィン　127
レイヤー　174
歴史遺産　202, 204-207, 209, 210, 213
歴史主義論　209
歴史認識　212, 213
レディメイド　178
労働者　52, 53, 55-59
ローカリティ　78
ローカル・メディア　168, 169, 173
ワーク・イン・プログレス　181
ワース, ルイス　105
若林幹夫　25, 132, 153

《執筆者紹介》(掲載順. ＊は編者)

＊岡井崇之（おかい　たかゆき）[まえがき，第9章]

　　1974年生まれ
　　上智大学大学院文学研究科新聞学専攻博士後期課程単位取得退学
　　現在，奈良県立大学地域創造学部准教授
　　主要業績
　　『ニュース空間の社会学——不安と危機をめぐる現代メディア論』（共編著），世界思想社，2015年.
　　『「男らしさ」の快楽——ポピュラー文化からみたその実態』（共編著），勁草書房，2009年.
　　『新版　現代ジャーナリズムを学ぶ人のために 第2版』（共著），世界思想社，2018年.

　ケイン樹里安（けいん　じゅりあん）[第1章]

　　1989年生まれ
　　大阪市立大学大学院文学研究科後期博士課程人間行動専攻単位取得退学
　　現在，大阪市立大学都市文化研究センター研究員
　　主要業績
　　『いろいろあるコミュニケーションの社会学』（共著），北樹出版，2018年.
　　『ポスト情報メディア論』（共著），ナカニシヤ出版，2018年.
　　論文「『ハーフ』の技芸と社会的身体—— SNS を介した相互交流の場を事例に」『年報カルチュラ
　　　　ル・スタディーズ』(5).

　工藤雅人（くどう　まさと）[第2章]

　　1981年生まれ
　　東京大学大学院学際情報学府博士課程満期退学
　　現在，文化学園大学服装学部助教
　　主要業績
　　『社会にとって趣味とは何か——文化社会学の方法規準』（共著），河出書房新社，2017年.
　　『ファッションで社会学する』（共著），有斐閣，2017年.
　　「「広告」を飼い馴らす——1950年代の『装苑』における誌面構成と「広告」の関係に焦点を当てて」
　　　　『文化学園大学・文化学園大学短期大学部紀要』48，2017年.

　堀野正人（ほりの　まさと）[第3章]

　　1958年生まれ
　　横浜国立大学大学院教育学研究科修士課程修了
　　現在，奈良県立大学地域創造学部教授
　　主要業績
　　『観光社会学のアクチュアリティ』（共編著），晃洋書房，2010年.
　　『よくわかる観光社会学』（共編著），ミネルヴァ書房，2011年.
　　『観光メディア論』（共編著），ナカニシヤ出版，2014年.

渡 辺 拓 也（わたなべ　たくや）［第4章］

　　1979年生まれ
　　大阪市立大学大学院文学研究科後期博士課程人間行動学専攻単位取得退学，博士（文学）
　　現在，大阪市立大学都市文化研究センター研究員および社会理論・動態研究所研究員
　　主要業績
　　『飯場へ──暮らしと仕事を記録する』（単著），洛北出版，2017年．
　　『釜ヶ崎のススメ』（共著），洛北出版，2011年．
　　『ホームレス・スタディーズ──排除と包摂のリアリティ』（共著），ミネルヴァ書房，2011年．

木 本 玲 一（きもと　れいいち）［第5章］

　　1975年生まれ
　　東京工業大学大学院社会理工学研究科価値システム専攻博士後期課程修了，博士（学術）
　　現在，相模女子大学人間社会学部准教授．専門は文化社会学，質的調査
　　主要業績
　　『拳の近代──明治・大正・昭和のボクシング』（単著），現代書館，2018年．
　　『グローバリゼーションと音楽文化──日本のラップ・ミュージック』（単著），勁草書房，2009年．
　　「地域社会における米軍基地の文化的な意味──「基地の街」福生・横須賀の変遷」難波功二編
　　　　『米軍基地文化』（共著），新曜社，2014年．

窪 田　　暁（くぼた　さとる）［第6章］

　　1976年生まれ
　　総合研究大学院大学文化科学研究科比較文化学専攻博士後期課程単位取得退学，博士（文学）
　　現在，奈良県立大学地域創造学部准教授
　　主要業績
　　『「野球移民」を生みだす人びと──ドミニカ共和国とアメリカにまたがる扶養義務のネットワーク』
　　　　（単著），清水弘文堂書房，2016年．
　　『スポーツの世界史』（共著），一色出版，2018年．
　　「海を渡る理由──ドミニカ共和国，聖母カルメンの祭り」『季刊民族学』第41巻3号，千里文化財団，
　　　　2017年．

山 田 創 平（やまだ　そうへい）［第7章］

　　1974年生まれ
　　名古屋大学大学院国際言語文化研究科博士課程修了，博士（文学）
　　現在，京都精華大学全学研究機構社会連携センター長・人文学部准教授
　　主要業績
　　『たたかうLGBT＆アート──同性パートナーシップからヘイトスピーチまで，人権と表現を考え
　　　　るために』（編著），法律文化社，2016年．
　　『ジェンダーと「自由」──理論，リベラリズム，クイア』（共著），彩流社，2013年．

熊 田 陽 子（くまだ　ようこ）[第8章]

1976年生まれ

お茶の水女子大学大学院人間文化創成科学研究科ジェンダー学際研究専攻博士後期課程修了，博士（社会科学）

現在，国際ファッション専門職大学専任講師

主要業績

『性風俗世界を生きる「おんなのこ」のエスノグラフィ──SM・関係性・「自己」がつむぐもの』（単著），明石書店，2017年.

『セックスの人類学』（シリーズ 来たるべき人類学1）（共著），春風社，2009年.

『〈当事者〉をめぐる社会学──調査での出会いを通して』（共著），北大路書房，2010年.

堀 口　　剛（ほりぐち　つよし）[第10章]

1981年生まれ

東京大学大学院学際情報学府博士課程満期退学

現在，大妻女子大学・成蹊大学・日本体育大学・武蔵野大学非常勤講師

主要業績

「ニュースが伝える失言，ニュースが組み立てる失言──鉢呂経済産業大臣の「死のまち」発言をめぐって」（共著）『ニュース空間の社会学──不安と危機をめぐる現代メディア論』世界思想社，2015年.

「『街の声』のメディア史──ラジオ『街頭録音』と「街頭の世論」をめぐって」『マス・コミュニケーション研究』第80号，2012年.

「戦時期における岩波文庫の受容──古典と教養の接合をめぐって」『マス・コミュニケーション研究』第72号，2008年.

藤 田 真 文（ふじた　まふみ）[第11章]

1959年生まれ

慶應義塾大学法学研究科博士後期課程修了

現在，法政大学社会学部メディア社会学科教授

主要業績

『ギフト，再配達──テレビ・テクスト分析入門』せりか書房，2006年.

『メディアが震えた──テレビ・ラジオと東日本大震災』（共編著），東京大学出版会，2013年.

『ニュース空間の社会学　不安と危機をめぐる現代メディア論』（共著），世界思想社，2015年.

松 岡 慧 祐（まつおか　けいすけ）[第12章]

1982年生まれ

関西大学大学院社会学研究科博士後期課程修了，博士（社会学）

現在，奈良県立大学地域創造学部准教授

主要業績

『グーグルマップの社会学──ググられる地図の正体』（単著），光文社，2016年.

『メディア文化論──想像力の現在』（共著），ナカニシヤ出版，2017年.

『ポケモンGOからの問い──拡張される世界のリアリティ』（共著），新曜社，2018年.

西 尾 美 也（にしお よしなり）［第13章］

1982年生まれ

東京藝術大学大学院美術研究科博士後期課程修了，博士（美術）

現在，奈良県立大学地域創造学部准教授

主要業績（展覧会出品）

「20th DOMANI・明日展」国立新美術館，2017年．

「ソーシャリー・エンゲイジド・アート──社会を動かすアートの新潮流」3331 Arts Chiyoda，2017年．

「あいちトリエンナーレ2016」愛知県美術館，2016年．

金セッピョル（きむ せっぴょる）［第14章］

1983年生まれ

総合研究大学院大学文化科学研究科地域文化学専攻博士課程修了

現在，人間文化研究機構，総合地球環境学研究所・特任助教

主要業績

『現代日本における自然葬の民族誌』刀水書房，2019年．

「不可視化した葬送儀礼としての自然葬」『宗教と社会』第23号，pp. 111-118，2017年．

「自然葬の誕生──近代日本的価値の拒否」『総研大文化科学研究』第 8 号，pp. 177-193，2012年．

上水流久彦（かみづる ひさひこ）［第15章］

1968年生まれ

広島大学大学院社会科学研究科博士課程後期修了，博士（学術）

現在，県立広島大学地域連携センター准教授

主要業績

『台湾漢民族のネットワーク構築の原理 台湾の都市人類学的研究』（著），渓水社，2005．

『東アジアで学ぶ文化人類学』（共編著），昭和堂，2017．

『境域の人類学 八重山・対馬にみる「越境」』（共編著），風響社，2017．

アーバンカルチャーズ
──誘惑する都市文化，記憶する都市文化──

2019年7月10日　初版第1刷発行　　＊定価はカバーに
　　　　　　　　　　　　　　　　　表示してあります

編　者　岡　井　崇　之Ⓒ
発行者　植　田　　　実
印刷者　江　戸　孝　典

発行所　株式会社　晃　洋　書　房
〒615-0026　京都市右京区西院北矢掛町7番地
電話　075(312)0788番(代)
振替口座　01040-6-32280

装丁　岡田将光（OMD）　　印刷・製本　㈱エーシーティー
ISBN978-4-7710-3185-2

JCOPY 〈(社)出版者著作権管理機構　委託出版物〉
本書の無断複写は著作権法上での例外を除き禁じられています．
複写される場合は，そのつど事前に，(社)出版者著作権管理機構
（電話 03-5244-5088, FAX 03-5244-5089, e-mail: info@jcopy.or.jp）
の許諾を得てください．